JAMES RANKIN E ANNA ULLRICH
com Jason Croatto e Danielle Hietmuller

Adobe After Effects 6.5
Efeitos Mágicos

Tradução
Eveline Vieira Machado

Revisão Técnica
Fabiana Amaral
Web designer e programadora visual

EDITORA CIÊNCIA MODERNA

Do original

Adobe After Effects 6.5 Magic

Authorized translation from the English language edition, entitled *Adobe After Effects 6.5 Magic, 1st Edition* by Rankin, James; Ullrich, Anna, published by Pearson Education, Inc., publishing as New Riders. Copyright© 2005 by James Rankin and Anna Ullrich.

All rights reserved. No part of this book may be reproduced or transmitted in any form or by any means, electronic or mechanical, including photocopying, recording or by any information storage retrieval system, without permission from Pearson Education, Inc. Portuguese language edition published by Editora Ciência Moderna Ltda., Copyright© 2006.

Copyright© 2006 Editora Ciência Moderna Ltda.

Todos os direitos para a língua portuguesa reservados pela EDITORA CIÊNCIA MODERNA LTDA.

Nenhuma parte deste livro poderá ser reproduzida, transmitida e gravada, por qualquer meio eletrônico, mecânico, por fotocópia e outros, sem a prévia autorização, por escrito, da Editora.

Editor: Paulo André P. Marques
Supervisão Editorial: Carlos Augusto L. Almeida
Capa: Marcia Lips (baseada no original)
Tradução: Eveline Vieira Machado
Diagramação: Abreu's System
Copidesque: Carla Dawidman
Revisão Técnica: Fabiana Amaral
Assistente Editorial: Daniele M. Oliveira

Várias **Marcas Registradas** aparecem no decorrer deste livro. Mais do que simplesmente listar esses nomes e informar quem possui seus direitos de exploração, ou ainda imprimir os logotipos das mesmas, o editor declara estar utilizando tais nomes apenas para fins editoriais, em benefício exclusivo do dono da Marca Registrada, sem intenção de infringir as regras de sua utilização.

FICHA CATALOGRÁFICA

Rankin, James; Ullrich, Anna
Adobe After Effects 6.5: Efeitos Mágicos
Rio de Janeiro: Editora Ciência Moderna Ltda., 2006.

Informática; computação gráfica; animação por computador
I — Título

ISBN: 85-7393-449-2   CDD 001642

Editora Ciência Moderna Ltda.
Rua Alice Figueiredo, 46 – Riachuelo
CEP: 20950-150– Rio de Janeiro, RJ – Brasil
Tel: (21) 2201-6662
Fax: (21) 2201-6896
E-mail: lcm@lcm.com.br
www.lcm.com.br

Os autores

James Rankin

James Rankin é fundador e diretor de criação do estúdio de design Light Space and Time, LLC, baseado em Los Angeles, uma empresa de comunicação visual multifacetada, focada no design para difusão, meio interativo, design na Web e na consultoria para a indústria de entretenimento e clientes corporativos.

James também é desenvolvedor e diretor do programa Motion Graphics da Video Simphony, um centro de treinamento em mídia de entretenimento em Burbank, Califórnia, onde ensina a profissionais das empresas de entretenimento, como Sony Pictures, Warner Brothers, Nickelodeon, Fox News, CNN, ABC e NBC. Seu estilo de ensino inovador, com humor e grande especialização prática e técnica real, tornaram suas aulas procuradas por profissionais da indústria e artistas aspirantes em gráfico de movimento de todo o mundo.

O conhecimento de James inclui construção de aplicações de software, fotografia comercial e efeitos especiais para concertos em estádios. Ele tem sido um instrutor do After Effects de destaque em diversas conferências ShowBiz Expo pelo país. Seus créditos incluem prêmios de design, capas de revistas, exposições esgotadas em galerias e um CD de músicas bem-sucedido.

Agradecimentos

Este livro tornou-se realidade como resultado de muito trabalho de todos os envolvidos. Desejo expressar meus agradecimentos e reconhecimento à minha editora, Peachpit Press, e a Marjorie Baer por esta ótima oportunidade. Meus agradecimentos a meus editores, co-autor e colaboradores por compartilharem seu talento, visão e apoio. À minha família e amigos por sua paciência e amor. Steve, obrigado por estar no lugar certo, na hora certa e por enxergar as possibilidades.

Anna Ullrich

Anna Ullrich costumava usar seu tempo livre durante a graduação para aprender HTML e construção Web, às vezes ensinando em universidades diferentes, enquanto ainda trabalhava em seu mestrado em belas-artes, além da grande variedade de trabalho criativo autônomo. Depois da graduação, ela passou cinco anos trabalhando na Adobe Systems, em Seattle, em vários serviços: escrevendo guias do usuário (inclusive a versão do After Effects 6.5) e tutoriais, ilustrando guias técnicos e ainda fornecendo suporte técnico.

Anna estudou fotografia na University of Washington, em Seattle, onde conseguiu seu bacharelado em belas-artes e foi apresentada pela primeira vez à imagem digital pelo artista pioneiro da computação, Paul Berger. Ela conseguiu seu mestrado em fotografia na University of Notre Dame, em Indiana, onde estudou com Martina Lopez (outra aluna antiga de fotografia de Paul), cujo trabalho digital enfatiza as histórias pessoais.

Anna é uma artista muito talentosa, mais conhecida por suas montagens digitais delirantes de grande escala e bidimensionais. Ela exibiu há pouco um grupo de trabalho em uma amostra organizada pela FotoFest (**www.fotofest.org**) que viajou pelo mundo, mais recentemente para o Museu de Arte Contemporânea de Moscou.

Atualmente, Anna está conduzindo seu trabalho para novas dimensões e atua como uma artista autônoma e Web designer.

Agradecimentos

Muitos agradecimentos e reconhecimento a Christine Yarrow por me apresentar às pessoas na Peachpit Press, e por apreciar a mim e a minha coleção de cerâmica. Obrigada a James, Danielle e Jason por sua criatividade e talento inspiradores; estou apenas seguindo seus passos. Obrigada à equipe do After Effects por ser a melhor equipe de pessoas com a qual já trabalhei na Adobe. (Christine é facilmente a pessoa mais interessante na Adobe). E agradecimentos especiais a Tiffany Taylor e Rebecca Gulick da Peachpit, por trabalharem comigo e por mudarem constantemente o planejamento.

Os colaboradores

Jason Croatto

Jason Croatto vem do estado de Nova Iorque. É graduado pelo Rochester Institute of Technology em Rochester, Nova Iorque. Jason mudou-se para a Califórnia depois de se formar em 2001; atualmente reside e trabalha em Los Angeles como produtor/designer gráfico associado a uma casa de produção/promoção.

Danielle Heitmuller

Natural de Connecticut, Danielle Heitmuller iniciou sua carreira como artista tradicional e pintora de paisagens. Um interesse agudo em arte e entretenimento levou-a ao Rochester Institute of Technology em Rochester, Nova Iorque, onde estudou cinema e animação. No RIT, ela foi exposta pela primeira vez ao After Effects e começou a experimentá-lo como uma ferramenta de composição para seus próprios curtas animados.

Depois da graduação, Danielle dirigiu-se ao oeste, para a área maior de Los Angeles, onde agora reside e trabalha como uma artista autônoma de storyboards e de gráficos de movimento. Seu trabalho tem incluído vários interstícios para Bungalow 3 e Fine Living Network, assim como diversos projetos independentes. Danielle está trabalhando atualmente em um curta animado usando técnicas tradicionais combinadas com a composição digital.

Sumário

Introdução	XV
Capítulo 1 Quadrados Que Giram	1
Como Construir a Introdução	4
Gire e Dimensione, Parte 1	4
Gire e Dimensione, Parte 2	6
Giro em Conjunto	8
Como Construir as Seqüências de Cor	8
Seqüência Alaranjada e uma Transição	8
Seqüência Verde	13
Seqüência Púrpura	15
Como Criar a Marca Final	16
Como Animar os Efeitos	16
Como Completar o Anúncio Terminado	18
Capítulo 2 Quadrados Que Caem	21
Como Construir as Transições	23
Transição Alaranjada	23
Como Gerar as Outras Transições	26
Como Construir Fundos	27
Diversão com 3D	27
Como Criar o Fundo com Diversas Cores	30
Como Construir as Seções	31
Seção Alaranjada	31
Como Criar a Seção Verde	41
Seção Púrpura	46
Seção Amarela	51
Toques Finais	54
Capítulo 3 Parede de Quadrados	57
Como Construir o Segundo Plano	59
Como Misturar	63
Como Adicionar um Pouco Mais de Interesse	66

Os Outros Segundos Planos 67
   Como se Organizar 67
Como Construir Mais Elementos 68
   Primeira Etapa 68
   Uma Fila 70
Como Construir as Seções 71
   Ato 1: Laranja 71
   Ato 2: Verde 76
   Ato 3: Púrpura 78
O Grande Final 80
   Como Criar uma Linha de Interesse 80
   Uma Última Repetição 84
   Como Abaixar a Cortina 87

Capítulo 4 Como Desenhar os Efeitos do Título 91
Como Criar o Título 93
Como Dividir o Título 94
Como Animar as Máscaras 96
Como Criar a Mancha do Título 98
Como Adicionar Flashes de Luz 99
Como Animar o Brilho da Luz 102
Como Criar Cometas 103
Como Estender o Título 106

Capítulo 5 Tipo Dançante 109
Como Configurar a Composição 111
Como Animar o Segundo Plano 111
Como Criar o Logotipo QUICKSTEP 115
Como Criar a Figura Dançante 119
   Como Reunir Tudo 122

Capítulo 6 Tipo com Ajuste Automático 125
Como Configurar a Composição 127
Como Criar o Texto 127
Como Dimensionar Segundo a Letra 128

Como Criar o Efeito de Aumento da Intensidade 131
Como Construir a Primeira Camada do Segundo Plano 132
Como Construir a Segunda Camada do Segundo Plano 134
Como Animar a Extremidade Preta da Variação 136
Como Criar o Reflexo de uma Superfície 137
  Como Limpar o Reflexo 139

Capítulo 7 Colunas Animadas 143
Como Construir a Seqüência do Carro 146
Como Construir as Camadas 147
Como Construir as Colunas 148
  Como Animar as Colunas 150
Como Colocar uma Marca no Projeto 151
  Como Animar e Exibir o Logotipo 152

Capítulo 8 Como Animar com o Illustrator 155
Como Configurar a Composição 158
Como Configurar o Illustrator 159
Como Criar os Caminhos das Letras 160
  Como Pintar os Caminhos 163
Como Adicionar Estrelas Para Cada Letra 165
  Como Animar as Estrelas 166
  Como "Desenhar" as Letras 167
  Como Enfraquecer e Rotacionar as Estrelas 168
  Como Inverter o Tempo 169

Capítulo 9 Abertura da Empresa 173
Como Criar o Segundo Plano 175
Como Paginar o Texto 177
Como Construir a Barra Dourada 179
Como Adicionar a Camada Logo 183
Como Aplicar as Faíscas 185
Como Criar uma Luz Trêmula 186

Capítulo 10 Como Organizar o Tipo 189
Como Criar as Palavras 191

Como Posicionar o Texto em 3D 193
Como Tornar Aleatório o Texto 195
Como Coordenar o Texto 197
Como Criar uma Aparência em 3D Fácil 198
Como Adicionar um Segundo Plano Atmosférico 201
Como Criar as Luzes do Texto 202

Capítulo 11 Como Fazer Chover Slogans 205
Como Criar o Primeiro Slogan 208
Como Fazer Chover Letras no Lugar 212
Como Voar Através do Texto no Espaço em 3D 215
Como Clarear o Texto 217
Como Adicionar Slogans 220
   Como Fazer Chover o Próximo Slogan 223
Como Mover as Venezianas 225
Como Deslizar o Número de Telefone 227

Capítulo 12 Promoção da Sonic 229
Como Criar o Primeiro Alto-Falante 232
Como Animar com o Áudio 234
   Como Fazer um Loop na Pulsação 237
Como Criar um Segundo Plano Pulsante 237
Como Animar as Camadas Illustrator 239
Como Reunir as Batidas 243

Capítulo 13 Tempestade de Ficção Científica 247
Como Criar Nuvens 250
Como Criar uma Tempestade com Raios 252
Como Criar um Planeta 253
Como Criar o Título Que se Move em Órbita 256
   Como Adicionar Estilo ao Título Que se Move em Órbita ... 258
Como Montar uma Caixa de Aço 259
Como Animar a Caixa de Aço 261

Capítulo 14 ID da Estação 265
Como Criar o Segundo Plano 268

Como Adicionar o Texto Que se Pagina 270
Como Criar uma Abertura 272
   Como Adicionar Estilo à Abertura 274
Como Adicionar o Canal de Notícias 275
Como Adicionar Texto ao Canal 280

Capítulo 15 A Névoa do Texto **283**
Como Criar Camadas de Texto 285
Como Animar o Texto 287
   Como Animar Mais o Texto 289
   Como Completar a Parede de Texto 289
Como Tornar uma Mulher Invisível 290
   Como Inverter a Mulher Invisível 292

Capítulo 16 Iluminação Rápida e Fácil **297**
Como Criar o Segundo Plano com Movimento 300
   Como Ajustar o Vídeo 300
Como Deslocar o Título Principal 302
Como Criar um Foco de Luz 305

Capítulo 17 Comercial de Carro com Batimento Cardíaco **309**
Como Criar o Batimento Cardíaco 312
Como Animar o Batimento Cardíaco 313
   Como Diminuir a Intensidade do Batimento Cardíaco 316
   Como Adicionar uma Bola de Luz 319
Como Construir o Monitor Cardíaco 321
Como Construir a Seqüência do Filme 323
Como Reunir Tudo 324

Capítulo 18 Um Esboço de Carro Exótico **327**
Como Esboçar o Carro 330
Como Capturar uma Imagem Parada 333
Como Animar o Esboço 335
Como Adicionar Três Filmes 337
   Como Esboçar os Três Vídeos 339

Como Animar os Vídeos 341
Como Ajustar os Níveis 342
Como Criar a Grade 342
Como Remover o Segundo Plano Preto do Carro 344
Como Adicionar o Carro do Segundo Plano 345

Capítulo 19 Como Controlar os Reflexos **349**
Como Criar o Primeiro Reflexo 351
Como Animar o Primeiro Reflexo 354
Como Criar o Segundo Reflexo 360
Como Animar o Segundo Reflexo 361
Como Ligar o Terceiro Reflexo 364
Manutenção 365

Capítulo 20 O Canto do Desenhista **367**
Como Montar a Seqüência do Segundo Plano 369
Como Conseguir a Grande Imagem 372
Como Adicionar a Imagem da TV 373
Como Controlar o Movimento da Imagem Parada 376
Como Revelar a Foto 379

Capítulo 21 Película Animada **381**
Como Criar a Película 384
Como Duplicar os Furos Dentados 386
Como Adicionar Mais Quadros do Filme 390
Como Criar a Composição Master 392
Como Animar a Película 392
Como Simular a Mancha com Movimento 393

Capítulo 22 Cubos do Vídeo **395**
Como Criar o Cubo 397
Como Cobrir o Cubo 400
Como Implodir o Cubo 401
Como Explodir o Cubo 403
Como Girar a Caixa 406

Como Adicionar o Material de Leitura 408
   Como Mudar as Direções 410
   Como Adicionar Linhas e Linhas 410
   Como Adicionar Alguma Dimensão 412
Como Adicionar uma Linha de Comandos 414
   Como Criar o Cursor Que Pisca 415
   Como Apagar as Palavras 416
   Como Animar as Palavras 417
Como Exibir o Logotipo em Faixas 420
   Como Adicionar o Logotipo 423

Índice **425**

Introdução

Bem-vindo a *Adobe After Effects 6.5: Efeitos Mágicos*! Como os outros livros da série *Efeitos Mágicos,* o livro que você tem em mãos contém projetos originais e práticos escritos para os leitores que já compreendem o básico. Você poderá expandir cada projeto neste livro, usando suas próprias idéias criativas e inovadoras. Fornecemos algumas sugestões no final de cada capítulo que irão ajudá-lo a experimentar e aperfeiçoar os projetos para que os leve a um nível superior. Todas as técnicas mostradas poderão ser recicladas em algo novo e único, simplesmente mudando o conteúdo e ajustando alguns valores básicos.

Para tirar o máximo deste livro, esperamos que você aborde os projetos aqui com um espírito de descoberta e experimentação. Deixe-os servir como um ponto de partida para suas novas e excitantes idéias de gráficos de movimento e criações no After Effects!

Como Este Livro Foi Escrito

Este livro foi criação do profissional e professor de gráficos de movimento baseado em LA, James Rankin. James disse: "O conceito original deste livro foi inspirado pelo comentário de um membro da platéia em um de meus discursos sobre o After Effects. Ele disse: "Adoro estas sessões. Elas são como um livro de receitas para pessoas que fazem isso como um meio de vida e costumam descobrir a partir do zero". Então ele perguntou: "Você tem um livro assim?" Não havia um, mas graças às boas pessoas na New Riders, agora há."

Os projetos em After Effects apresentados neste livro foram criados por James Rankin e os colaboradores Jason Croatto e Danielle Heitmuller. Jason criou os projetos para os capítulos 8, "Como Animar com o Illustrator"; 12, "Promoção da Sonic"; e 22, "Cubos do Vídeo". Danielle criou os projetos para os capítulos 1, "Quadrados Que Giram"; 2, "Quadrados Que Caem"; e 3, "Parede de Quadrados". E James criou os projetos dos capítulos restantes.

A co-autora Anna Ullrich expandiu os projetos finais desenvolvidos, em alguns casos gerando soluções mais simples para algumas tarefas e reestruturando outras. Ela criou a linguagem passo a passo, que permitirá fazer um uso rápido e eficiente de muitas idéias criativas encontradas nestas páginas.

Para Quem É Este Livro

Mesmo que este livro destine-se aos usuários experientes do After Effects, tentamos assegurar que os novos usuários também possam acompanhar cada projeto. Com este objetivo, usamos a mesma terminologia que o After Effects Help usa a fim de nomear os recursos e se referir aos elementos da interface do usuário. Assim, você poderá localizar facilmente a documentação afim no Help.

Este Livro e o DVD Anexo

Este livro usa o Adobe After Effects 6.5, e os recursos específicos dessa versão são incorporados em muitos projetos. Alguns projetos também usam recursos que estão disponíveis apenas na versão Professional do After Effects 6.5, como o controle do movimento e efeitos em particular. (Esses recursos são mencionados no texto do livro onde são relevantes, para que você não fique perdido procurando por um recurso ou informando um erro que não existe no software ou no livro).

Para sua conveniência, o DVD anexo ao livro oferece uma versão experimental de 30 dias do After Effects 6.5 Professional. Alguns projetos são efeitos de terceiros (desenvolvidos por outras empresas para o After Effects e que têm de ser instalados no After Effects). As versões demo desses efeitos também são fornecidas no DVD do livro; você encontrará uma versão demo de 30 dias do efeito 3D Invigorator Classic da Zaxwerks e uma versão demo de 14 dias da coleção de efeitos Continuum Complete da Boris FX. Finalmente, o disco anexo inclui filmes QuickTime de todos os projetos finais do capítulo e materiais-fontes que você mesmo poderá usar para completar cada projeto.

Vamos começar a diversão!

Capítulo 1

Quadrados Que Giram

Em seu trabalho, você poderá ser solicitado a criar alguma coisa, a partir do nada: nenhum filme completo, talvez apenas um logotipo e algumas imagens paradas. Neste capítulo e nos dois seguintes, mostraremos o quanto poderá fazer com pouco, trabalhando com a camada Solid, que é pau para toda obra e tem diversos talentos (nas mãos certas, claro!) no After Effects.

Começando apenas com um logotipo de empresa, você poderá selecionar uma palheta de cores e estilo gráfico que funcionam na individualidade do cliente. Para este projeto, você terá três seqüências do produto e o logotipo da empresa, com o qual trabalhar. Concentrando-se nas quatro cores principais (laranja, verde, púrpura e amarelo), poderá construir uma seqüência atraente para cada cena do produto, usando diferentes sombras e matizes de cada cor em particular, para distinguir cada segmento.

Funciona Assim

Verifique o arquivo **Ch1_Finished_Movie.mov** na pasta deste arquivo, no DVD do livro para ver o anúncio de 15 segundos que você criará neste projeto. O projeto usa sólidos para criar layouts interessantes a partir do zero e cria seqüências modulares que você poderá duplicar e modificar facilmente, para construir de modo rápido uma apresentação coerente. Poderá pegar essas habilidades e usá-las para criar sólidos com texturas e outro filme completo. Os princípios básicos deste projeto são:

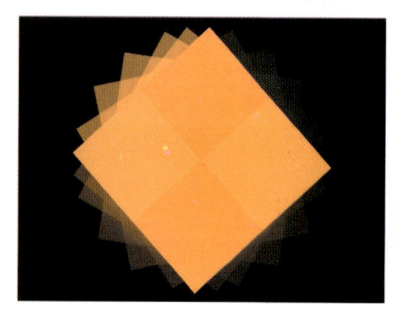

Introdução dos quadrados que giram

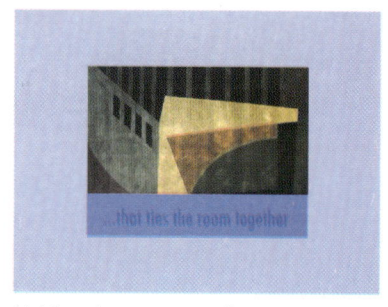

1. Construa animações e layouts interessantes, não usando nada, exceto sólidos.
2. Use sólidos para tornar foscas imagens com vários tamanhos.
3. Use efeitos para fazer uma transição de uma seqüência para outra, e para trazer o texto para a tela.

Moldura do segmento púrpura

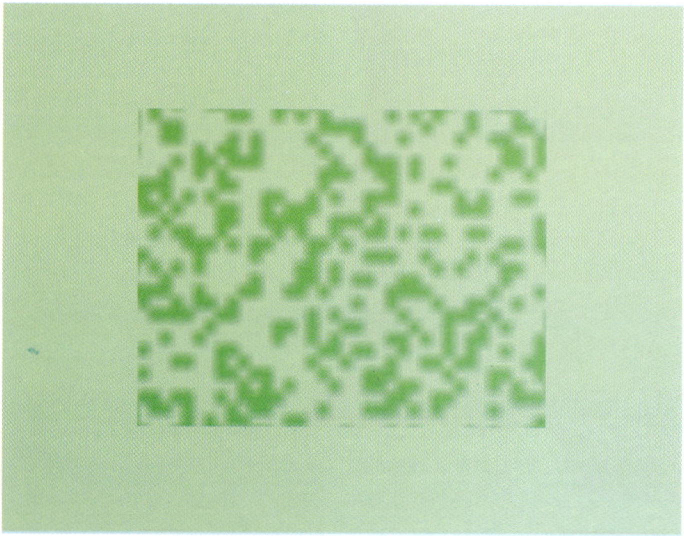

O bloco dissolve a transição

Como Preparar o Trabalho

Para preparar este projeto, faça o seguinte:

1. Comece com um projeto novo e importe a pasta **Images** da pasta deste capítulo no DVD. Ela contém os arquivos: **RainbowLamp.jpg**, **Sofa_01.jpg** e **Rug.jpg**.
2. Crie outra pasta chamada **Graphics**. Importe **Style_Logo.psd** usando a opção Composition – Cropped Layers (Composição - Camadas Cortadas) (ao invés de Footage (Filme completo) ou Composition (Composição)).

> **Opções Para Importar Como: Você Realmente as Compreende?**
>
> - *Footage* – Provavelmente você notou há algum tempo, que quando importa um arquivo em camadas como filme completo, o arquivo aparece no After Effects como se as camadas tivessem sido niveladas em uma ou com apenas uma única camada selecionada. As camadas ainda existem no arquivo-fonte original, mas você não tem acesso a elas no After Effects. Isso é bom para alguns projetos.
> - *Composition* – Quando escolhe esta opção para um arquivo em camadas, ele é apresentado como uma composição que contém uma camada After Effects, para cada camada Photoshop. A composição tem uma pasta associada na janela Project, que contém um item de filme completo para cada camada em particular (prático!). E mais, qualquer camada Photoshop que usar um estilo de camada Photoshop, será apresentada como uma composição aninhada com uma camada para cada propriedade essencial no efeito do estilo da camada. Por exemplo, uma camada Photoshop que usar o estilo de camada Bevel and Emboss (Bisel e Relevo) produzirá três camadas no After Effects: uma camada para a camada Photoshop, uma camada para a propriedade de sombra do estilo e uma camada para a propriedade de destaque do estilo. O projeto deste capítulo aproveita esse recurso, animando um estilo da camada contido no logotipo.
> - *Composition – Cropped Layers* – Quando você escolhe esta opção para um arquivo em camadas, obtém os mesmos resultados que obteria com a opção Composition, exceto por uma diferença crucial. A opção Composition – Cropped Layers define as dimensões de cada camada, de acordo com o conteúdo real dentro da camada Photoshop; em oposição, a opção Composition define as dimensões de cada camada, de

acordo com as dimensões do arquivo inteiro. Pode parecer que a opção Composition estende qualquer camada que tenha dimensões menores que o arquivo inteiro, mas não estende.

Como Construir a Introdução

Você começará este projeto construindo o primeiro componente modular. Assim que estiver construído, poderá duplicá-lo e modificá-lo rapidamente, para criar a segunda parte da introdução giratória.

Gire e Dimensione, Parte 1

Começará criando uma introdução rápida do nada, mas com alguns sólidos quadrados alaranjados:

1. Crie uma composição nova denominada Horizontal Zoom e defina suas dimensões para 720 x 540, Frame Rate (Velocidade de Projeção) para 29.97 e Duration (Duração) para 5;00 segundos.

2. Crie um novo sólido (Layer (Camada) > New (Nova) > Solid (Sólido)) nomeado e colorido como Dark Orange (RGB: 236, 82, 2), com as dimensões 720 x 720.

3. Pressione a tecla S para exibir a propriedade Scale (Escala) da camada e então, defina-a para 25, 25%.

4. Duplique a camada Dark Orange.

5. Selecione ambas as camadas na linha do tempo (Timeline), pressione A para exibir suas propriedades Anchor Point (Ponto de Âncora) e então, defina a propriedade de cada camada como segue abaixo:

    Layer 1: 715, 715
    Layer 2: 0, 0

Você acabou de definir a posição de colocação dos quadrados. Agora, irá animá-los na tela:

1. Vá para o tempo 0;20, selecione ambas as camadas e pressione P para exibir suas propriedades Position (Posição).

Capítulo 1 – QUADRADOS QUE GIRAM | 5

2. Adicione quadros-chaves Position para ambas as camadas com o valor 360, 270.

3. Volte para o tempo 0;05 e mova a camada superior para fora da tela, para a direita (Position: 920, 270).

4. Mova a camada inferior para fora da tela, para a esquerda (Position: –210, 270).

Ambos os quadrados com novos pontos de âncora

Pressione a tecla Home e a barra de espaço para visualizar a animação. Os quadrados deverão sair da tela para começar e assim, deslizar na horizontal, passar um pelo outro, e parar bem no canto um do outro.

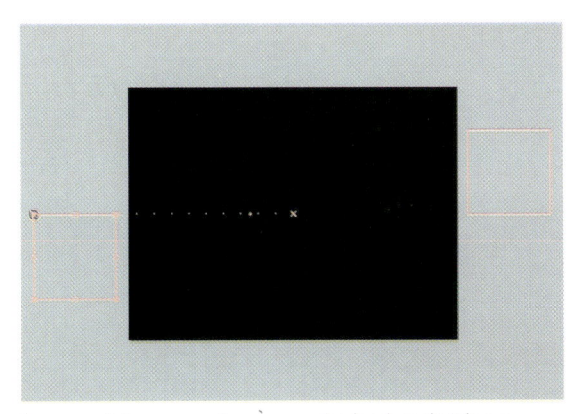

A composição com ambos os quadrados fora da tela no quadro cinza

Para adicionar mais um pouco de movimento, façamos com que os quadros girem depois de passarem um pelo outro:

1. Volte para o tempo 0;20, selecione ambas as camadas e pressione a tecla R para exibir a propriedade Rotation (Rotação).
2. Adicione quadros-chaves Rotation para ambas as camadas, com os valores 0 x +0.0.
3. Vá para o tempo 1;20 e mude Rotation de ambas as camadas para –2 x +0.0. Agora, os quadrados irão girar em torno do ponto de âncora, duas vezes para a esquerda.
4. Pressione Shift+S para exibir as propriedades Scale das camadas ao lado de Rotation. Clique no cronômetro para adicionar um quadro-chave Scale para ambas as camadas no tempo 1;20. (Os valores Scale já deverão ser 25, 25% para ambas as camadas).
5. Vá para o tempo 2;15 e mude Scale de ambas as camadas para 50, 50%.

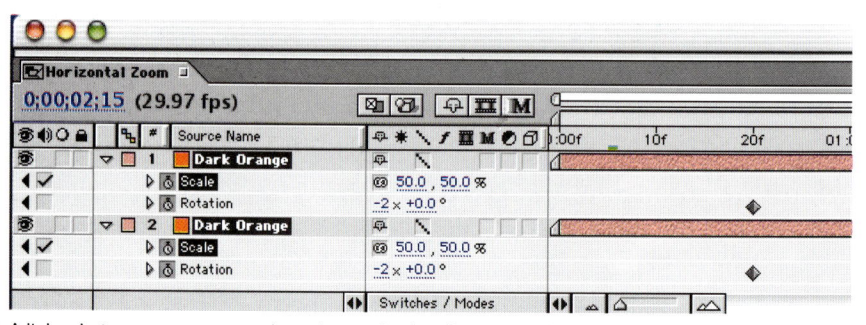

A linha do tempo com os quadros-chaves Scale e Rotation exibidos

Grave e visualize seu trabalho. Os quadrados deverão deslizar na horizontal, passar um pelo outro, rotacionar para a esquerda e então se dimensionar para fora. Esta é apenas metade da seqüência introdutória.

Gire e Dimensione, Parte 2

Em seguida, você modificará uma duplicata da composição que acabou de criar, para criar rapidamente, uma versão vertical:

1. Duplique a composição Horizontal Zoom na janela Project, renomeie a Vertical Zoom duplicada e então abra.

2. Renomeie e pinte de novo ambos os sólidos, como Mid Orange (RGB: 255, 107, 15).

3. Mude a propriedade Anchor Point de cada camada como segue:

   Layer 1: 715, 0
   Layer 2: 0, 715

Os quadrados na composição Vertical Zoom com novos pontos de âncora

4. Para cada camada, mova o quadro-chave Position no tempo 0;20 para o tempo 0.15, e mova o quadro-chave no tempo 0;05 para o tempo 0;00.

5. Pressione Home a fim de ir para 0;00, então mude Position de Layer 1 para 360, -200 e Position de Layer 2 para 360, 740.

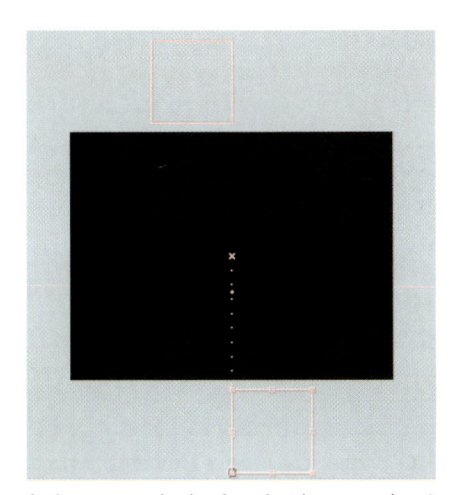

Ambos os quadrados fora da tela no quadro cinza

É isso! Os quadros-chaves Rotation e Scale necessários, já estão configurados. Agora os quadrados deslizam a partir de cima e de baixo da composição, passam um pelo outro, giram para a esquerda e então se dimensionam para fora.

Giro em Conjunto

Você quase terminou com a animação de abertura. Tudo que resta fazer é aninhar essas duas composições em uma terceira "composição-mãe". Primeiro, deverá organizar a janela Project:

1. Crie uma nova pasta chamada **Zooms** e mova as suas composições Horizontal Zoom e Vertical Zoom.

2. Selecione ambas as composições Zoom na janela Project e arraste-as para o botão New Composition (Nova Composição) da janela. Na caixa de diálogos New Composition From Selection (Nova Composição da Seleção), certifique-se de que Single Composition (Uma Composição) esteja selecionada e clique em OK.

3. Renomeie a nova composição como *Intro* na janela Project.

Grave e visualize seu trabalho. Os quadrados deverão deslizar a partir de todos os quatro lados da composição, formar um quadrado, girar para a esquerda e então preencher a janela da composição.

Como Construir as Seqüências de Cor

Este projeto é criado através de uma série de componentes modulares. Como viu nas seções anteriores, você economiza muito tempo duplicando e alterando as seqüências, a fim de criar novas seqüências, que criam um todo coerente. Este processo também permite substituir as cores e o conteúdo facilmente, sem ter que refazer o projeto inteiro.

Seqüência Alaranjada e uma Transição

Como você usou seqüências alaranjadas na introdução, usará tonalidades alaranjadas na seqüência seguinte para criar uma transição suave. Se quiser uma mudança mais dramática, poderá escolher usar uma cor diferente para qualquer seção. Eis as etapas:

1. Crie uma nova composição denominada Orange Body, com as dimensões 720 x 540, Frame Rate 29.97 e Duration de 5;00 segundos.
2. Crie um novo sólido denominado BG Orange, torne-o um laranja fraco (RGB: 255, 194, 137) e faça com que tenha o tamanho da composição (clique em Make Comp Size (Ter o Tamanho da Composição) na caixa de diálogos Solid Footage Settings (Definições do Filme Completo do Sólido)).
3. Crie o novo sólido nomeado e colorido como Mid Orange (RGB: 255, 107, 15) e faça com que tenha o tamanho da composição também.
4. Defina Scale da camada Mid Orange para 60, 60%.

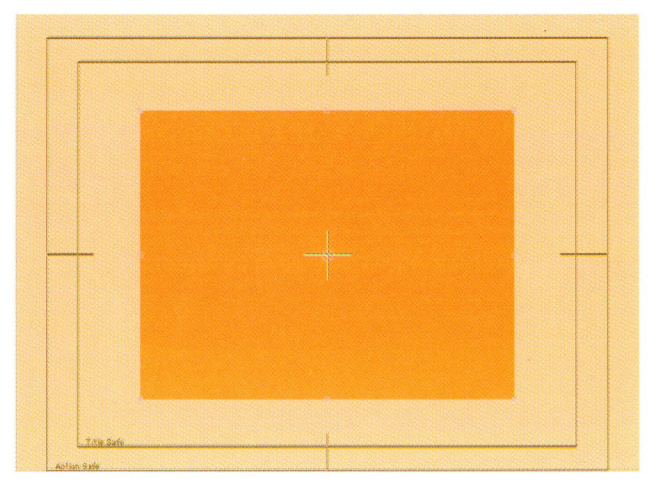

O segundo plano do corpo alaranjado e o retângulo alaranjado médio

Os efeitos Transition no After Effects são usados, geralmente, entre as cenas ou para colocar ou ainda retirar um objeto da tela. Neste caso, você usará o efeito Block Dissolve Transition (Transição para Dissolver Bloco) para trazer um objeto:

1. Vá para o tempo 0;15 e aplique Effect (Efeito) > Transition > Block Dissolve na camada do sólido Mid Orange.
2. Defina as propriedades Block Width (Largura do Bloco) e Block Height (Altura do Bloco) do efeito para 20.0.
3. Defina a propriedade Transition Completion (Transição Completa) para 100% e então clique em seu cronômetro para criar um quadro-chave para a propriedade.

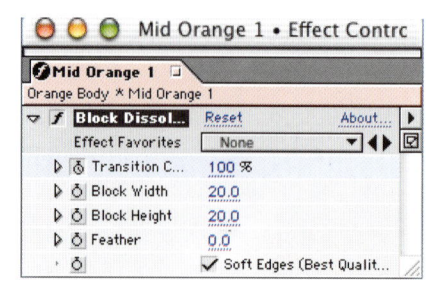

As definições para o efeito Block Dissolve

4. Vá para o tempo 1;00 e mude Transition Completion para 0%. Pressione Home e a barra de espaço para visualizar a transição.

> **Dica:** Seis dos sete efeitos Transition têm uma propriedade fundamental denominada Transition Completion, que funciona assim: Quando a propriedade é definida para 100%, a camada fica totalmente fora da tela; quando é definida para 0%, a camada fica totalmente na tela. Anime essa propriedade e você mesmo conseguirá uma transição agradável e instantânea.

5. Crie um novo sólido denominado Pic Matte com as dimensões 432 x 324, usando qualquer cor.

   Um fosco é uma maneira fácil de configurar um tamanho e posição consistente para qualquer imagem. Não importa qual imagem você precisa colocar neste anúncio, apenas a área da imagem que fica dentro dos limites do fosco será exibida.

6. Posicione a camada Pic Matte em 360, 228.

7. Mude Scale para 100, 75%.

Como posicionar a foto fosca azul

Capítulo 1 – QUADRADOS QUE GIRAM | 11

8. Adicione **RainbowLamp.jpg** à linha do tempo Orange Body no tempo 1;00 e arraste-a para baixo da camada Pic Matte.

9. Defina Track Matte (Controlar Fosco) da camada RainbowLamp para Alpha Matte "Pic Matte". Agora a foto ficará fosca com a camada Pic Matte.

Como adicionar Track Matte à imagem

10. Defina Position da camada RainbowLamp para 350, 280 e Scale para 84, 84%.

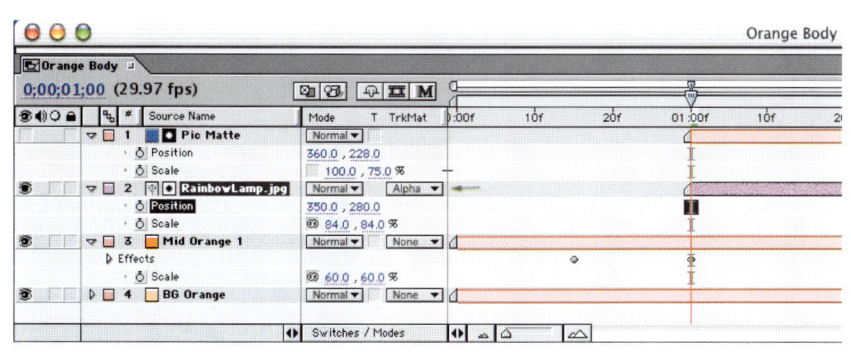

Pic Matte e a foto na linha do tempo

11. Ainda no tempo 1;00, adicione um quadro-chave 0% Opacity a **RainbowLamp.jpg**.

12. Vá para o tempo 1;10 e mude Opacity para 100%.

Você está quase acabando. A posição da imagem está definida. Agora, adicionará um pequeno texto ao anúncio e aplicará um efeito Transition diferente para ativá-lo:

1. Crie uma nova camada de texto no tempo 1;10 que exiba o texto *That little something*.... Use uma cor alaranjada realmente escura (RGB: 214, 75, 3), uma fonte e um tamanho de texto que exibam a linha do texto dentro do retângulo alaranjado sob a imagem. (Usamos 40 para Text Size (Tamanho do Texto), centralizamos o texto e o posicionamos em 220, 410).

2. Aplique Effect > Transition > Linear Wipe (Limpeza Linear) na camada de texto e defina Wipe Angle (Ângulo da Limpeza) do efeito para 0 x +270.

3. Ainda no tempo 1;10, adicione um quadro-chave para 100% Transition Completion.

4. Vá para o tempo 1;20 e mude Transition Completion para 0%.

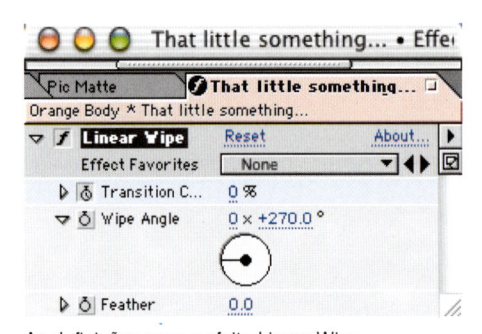

As definições para o efeito Linear Wipe

A seqüência está praticamente completa. Agora, você animará a solidez da seção para criar uma transição para a próxima seqüência.

1. Vá para o tempo 2;15 e selecione as camadas de texto, do fosco e da foto.

2. Pressione T para exibir a propriedade Opacity das camadas e crie um quadro-chave 100% Opacity para cada camada.

3. Vá para o tempo 2;25 e mude Opacity de todas as três camadas para 0%.

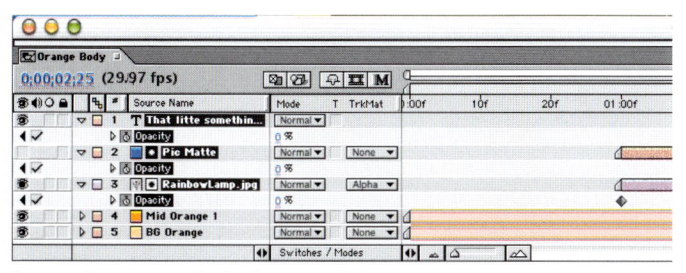

Como adicionar a redução da intensidade

4. Vá para o tempo 2;23, selecione a camada 4 (Mid Orange) e crie um quadro-chave Scale com o tamanho atual, que deverá ser 60%, 60%.

5. Vá para 3;08 e mude Scale da camada para 100, 100%.

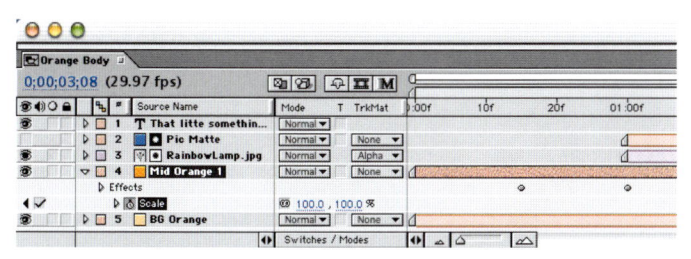

Como criar a limpeza da tela animando Scale

Grave e visualize seu trabalho. A composição Orange Body deverá se dimensionar e limpar a tela.

Seqüência Verde

Quando escolhemos a palheta para o anúncio Style Design Center, decidimos trabalhar com uma cor diferente para cada seção do produto e o anúncio de fechamento, apresentando o logotipo do cliente. Como você está trabalhando com componentes modulares, será capaz de modificar facilmente a composição Orange Body, para produzir uma versão verde para a próxima seqüência.

1. Duplique a composição Orange Body, renomeie como Green Body e então abra.

2. Renomeie e pinte de novo a camada Pale Orange como Pale Green (RGB:185, 217, 161), e a camada Mid Orange como Mid Green (RGB: 67, 179, 63).

Como mudar as cores para criar a seção verde

3. Selecione a camada RainbowLamp. Pressione Alt (Windows) ou Option (Mac OS) e arraste **Sofa_01.jpg** da janela Project para **RainbowLamp.jpg** na linha do tempo. Isso substituirá a imagem RainbowLamp pela imagem do sofá, mas manterá os quadros-chaves da camada RainbowLamp.

4. Dimensione a camada Sofa_01 para 68, 68% e posicione em 372, 300.

5. Mude Position da camada Pic Matte para 360, 310.

6. Mude a camada de texto para exibir ...*extra special*..., mude a cor do texto para um verde realmente escuro (RGB: 38, 106, 37) e posicione a camada em 255, 163.

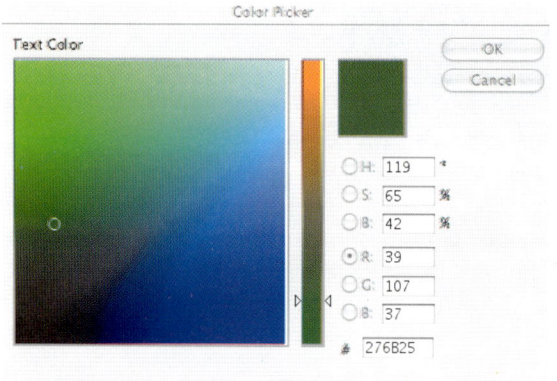

Como mudar a cor do texto

Grave e visualize seu trabalho. Com apenas algumas etapas fáceis, você desenhou a seqüência verde. Fará a seqüência púrpura usando menos etapas ainda.

Seqüência Púrpura

A púrpura faz uma terceira escolha de bonitas cores, porque é a cor complementar do amarelo, portanto, a transição de cores entre esta seção e a marca final amarela, realmente realça. Eis as etapas:

1. Duplique a composição Orange Body e renomeie como Purple Body.

2. Renomeie e pinte de novo a camada Pale Orange como Pale Purple (RGB: 187, 168, 255) e a camada Mid Orange como Mid Purple (RGB: 133, 79, 255).

3. Selecione a camada RainbowLamp. Pressione Alt (Windows) ou Option (Mac OS) ao arrastar **Rug.jpg** da janela Project para substituir a camada **RainbowLamp.jpg** na linha do tempo, e mantenha os quadros-chaves da camada.

   Deixe Position e Scale como estão.

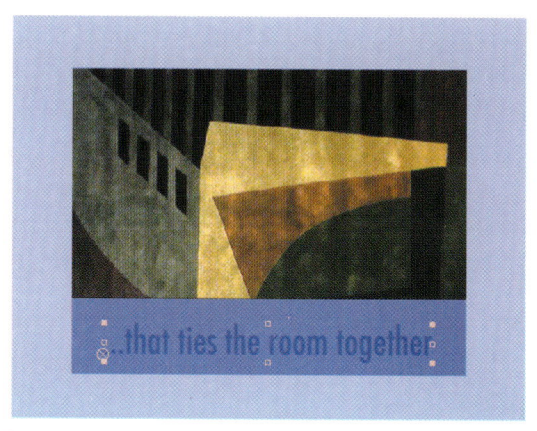

As novas cores da seção púrpura

4. Mude a camada de texto para exibir ...*that ties the room together*, mude a cor do texto para um púrpura realmente escuro (RGB: 85, 50, 168) e posicione a camada em 177, 410.

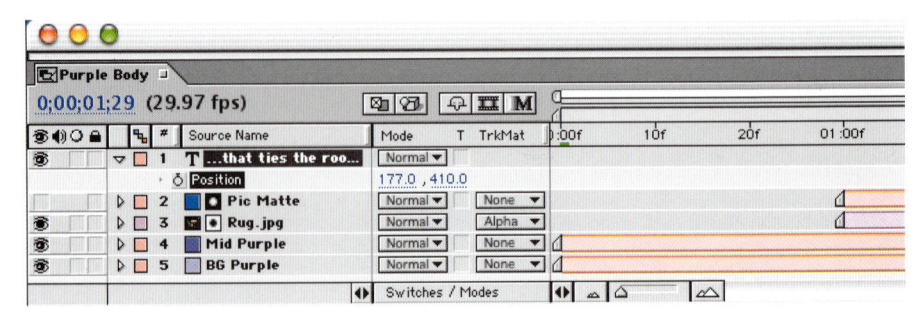

Como mudar o texto da seção púrpura

Grave e visualize seu trabalho.

Como Criar a Marca Final

A seção que fechará seu projeto será bem simples, a fim de manter o foco na marca registrada do cliente, mas o simples também pode ser divertido (ou seja, animado!).

Como Animar os Efeitos

O cliente forneceu-lhe o logotipo de sua empresa: um texto com letras em bisel, numa fonte plana sem serifas. Você dará vida ao logotipo, animando o bisel do tipo, que é cortesia de um estilo da camada que foi aplicado no logotipo anterior, no Photoshop.

1. Crie uma nova composição chamada End Tag com as dimensões 720 x 540, Frame Rate 29.97 e Duration de 5;00 segundos.

2. Abra a composição Layer Effects na pasta **Graphics** na janela Project.

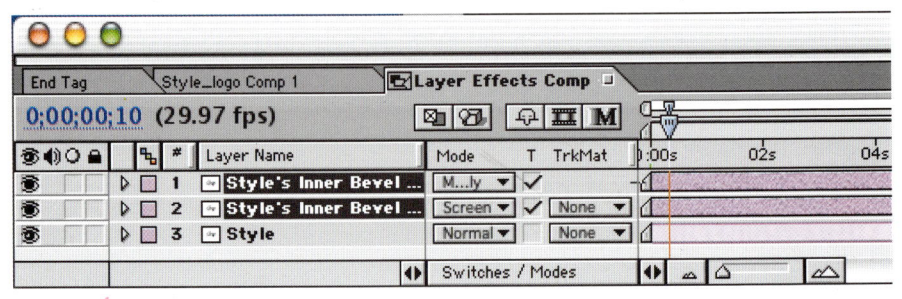

A linha do tempo para o estilo da camada Photoshop

3. Vá para o tempo 0;10 na composição Layer Effects e selecione as camadas Bevel Highlight e Bevel Shadow.

4. Aplique Effect > Transition > Radial Wipe (Limpeza Radial) em ambas as camadas.

5. Adicione um quadro-chave 100% Transition Completion em cada camada.

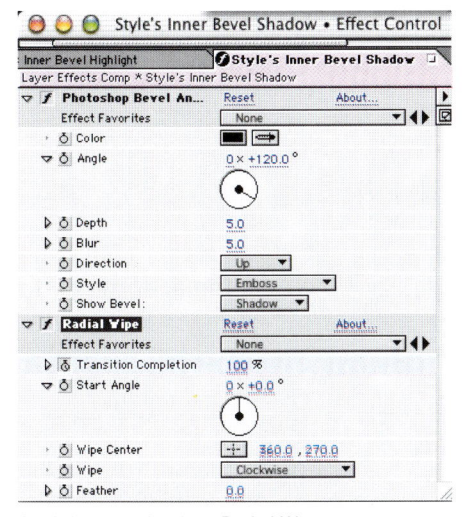

As definições do efeito Radial Wipe

6. Vá para o tempo 0;20 e mude a propriedade Transition Completion de cada camada para 0%.

Agora o logotipo está mais interessante. Iremos adicioná-lo à composição End Tag:

1. Volte para a composição End Tag. Crie um novo sólido que seja nomeado e colorido como Pale Yellow (RGB: 252, 253, 162) e que tenha o tamanho da composição.

2. Vá para o tempo 0.10 e arraste a composição Style_Logo para a linha do tempo.

3. Adicione um quadro-chave 100% Opacity à camada StyleLogo.

4. Vá para o tempo 0;20 e mude Opacity da camada para 100%.

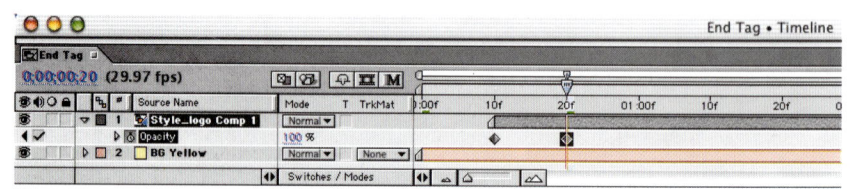

Como adicionar o aumento da intensidade à seqüência End Tag

Grave seu trabalho.

Como Completar o Anúncio Terminado

Finalmente, você tem todas as peças requeridas para completar o anúncio final. Apenas precisará montá-las e adicionar algumas mudanças graduais para suavizar as transições:

1. Crie uma nova composição denominada Final_Squares1, que tenha 720 x 540 de tamanho, com Frame Rate 29.97 e Duration de 15;00 segundos.

    Para ter transições realmente suaves, você precisará adicionar um enfraquecimento cruzado entre as seções, animando Opacity de cada.

2. Adicione Intro à linha do tempo Final_Squares1 no tempo 0;00.

3. Vá para o tempo 3;00 e adicione a composição Orange Body à linha do tempo.

4. Insira um quadro-chave 0% Opacity para a camada Orange Body.

5. Vá para o tempo 3;15 e mude Opacity da camada para 100%.

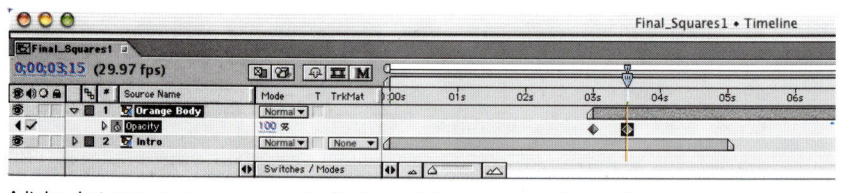

A linha do tempo para a composição final com Intro e a seção alaranjada

A seção verde vem em seguida:

1. Vá para o tempo 6;15, adicione a composição Green Body à linha do tempo e adicione um quadro-chave 0% Opacity à camada.
2. Adicione um quadro-chave 100% Opacity à camada Orange Body.
3. Vá para o tempo 6;25 e mude Opacity da camada Orange Body para 0%.
4. Vá para o tempo 7;00 e mude Opacity da camada Green Body para 100%.

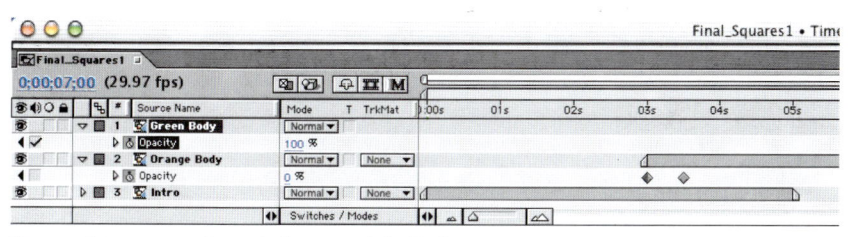

Como adicionar a seção verde à composição final

Agora você adicionará a seção púrpura:

1. Vá para o tempo 10;00, adicione a composição Purple Body à linha do tempo e adicione um quadro-chave 0% Opacity à camada.
2. Adicione um quadro-chave 100% Opacity à camada Green Body.
3. Vá para o tempo 10;10 e mude Opacity da camada Green Body para 0%.
4. Vá para o tempo 10;15 e mude Opacity da camada Purple Body para 100%.

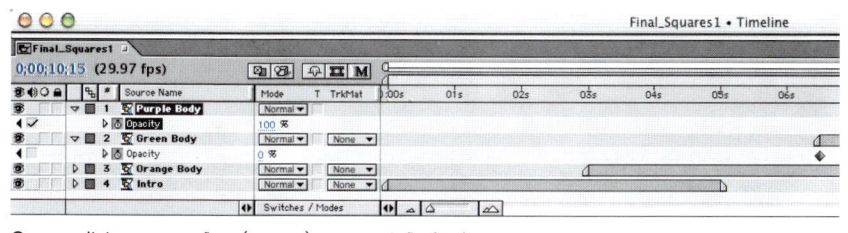

Como adicionar a seção púrpura à composição final

O enfraquecimento cruzado que você criará entre a composição Purple Body e a composição End Tag é um pouco diferente dos criados até então. Purple Body leva exatamente o mesmo tempo para reduzir a intensidade que End Tag leva para aumentar:

1. Vá para o tempo 13;15, adicione a composição End Tag à linha do tempo e acrescente um quadro-chave 0% Opacity à camada.

2. Adicione um quadro-chave 100% Opacity à camada Purple Body.

3. Vá para o tempo 13.25 e mude Opacity da camada Purple Body para 0%.

4. Mude Opacity da camada End Tag para 100%.

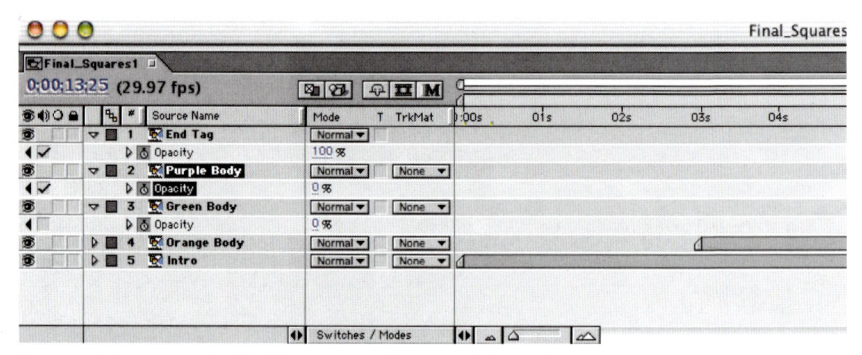

Como adicionar a seção End Tag amarela à composição final

Grave e visualize seu trabalho.

Dica: Se você quiser reduzir o tempo da apresentação, feche a linha do tempo antes de apresentar, para que o After Effects não tenha que exibir o que está apresentando.

Agora Experimente Isto

Parabéns! Agora você aprendeu como é fácil criar um anúncio atraente a partir do zero, usando a camada Solid extremamente versátil:

- Como o After Effects 6.5 trata os sólidos como qualquer outro filme completo na janela Project, você pode substituir facilmente um sólido pelo filme completo. Tente substituir as camadas em segundo plano coloridas Mid, por uma textura com movimento ou algum filme completo.

- Os foscos criados permitem colocar itens diferentes sobre o fundo. Experimente, substituindo a imagem parada por vídeo ou adicionando um logotipo animado sobre a textura com movimento.

Capítulo 2

Quadrados Que Caem

O After Effects fornece alguns ótimos efeitos predefinidos para criar transições de cenas, mas há um limite para o que você pode fazer com eles (ou qualquer coisa predefinida!) quando deseja criar algo exclusivo. Este capítulo mostra como desenhar uma transição animada que é simplesmente composta por sólidos animados. A transição apresenta sólidos irradiando-se na direção do observador, e então perdendo força para exibir um layout caindo no lugar.

No capítulo anterior, trabalhou quase exclusivamente com sólidos em 2D para criar efeitos legais e interessantes. Você usará essas mesmas técnicas neste capítulo, mas adicionará um pouco de 3D e algumas animações dinâmicas à preparação. E como este projeto conta com os sólidos para suas transições e layout, você poderá facilmente transformar os sólidos ainda mais, ou trocar os sólidos por seu próprio conteúdo para criar um projeto próprio.

Funciona Assim

Abra o arquivo **Ch2_Finished_Movie.mov** na pasta deste capítulo no DVD, a fim de ver o anúncio que criará. Este projeto continua o tema do Capítulo 1, de trabalhar com sólidos no lugar do vídeo, animação ou filme completo. E mais, você adicionará alguma profundidade ao desenho, animando os sólidos no espaço em 3D. Os princípios básicos que usará são os seguintes:

Os sólidos girando no espaço

1. Use sólidos para criar um fundo atraente.
2. Torne foscas as imagens com vários tamanhos usando sólidos.
3. Crie transições atraentes animando os sólidos.
4. Use o Vector Paint para animar os efeitos nativos de um arquivo Photoshop.

A transição dos quadrados irradiando-se

A seção verde da publicidade do produto

Como Preparar o Trabalho

Para preparar este projeto, faça o seguinte:

1. Inicie com um novo projeto e crie três pastas denominadas **Elements**, **Graphics** e **Sections**.

2. Importe a pasta **Images** da pasta deste capítulo, no DVD do livro. Esta pasta contém os seguintes arquivos:

    * **Chair_02.jpg**
    * **Chandelier.jpg**
    * **Kitchen_02.jpg**
    * **Bedroom_01.jpg**
    * **Television.jpg**

3. Usando Composition – Cropped Layers (Composição – Camadas Cortadas) da opção Import As (Importar Como), importe o arquivo **Style_Logo.psd** do DVD, para a pasta Graphics.

Como Construir as Transições

As transições que você construirá neste capítulo são inspiradas nos desenhos retrôs dos anos 60 e 70. Há uma loucura positiva para todas as coisas retrôs desses dias, que simplesmente funciona bem com os sólidos, que são deixados em seu estado "natural".

Transição Alaranjada

A idéia por trás das transições é simples: um conjunto de quadrados concêntricos que se irradia para limpar a tela e então voltam para exibir uma nova cena. Simples, sim, mas atraente também!

Você começará com os quadrados:

1. Gere uma nova composição denominada Orange Squares na pasta **Elements**, com as dimensões 270 x 540, Frame Rate (Velocidade de Projeção) 29.97 e Duration (Duração) 4;00.

2. Crie um novo sólido em 0;00 denominado Mid Orange (RGB: 255, 107, 15) com as dimensões 720 x 720.

24 | After Effects 6.5: Efeitos Mágicos

3. Crie um quadro-chave 0% Scale.

4. Vá para o tempo 0;10 e mude Scale para 100%.

5. Duplique a camada duas vezes. Mude a cor da camada 1 para um alaranjado claro (RGB: 255, 139, 52), a cor da camada 2 para um alaranjado escuro (RGB: 236, 82, 2) e renomeie ambas as camadas de acordo com sua nova cor.

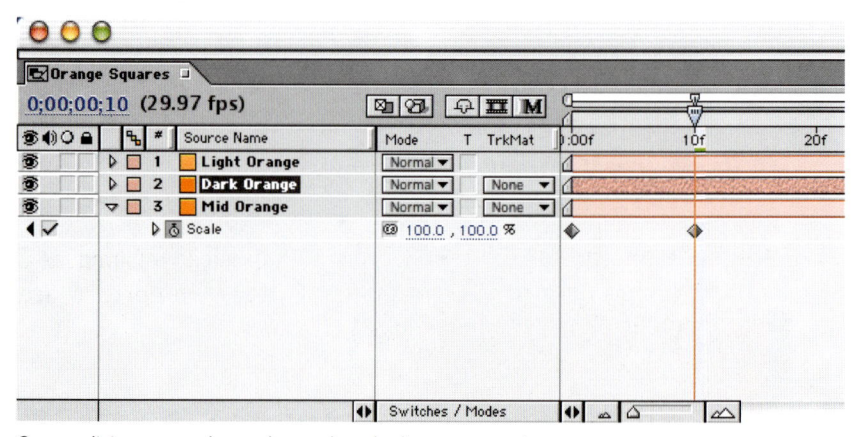

Como adicionar a mudança da escala e duplicar as camadas

Exatamente agora, os três quadrados se dimensionam simultaneamente, mas você vê apenas a camada alaranjada clara de cima. Portanto, irá coordenar os pontos In (Dentro) das camadas, para fazer com que os quadrados pareçam irradiar para fora:

1. Selecione a camada 2 e vá para o tempo 0;03.

2. Pressione [para ativar o ponto In (Dentro) da camada no tempo 0;03.

3. Selecione a camada 1 e vá para o tempo 0;06. Pressione [para ativar o ponto In da camada para o tempo 0;06.

4. Selecione todas as camadas e copie-as.

5. Vá para o tempo 0;09 e cole as novas camadas.

Capítulo 2 – QUADRADOS QUE CAEM | 25

6. Pressione Shift ao arrastar as camadas e mova o primeiro quadro da camada Mid Orange para Current Time Indicator (CTI ou Indicador do Tempo Atual).

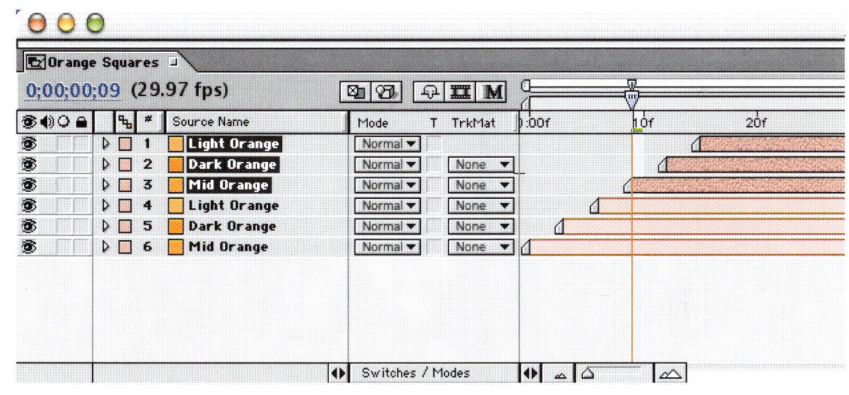

Como duplicar as camadas para que existam seis quadrados

Como dimensionar os quadrados

Você deverá ter quadrados que se irradiem a partir do centro da tela, com um deslocamento de três quadros entre cada camada. Muito legal. Naturalmente, há mais se para fazer! Agora, você fará com que os quadrados se fechem de volta para dentro:

1. Vá para o tempo 1;05 e insira um quadro-chave 100, 100% Scale para a camada 1.

2. Vá para o tempo 1;15 e mude Scale para 0%.

3. Copie esses dois quadros-chaves.

4. Vá para o tempo 1;08 e cole os quadros-chaves na camada 2. Cole os quadros-chaves novamente nas camadas restantes, nos seguintes pontos no tempo:

> Layer 3: 1;11
> Layer 4: 1;14
> Layer 5: 1;17
> Layer 6: 1;20

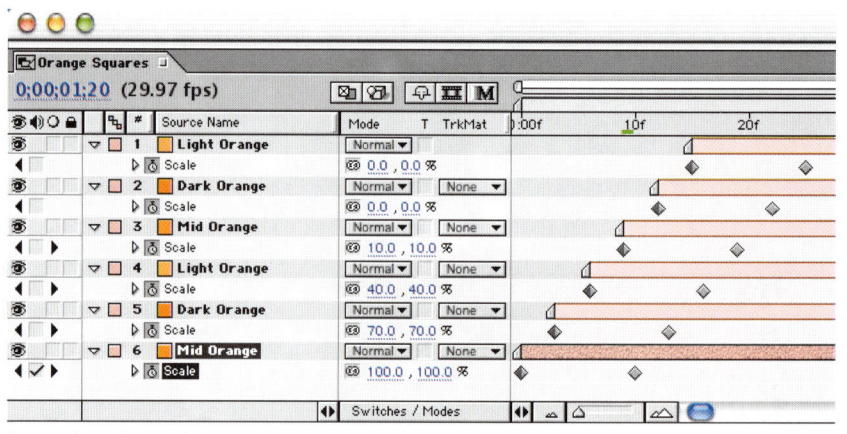

Os quadros-chaves Scale coordenados

Os quadrados deverão se irradiar por 25 quadros, permanecer por 10 quadros e então se fechar no centro por mais 25 quadros.

Grave seu trabalho e visualize a animação.

Como Gerar as Outras Transições

Você precisará criar a mesma transição nas outras três cores escolhidas para este anúncio:

1. Duplique a composição Orange Squares três vezes e renomeie as cópias como Green Squares, Purple Squares e Yellow Squares.

2. Abra a composição Green Squares. Renomeie e pinte novamente os quadrados alaranjados com um matiz verde correspondente: Light Green (RGB: 79, 217, 74), Dark Green (RGB: 45, 126, 43) e Mid Green (RGB: 67, 179, 63).

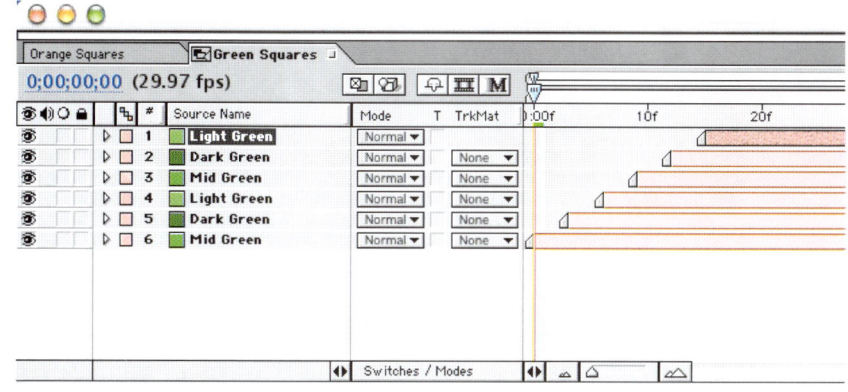

Como mudar as cores para as tonalidades de verde

3. Repita este processo para as composições Purple Squares e Yellow Squares: Light Purple (RGB: 154, 127, 255), Dark Purple (RGB: 99, 58, 190) e Mid Purple (RGB:133, 79, 255); e Light Yellow (RGB: 250, 253, 85), Dark Yellow (RGB: 187, 165, 57) e Mid Yellow (RGB: 199, 201, 67).

Grave seu trabalho.

Como Construir Fundos

Agora você tem as transições necessárias para o final. Estes gráficos arrojados mostram um layout impressionante. É hora de começar a explorar o aspecto em 3D do projeto. Em seguida, você criará os elementos do segundo plano para cada seção não usando nada, exceto nosso amigo multitalentoso, o sólido.

Diversão com 3D

Se você estiver cansado do plano sólido, é por esta parte que está esperando. Você dará a seus sólidos um pouco mais de vigor e profundidade, girando-os no espaço tridimensional até que fiquem no lugar em seu layout:

1. Crie uma nova composição denominada Moving BG Orange, com as dimensões 720 x 540, Frame Rate 29.97 e Duration 10;00.

2. Crie um novo sólido denominado BG Square 1, com as dimensões 720 x 720, numa cor alaranjada média (RGB: 255, 107, 15).

3. Duplique a camada.

4. Vá para o tempo 3;00 e insira um marcador de composição (Shift+1). Este marcador permite voltar rapidamente para esse ponto no tempo, pressionando a tecla 1.

5. Ative a chave 3D de cada camada na coluna Switches (Chaves) da linha do tempo.

6. Defina Position de BG Square 1 para 360, 270, 88 e adicione um quadro-chave Position.

7. Defina Scale de BG Square 1 para 48, 48% e adicione um quadro-chave Scale.

8. Defina Position de BG Square 2 para 596, 32, 88 e adicione um quadro-chave Position.

9. Defina Scale de BG Square 2 para 18, 18% e adicione um quadro-chave Scale.

Como criar o segundo plano dos quadrados em 3D

Você posicionou os quadrados onde deseja que fiquem depois deles girarem no espaço. Trabalhando em sentido contrário, precisará fazer com que girem para o lugar:

1. Vá para o tempo 0;00 e crie os seguintes quadros-chaves para a camada BG Square 1:

   Position: 360, 270, 0 (animar a posição do sólido no eixo Z de 0 a 88 faz com que ele pareça se distanciar do observador):

Scale: 110, 110, 110
Orientation: 0, 0, 0
X Rotation: 0 x +0.0

2. Ainda no tempo 0;00, crie os seguintes quadros-chaves para a camada BG Square 2:

   Position: 592, 38, 0
   Scale: 50, 50, 50
   Orientation: 0, 0, 0
   Y Rotation: 0 x +0.0

3. Pressione 1 no quadro-chave para voltar para o tempo 3.00.

4. Adicione os seguintes quadros-chaves para a camada BG Square 1:

   Orientation: 0, 0, 270
   X Rotation: 2 x +180

5. Adicione os seguintes quadros-chaves para a camada BG Square 2:

   Orientation: 0, 0, 270
   Y Rotation: 1 x +180

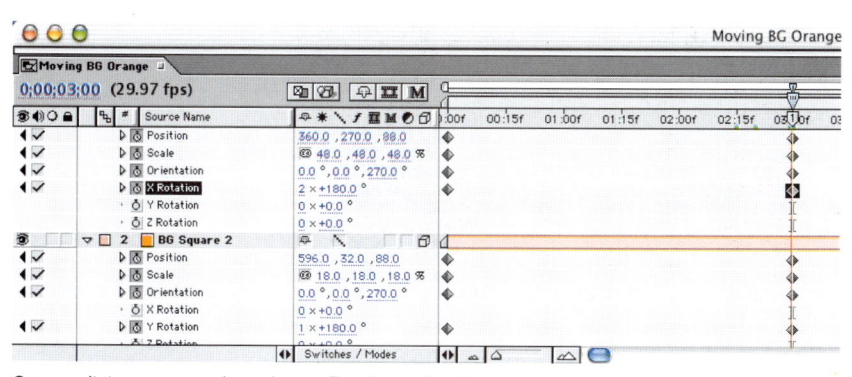

Como adicionar os quadros-chaves Rotation e Position

Grave seu trabalho e então visualize a animação. Os sólidos alaranjados preencherão a janela Comp inteira, que irão rodar para longe do observador e parar de girar.

Como Criar o Fundo com Diversas Cores

Naturalmente, você precisará deste fundo fabuloso com diferentes cores para cada seqüência. Duplique a composição Moving BG Orange duas vezes. Renomeie as novas composições como: Moving BG Green e Moving BG Purple. Poderá deixar os quadrados onde estão e mudar apenas suas cores. Porém, o anúncio final será mais atraente se você alterar, ligeiramente, cada segundo plano.

Verde

Para a seqüência verde, deixe o sólido grande onde está, e faça com que o sólido pequeno fique no canto inferior esquerdo do sólido grande, ao invés da direita superior:

1. Abra a composição Moving BG Green e mude a cor de ambos os sólidos para um verde médio (RGB: 67, 179, 63).
2. No tempo 0;00, mude Position de BG Square 2 para 80, 530, 0.
3. Pressione 1 para ir para o tempo 3;00 e então mude Position de BG Square 2 para 121.3, 508.7, 88.

O novo layout do fundo verde

Púrpura

Para a seqüência púrpura, faça com que o sólido pequeno fique no canto superior esquerdo do sólido grande:

1. Abra a composição Moving BG Purple.

2. Mude a cor de ambos os sólidos para uma púrpura média (RGB: 133, 79, 255).

3. No tempo 0;00, mude Position de BG Square 2 para 70, 4, 0.

4. Pressione 1 para ir para o tempo 3;00 e então mude Position de BG Square 2 para 123.3, 33.5, 88.

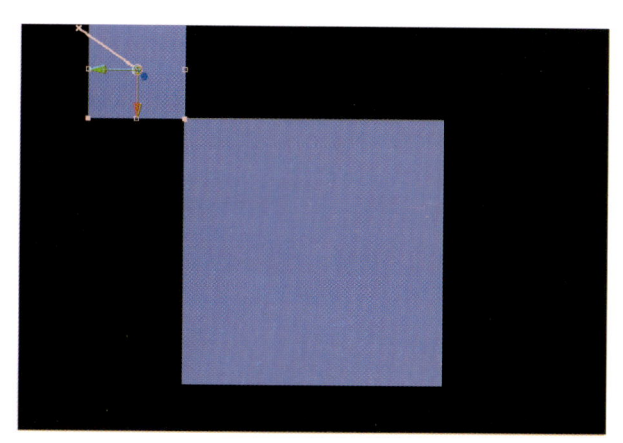

O novo layout para o fundo púrpura

Grave seu trabalho.

Como Construir as Seções

Você está pronto para começar a construir a obra-prima final? Todos os elementos que usará para construir as seções principais do corpo final agora estão completas; só precisa juntá-las. Você criará uma cena de ação polida, na qual as informações importantes do produto do cliente irão brilhar.

Seção Alaranjada

Primeiro, criará um segundo plano alegre e posicionará seu fundo:

1. Crie uma nova composição denominada Section1_Orange, na pasta **Sections**, com as dimensões 720 x 540, Frame Rate 29.97 e Duration 10;00.

2. Adicione a composição Orange Squares no tempo 0;00.

3. Vá para o tempo 0;28 e crie um novo sólido denominado BG Orange, que tenha o tamanho da composição e seja alaranjado fraco (RGB: 255, 194, 137).

4. Arraste a camada do sólido para baixo da composição Orange Squares na linha do tempo.

5. Vá para o tempo 1;00. Arraste a composição Moving BG Orange para a linha do tempo e posicione-a de modo que seja a camada 2.

6. Mude sua Position para 346, 325.

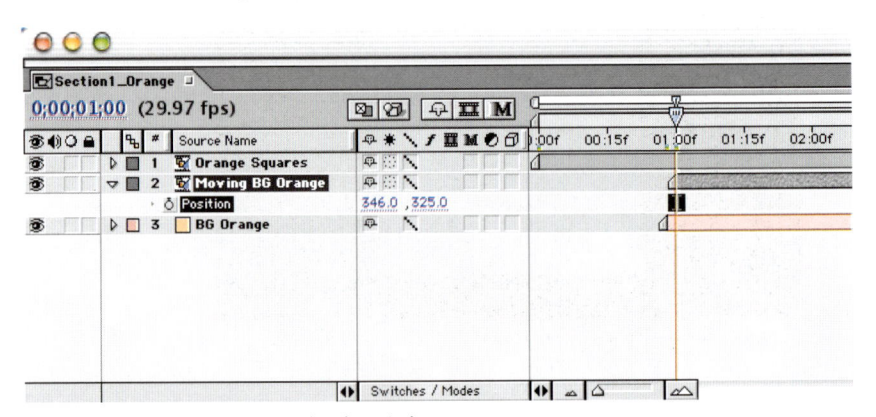

Como começar a construir a seção alaranjada

O anúncio parecerá mais profissional e funcionará muito melhor, se as transições interagirem com os elementos que estão exibindo. A configuração não tem que ser elaborada – você simplesmente ajustará a posição da transição para que ela interaja com o fundo:

1. Vá para o tempo 1;29 e adicione um quadro-chave Position 560, 100 à camada Orange Squares. Fazer isso alinhará o quadrado alaranjado final, que se irradia com a posição parada do pequeno sólido alaranjado.

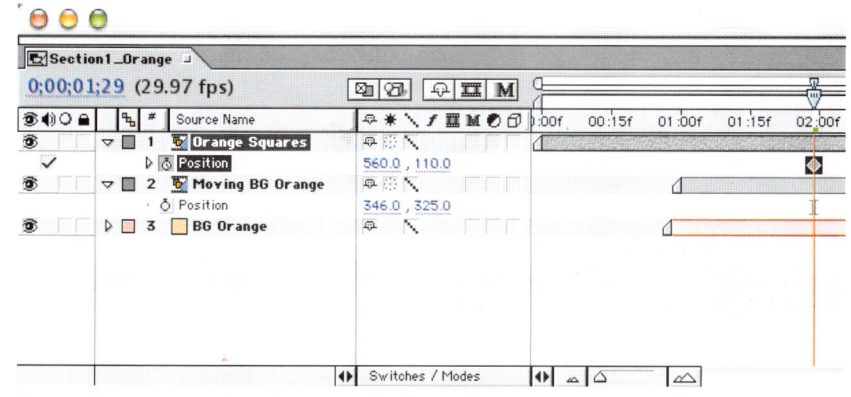

Como adicionar os quadros-chaves Position à transição

2. Volte para o tempo 0;00 e mude Position da camada Orange Squares para 78, 476. Agora os quadrados alaranjados se irradiam para fora, começando do canto inferior esquerdo da composição.

3. Vá para o tempo 0;25. Você deverá ajustar a posição da camada Orange Squares para que ela cubra a composição inteira, durante a transição para a composição Moving BG Orange. Adicione um quadro-chave Position 360, 270 e então copie o quadro-chave.

4. Para manter a camada Orange Squares nessa posição durante a transição, vá para o tempo 1;06 e cole o quadro-chave copiado.

5. Repasse os quadros entre os dois quadros-chaves que acabou de criar. Notará que a composição Orange Squares se move mesmo que os dois quadros-chaves tenham as mesmas coordenadas. Para corrigir isso, selecione o quadro-chave no tempo 0;25 e escolha Animation (Animação) > Toggle Hold Keyframe (Alternar Quadro-Chave Hold).

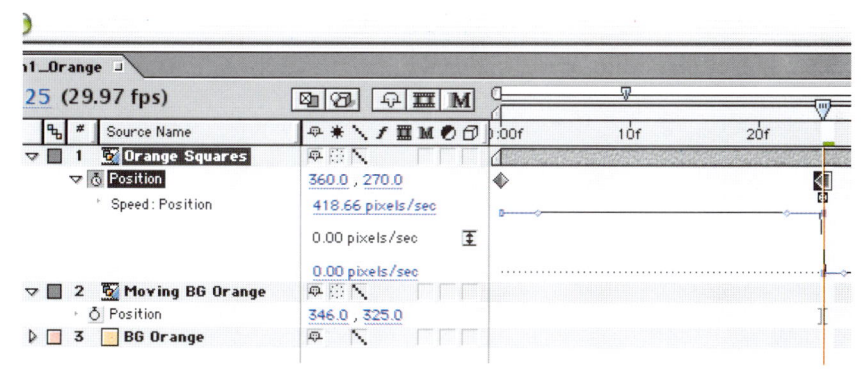

A linha do tempo com o quadro-chave Hold

Reproduza o que você tem até o momento e note como a composição Orange Squares corta os quadrados quando eles se dimensionam para fora. Para corrigir isso, ative a chave Collapse Transformations (Fechar Transformações) para a camada da composição Orange Squares. Agora as camadas não são limitadas pelas dimensões da composição Orange Squares.

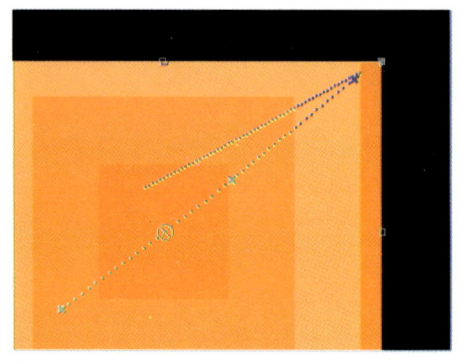

Os quadrados que se dimensionam são cortados pelas dimensões da composição aninhada

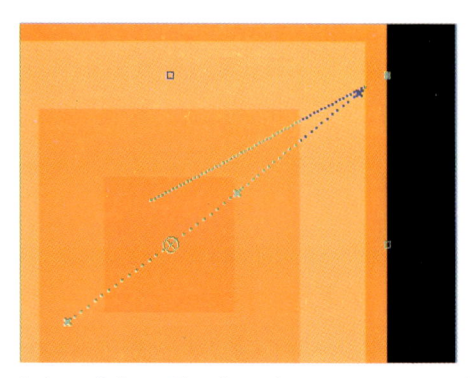

A chave Collapse Transformations mostra as camadas inteiramente

Como Tornar Fosca uma Foto

Em seguida, começaremos a adicionar as fotos do produto do cliente:

1. Vá para o tempo 4;00 e adicione um marcador de composição (Shift+2).

2. Crie um novo sólido chamado Pic Matte, que tenha as dimensões 720 x 720 e qualquer cor. (Como você estará usando esse sólido como um fosco de controle para emoldurar e recortar as fotos do produto, a cor não é importante, contanto que seja diferente da cor alaranjada média, para que possa vê-la na janela Comp quando trabalhar).

3. Defina Scale (44.1, 31.5) e Position (346, 278) de Pic Matte para que ocupe os dois terços superiores do quadrado alaranjado maior.

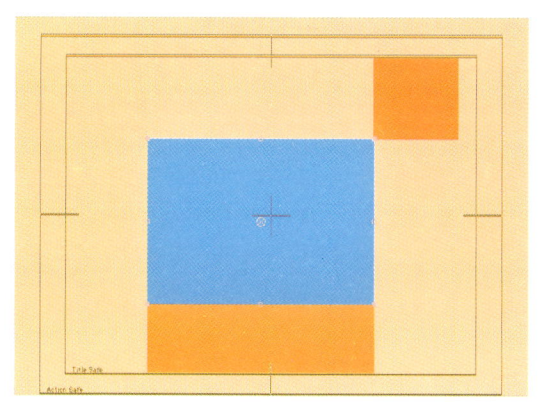

Como adicionar Pic Matte

4. Adicione o arquivo **Bedroom_01.jpg** à linha do tempo, sob a camada Pic Matte. Note que a imagem preenche a composição inteira.

5. Mude Track Matte (Controlar Fosco) da camada Bedroom_01 para Alpha Matte "Pic Matte". A imagem será recortada com as dimensões da camada Pic Matte.

6. Mude Position da camada Bedroom_01 para 360, 260 e Scale para 65, 65%.

Como adicionar Track Matte à imagem

7. Adicione um quadro-chave 0% Opacity.

8. Vá para o tempo 4;10 e mude Opacity para 100%. Agora a imagem do produto aumenta de intensidade, depois dos quadrados alaranjados ficarem no lugar.

Como Adicionar Texto

As imagens estão todas no lugar, mas têm apenas metade de sua sinfonia visual. Iremos produzir outro movimento: o texto. Você começará com um elemento que permanecerá consistente durante o projeto:

1. Pressione 2 no teclado para voltar para o tempo 4;00.

2. Crie uma nova camada de texto horizontal que exiba a palavra *STYLE* em uma cor alaranjada escura (RGB: 214, 75, 3). (Para as outras propriedades do texto, usamos Futura Condensed Medium, um tamanho de 92 pixels e centralizada).

Capítulo 2 – QUADRADOS QUE CAEM | 37

3. Avance na linha do tempo para que possa ver a foto. Mova o texto para que fique centralizado na área alaranjada média, sob a foto. (Usamos Position 344, 475.)

Como criar o elemento de texto STYLE

Em seguida, você criará um elemento gráfico horizontal para servir como fundo para o texto, que colocará acima da foto:

1. Pressione 2 para voltar para o tempo 4;00.

2. Crie uma nova camada sólida denominada Horizontal Bar, que tenha as dimensões 720 x 110 e seja colorida com um alaranjado fraco (RGB: 255, 232, 206).

3. Posicione Horizontal Bar em 436, 110 para que sua borda inferior fique na borda superior do quadrado grande.

4. Na linha do tempo, arraste a camada Horizontal Bar, para que fique logo acima da camada BG Orange.

5. Aplique o efeito Linear Wipe (Limpeza Linear) (Effect (Efeito) > Transition (Transição) > Linear Wipe) na camada Horizontal Bar.

6. Defina Wipe Angle (Ângulo da Limpeza) do efeito para 0 x + 270.

7. Adicione um quadro-chave 100% Transition Completion.

8. Vá para o tempo 4;10 e mude a propriedade Transition Completion para 30%. Agora o sólido deslizará da esquerda para a direita.

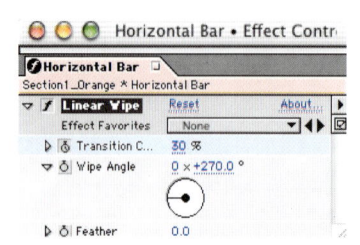

As definições para o efeito Linear Wipe

Agora, você criará uma versão vertical do fundo que acabou de criar, para o lado esquerdo da foto:

1. Copie Horizontal Bar e então cole-a no tempo 4;02.

2. Renomeie o sólido duplicado como Vertical Bar e mude suas dimensões para 110 x 540, e sua cor para RGB 255, 232, 206.

3. Posicione Vertical Bar em 129, 326 para que sua borda direita fique na borda esquerda do quadrado grande.

4. Mude o quadro-chave Wipe Angle atual de Vertical Bar para 0 x +0.0.

5. Vá para o quadro-chave seguinte de Vertical Bar no tempo 4;12 e mude Transition Completion para 21%.

Como adicionar as barras coloridas

Agora que você tem os seus fundos, poderá adicionar os dois últimos elementos de texto. O primeiro é um elemento vertical que pagina a tela e enfraquece com uma cor mais clara:

1. Crie uma nova camada de texto horizontal que exiba *STYLE* em uma cor alaranjada escura (RGB: 214, 75, 3). (Para as outras propriedades do texto, usamos Futura Condensed Medium, um tamanho de 92 pixels e centralizada).

2. No tempo 4;13, adicione uma camada de texto vertical que exibe *PERSONAL* com uma cor alaranjada escura (RGB: 214, 75, 3). (Para as outras propriedades do texto, usamos Futura Condensed Medium, um tamanho de 36 pixels).

3. Posicione o texto para que a parte superior de *P* fique mais ou menos na parte superior da imagem (cerca de 133, 310).

4. Aplique um efeito Linear Wipe (Effect > Transition > Linear Wipe).

5. Defina Wipe Angle para 0 x +0.0.

6. Crie um quadro-chave 100% Transition Completion.

7. Avance 15 quadros pressionando Ctrl+G (Windows) ou Command+G (Mac OS) e fornecendo +15 na caixa de diálogos.

8. Mude Transition Completion para 0%.

9. Vá para o tempo 5;08 e adicione um quadro-chave 100% Opacity.

10. Avance 15 quadros e mude Opacity para 50%.

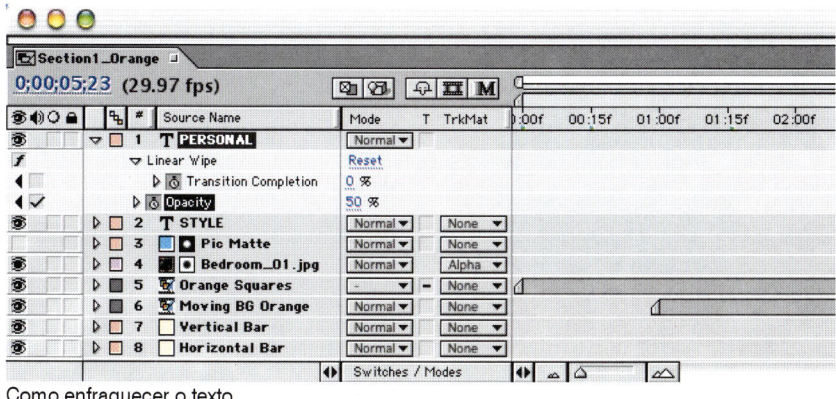

Como enfraquecer o texto

O elemento de texto final é horizontal e fica acima na foto. Também se pagina e reduz de intensidade:

1. Vá para o tempo 5;08 e crie uma camada de texto horizontal que exiba *EXPRESSION* com uma cor alaranjada escura (RGB: 214, 75, 3). (Para as outras propriedades do texto, usamos Futura Condensed Medium, um tamanho de 36 pixels).

2. Posicione a camada em 330, 127.

3. Aplique um efeito Linear Wipe (Effect > Transition > Linear Wipe) na camada.

4. Defina Wipe Angle para 0 x +270.

5. Crie um quadro-chave 100% Transition Completion.

6. Avance 15 quadros e mude Transition Completion para 0%.

7. Vá para o tempo 6;03 e adicione um quadro-chave Opacity em 100%.

8. Avance 15 quadros até o tempo 6;18 e mude Opacity para 50%.

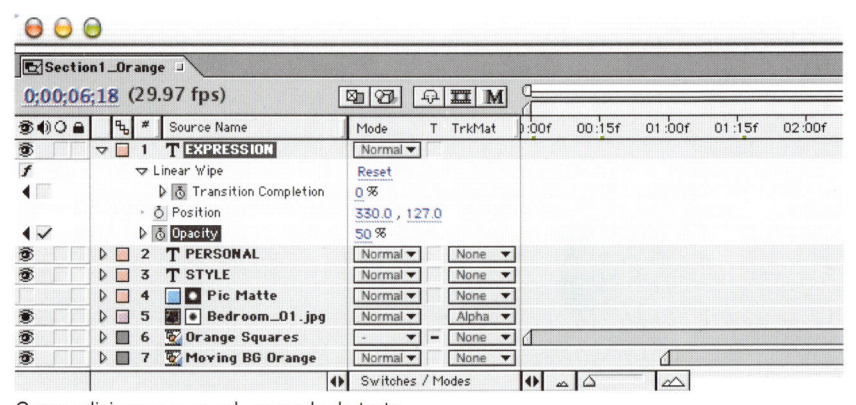

Como adicionar a segunda camada de texto

A seção alaranjada agora está completa. Grave e visualize seu trabalho.

Como Criar a Seção Verde

Mais uma vez você usará a técnica de duplicar e modificar, a fim de criar as outras seções. Provavelmente já adivinhou que, como o segundo plano dos quadrados, que se movem em 3D, fica de modo diferente, ele irá requerer alguns ajustes na colocação. Avancemos no território verde:

1. Duplique a composição Section1_Orange e renomeie a Section2_Green duplicada. Abra a composição Section2_Green.

2. Apague a camada Moving BG Orange e substitua-a pela composição Moving BG Green.

3. Selecione a camada Orange Squares e então pressione Alt (Windows) ou Option (Mac OS) ao arrastar a composição Green Squares para a camada Orange Squares.

4. No tempo 0;00, mude o quadro-chave Position da camada Green Squares para 560, 110.

5. No tempo 1;29, mude Position para 132, 426.

   Os quadros-chaves no tempo 0;25 e no tempo 1;06 permanecem em 360, 270 para limpar de fato a tela.

6. Renomeie a camada BG Orange como BG Green e mude sua cor para um verde fraco (RGB: 185, 217, 161). (Deixe as definições restantes como estão).

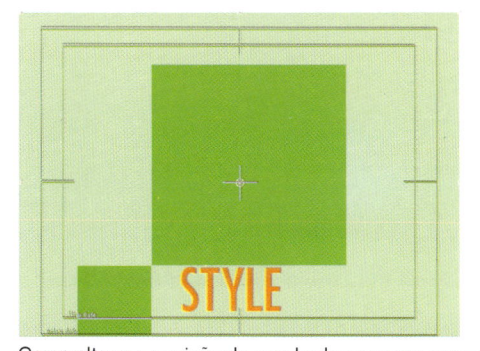

Como alterar a posição do quadrado pequeno para o layout verde

Para adicionar mais interesse visual, você moverá a imagem fosca, relativa ao segundo plano:

1. Pressione 2 para ir para o tempo 4;00.
2. Reposicione a camada Pic Matte em 375, 289 e então duplique-a.
3. Selecione a camada Bedroom_01 e pressione Alt (Windows) ou Option (Mac OS) ao arrastar a imagem **Chandelier.jpg** para substituir a imagem Bedroom_01, na linha do tempo. A imagem Chandelier herdará os quadros-chaves e a posição no tempo.
4. Dimensione **Chandelier.jpg** para 55, 55% e posicione-a em 372, 295.
5. Vá para o tempo 5;13 e adicione um quadro-chave 100% Opacity à camada.
6. Avance 15 quadros e mude Opacity para 0%.

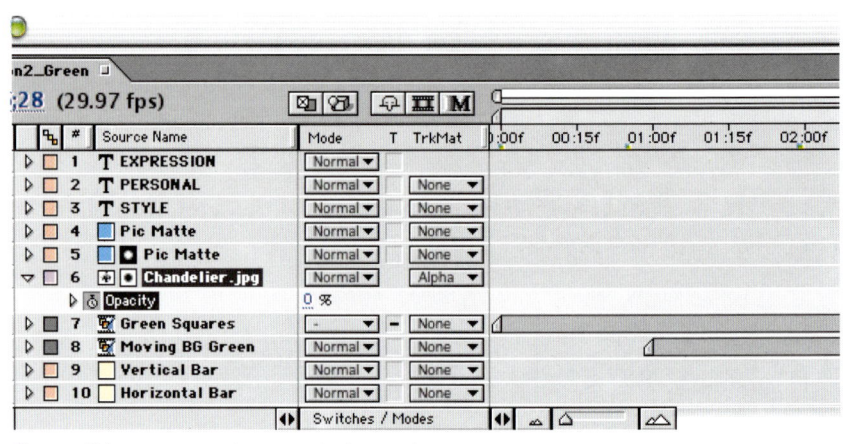

Como adicionar uma mudança gradual cruzada

Para tirar mais proveito desta seção, adicione uma segunda imagem, que terá um enfraquecimento cruzado em outra imagem:

1. Vá para o tempo 5;13 e adicione **Kitchen_02.jpg** à linha do tempo.
2. Arraste a camada para baixo da camada Pic Matte mais superior.
3. Defina Track Matte de Kitchen_02 para Alpha Matte "Pic Matte".
4. Defina Scale para 41, 41% e Position para 376, 270.
5. Adicione um quadro-chave 0% Opacity a Kitchen_02.

6. Avance 15 quadros e mude Opacity para 100%.

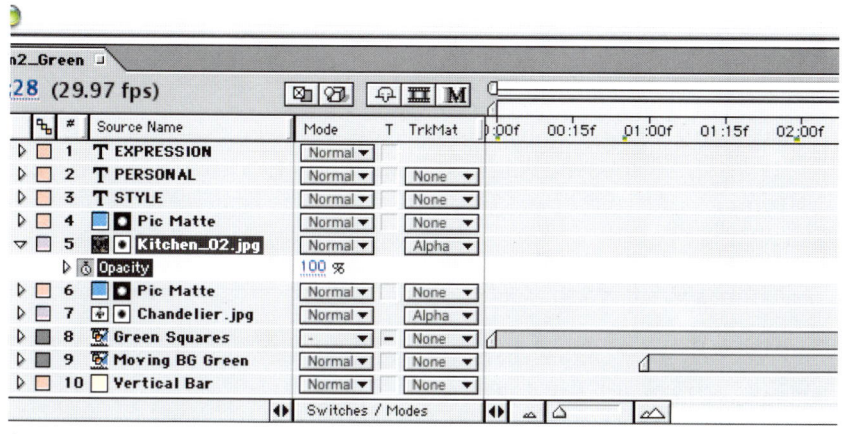

Como adicionar uma segunda imagem à composição

Se você visualizar a composição do tempo 4;0 até 6;00, a foto do lustre deverá diminuir de intensidade, enquanto a imagem da cozinha aumenta de intensidade no mesmo local.

Em seguida, precisará mover as barras vertical e horizontal, para que coincidam com o resto deste layout:

1. Vá para o tempo 4;00.

2. Selecione a camada Vertical Bar e pressione a tecla [para trazer o ponto In da camada para o tempo atual.

3. Mude a cor dos sólidos Vertical Bar e Horizontal Bar para RGB 215, 254, 188.

4. Mova Vertical Bar para Position 589, 353 e mova Horizontal Bar para 572, 458.

5. Pressione U para exibir todos os quadros-chaves da camada Horizontal Bar e então mude o quadro-chave Transition Completion final da camada para 40%.

Como mover as barras coloridas para que caibam no layout verde

Naturalmente, você precisará mudar os elementos do texto. Também mudará a sincronização da limpeza linear, para que fique melhor no comprimento das palavras mais curtas:

1. Selecione a camada de texto STYLE e mude a cor para um verde realmente escuro (RGB: 38, 106, 37).

2. Mude Position da camada para 375, 165 para que o texto seja centralizado no espaço verde acima da imagem.

3. Vá para o tempo 4;13, selecione a camada de texto EXPRESSION e pressione [para mover o ponto In da camada para o tempo atual.

4. Mude o texto para informar *LIGHT* e mude a cor para um verde realmente escuro (RGB: 38, 106, 37).

5. Posicione o texto em 375.5, 465.5 para que fique centralizado sob a imagem.

6. Pressione U para exibir os quadros-chaves da camada de texto.

Capítulo 2 – QUADRADOS QUE CAEM | 45

7. Vá para o tempo 5;03, selecione o quadro-chave Transition Completion final e ambos os quadros-chaves Opacity.

8. Arraste os quadros-chaves selecionados e pressione Shift para mover o quadro-chave Transition Completion para CTI. Fazer isso aumentará a duração da limpeza linear para 20 quadros, para considerar a palavra mais curta (e mudará a redução da intensidade da opacidade).

Como mudar o texto

9. Mude a camada de texto PERSONAL para informar *SPACE* e mude sua cor para o verde mais escuro (RGB: 38, 106, 37).

10. Posicione a camada em 589, 288 para que fique à esquerda da foto.

11. Vá para o tempo 5;18. Com a camada SPACE ainda selecionada, pressione [para mover o ponto In da camada para o tempo atual.

12. Vá para o tempo 6;18 e pressione U para exibir os quadros-chaves da camada.

13. Selecione as três últimas chaves e arraste para CTI. (Arraste e então pressione Shift para mover o quadro-chave Transition Completion final para CTI).

Grave seu trabalho e feche a composição.

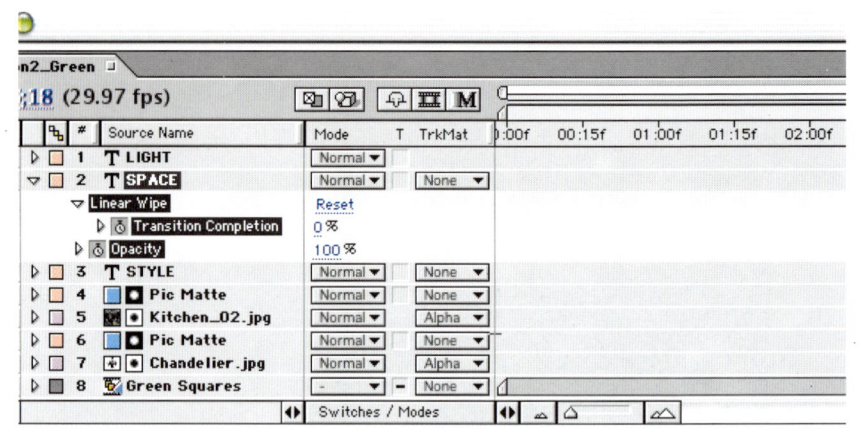

Como alterar a limpeza linear para trabalhar com o texto novo

Seção Púrpura

Você quase terminou as seqüências principais. Apenas precisará cuidar do seu amigo púrpura. Embora o layout do segundo plano dos quadros púrpuras que se movem, seja mais parecido com a seção alaranjada original, você desejará reutilizar o enfraquecimento cruzado da foto criada, na seção verde:

1. Duplique a camada Section2_Green e renomeie como Section3_Purple. Abra a composição Section3_Purple.

2. Selecione a camada Green Squares. Para substituir essa camada, mas manter seus quadros-chaves, pressione Alt (Windows) ou Option (Mac OS), quando arrastar a composição Purple Squares da janela Project para a camada Green Squares.

3. No tempo 0;00, mude o quadro-chave Position na camada Purple Squares para 154, 456.

4. No tempo 1;29, mude o quadro-chave Position para 124, 110.

   Deixe os quadros-chaves no tempo 0;25 e no tempo 1;06, porque eles mantém a transição.

5. Selecione a camada Moving BG Green. Pressione Alt (Windows) ou Option (Mac OS) e arraste a composição Moving BG Purple para ela, a fim de substituí-la.

6. Mova a camada Moving BG Purple para Position 355, 326.

7. Mude o nome da camada BG Green para BG Purple, e mude a cor para um púrpura fraco (RGB: 187, 168, 255).

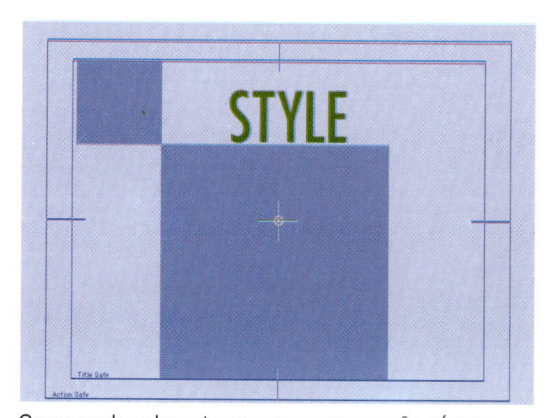

Como mudar o layout e as cores para a seção púrpura

Vertical Bar e Horizontal Bar têm que ser movidas, dimensionadas e coloridas, a fim de coincidirem com o novo layout:

1. Vá para o tempo 4;10. Mude a cor da camada Vertical Bar para RGB 214, 209, 255 e suas dimensões para 116 x 540.

2. Mova a camada para Position 137, 329.

3. Mude a cor da camada Horizontal Bar para 214, 209, 255 e suas dimensões para 720 x 115.

4. Mova a camada para Position 442, 113.

As imagens também têm que ser substituídas e você precisará mover o fosco, em relação ao novo fundo:

1. Selecione a camada Chandelier e então pressione Alt (Windows) ou Option (Mac OS) ao arrastar **Chair_02.jpg** para a camada na linha do tempo.

2. Mude Scale para 60, 60% e Position para 421, 310.

3. Selecione ambas as camadas Pic Matte e defina suas posições para 355, 280.

4. Selecione a camada Kitchen_02 e pressione Alt (Windows) ou Option (Mac OS) ao arrastar **Television.jpg** para ela, na linha do tempo.

5. Mude Scale da camada para 50, 50% e mova-a para a posição 360, 271.

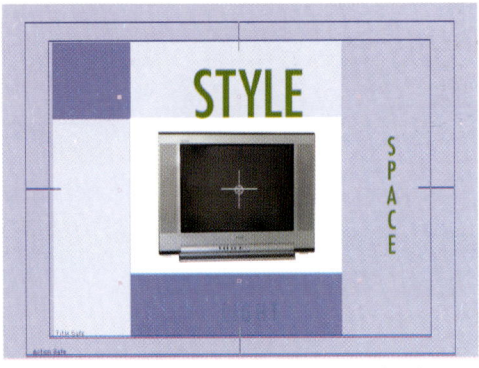

Como ajustar os foscos e as imagens para funcionarem com o novo layout

Naturalmente, os elementos do texto também precisarão mudar para a seção púrpura:

1. Mude a cor da camada de texto SYTLE para uma púrpura mais escura (RGB: 85, 60, 168).

2. Mova a camada para Position 354, 477 para que fique abaixo da foto.

3. Mude a camada de texto SPACE para informar *FORM*.

4. Mude a cor da camada para uma púrpura mais escura (RGB: 85, 60, 168).

5. Defina Position da camada para 138, 298.

6. Mude a camada de texto LIGHT para informar *FUNCTION*.

7. Mude a cor para uma púrpura realmente escura (RGB: 85, 60, 168), e defina Position para 353.5, 126.5.

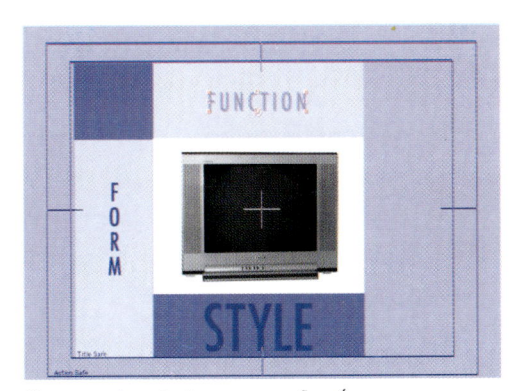

Como mudar o texto para a seção púrpura

Para variar, troque os pontos In das camadas FUNCTION e FORM:

1. Vá para o ponto In da camada FORM (tempo 5;18) e defina um novo marcador da composição (Shift+3).

2. Vá para o ponto In da camada FUNCTION (tempo 4;13).

3. Selecione a camada FORM e pressione a tecla [para mover o ponto In para o tempo atual.

4. Pressione 3 para voltar para o marcador da composição no tempo 5;18.

5. Selecione a camada FUNCTION e pressione [para mover seu ponto In.

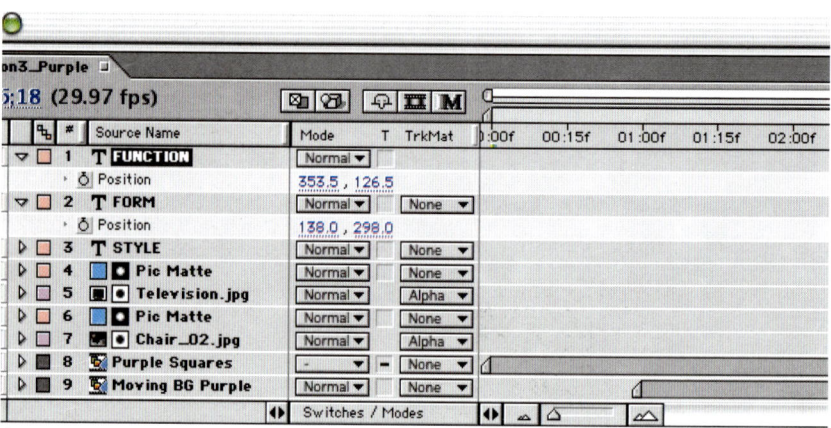

Como trocar a sincronização no texto horizontal e vertical

Parece bom – mas está um pouco quadrado demais, em comparação com as seções verde e alaranjada, que usam o pequeno sólido quadrado para dividir a forma quadrada que os outros elementos criam. Contudo, não tenha medo; há uma solução simples:

> No tempo 4;10, defina os quadros-chaves Transition Completion das camadas Horizontal Bar e Vertical Bar para 0%, para que os sólidos se estendam para além da tela.

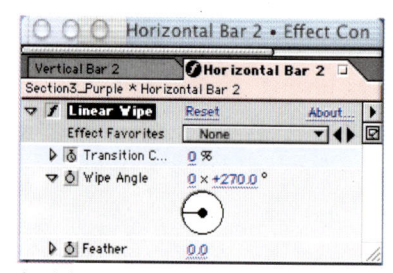

As definições do efeito Linear Wipe

Grave seu trabalho e feche a composição.

Seção Amarela

Você quase terminou de criar suas seções. Agora, adicionará o logotipo com um novo giro na marca final, criada no capítulo anterior.

Crie uma nova composição denominada Section4_Yellow na pasta **Sections**, com as dimensões 720 x 540, Frame Rate 29.97 e Duration 10;00. Embora você possa copiar e substituir o filme completo necessário e apagar o resto, é igualmente rápido construir esta composição a partir do zero:

1. Arraste a composição Yellow Squares para a linha do tempo no tempo 0;00 e então ative a chave Collapse Transformations.
2. No tempo 0;00, crie um quadro-chave Position 132, 114.
3. No tempo 0;25, mude Position para 360, 270.
4. Avance três quadros até o tempo 0;28. Crie um novo sólido denominado Yellow BG, que tenha o tamanho da composição e seja amarelo fraco (RGB: 252, 253, 162).
5. Arraste a camada Yellow BG para baixo da camada Yellow Squares na linha do tempo.
6. Vá para o tempo 2;00 e adicione a composição Style_Logo, acima das duas outras camadas na linha do tempo.
7. Insira um quadro-chave 0% Opacity.
8. Vá para o tempo 2;10 e mude Opacity para 100%

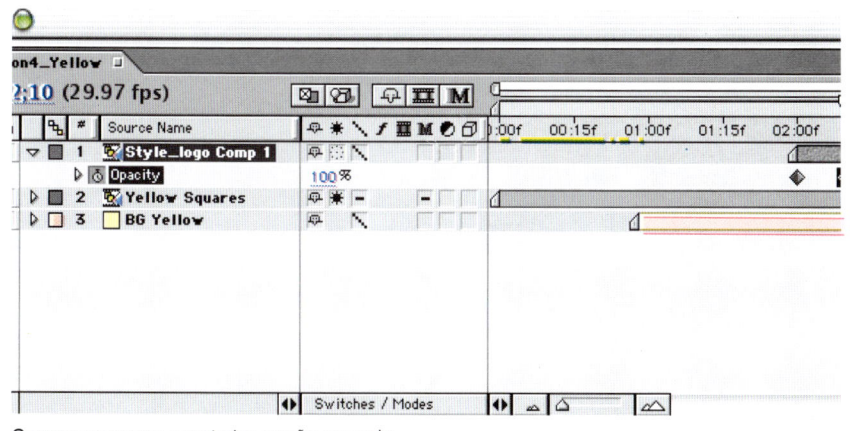

Como começar a construir a seção amarela

Grave e visualize seu trabalho.

Diversão com Vector Paint

Como fez no Capítulo 1 ("Quadrados que giram"), você animará o estilo da camada de texto no arquivo Photoshop, para criar mais interesse visual. Desta vez, usará o efeito Vector Paint, ao invés do Radial Wipe usado no projeto do Capítulo 1:

1. Abra a composição Layer Effects na pasta **Style_logo Comp 2**, na janela Project.

2. Vá para o tempo 0;10 na linha do tempo da composição Layer Effects.

3. Selecione as camadas Bevel Highlight e Bevel Shadow.

4. Escolha Effect > Paint (Pintar) > Vector Paint (Pintura Vetorial).

5. Defina as seguintes propriedades do efeito Vector Paint para ambas as camadas:

    Brush Setting Radius: 15
    Playback Mode: Animate Strokes
    Playback Speed: 1.00
    Composite Paint: As Matte

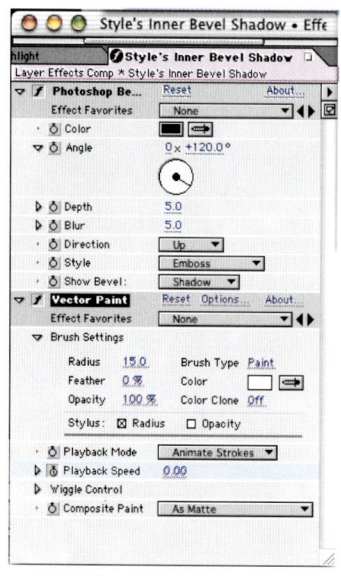

As definições do efeito Vector Paint

6. Adicione um quadro-chave para Playback Speed à camada Bevel Shadow.

7. Pinte sobre as letras *STYLE* na janela Composition, como se você estivesse escrevendo-as na tela. Não se preocupe se parecer confuso; apenas certifique-se que cobriu a área inteira de cada letra.

8. Vá para o tempo 1;00 e defina a velocidade da reprodução para 50.00.

9. Copie ambos os quadros-chaves, vá para o tempo 0;10 e cole as chaves na camada Bevel Highlight.

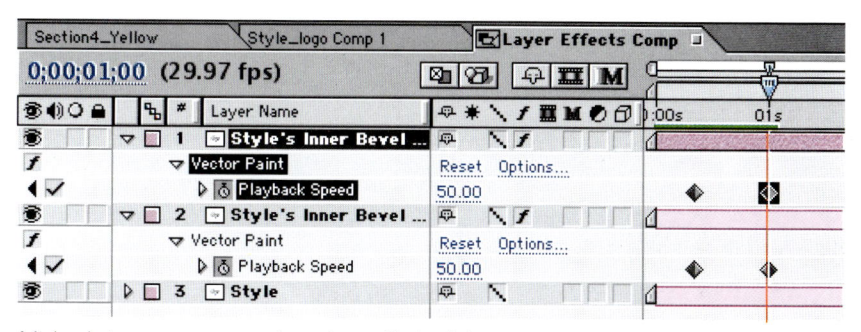

A linha do tempo com os quadros-chaves Vector Paint

Grave e visualize seu trabalho. Como pode ver, o bisel parece ser pintado por mãos invisíveis.

Como Completar a Marca Final

Agora você adicionará o endereço Web da empresa e animará o ajuste entre as letras do texto, para que ele se expanda na tela:

1. Volte para a composição Section4_Yellow e vá para o tempo 3;00.

2. Crie uma nova camada de texto que informe: *www.styledesigncenter.com*.

3. Posicione a camada para que ela seja centralizada abaixo do logotipo.

4. Adicione um quadro-chave 0% Opacity.

5. Avance 15 quadros até o tempo 3;15 e mude Opacity para 100%.

6. Pressione a tecla J para voltar para o tempo 3;00.

7. Exiba as propriedades do texto para a camada e então escolha Animate (Animar) > Tracking (Ajuste entre Letras) na linha do tempo.

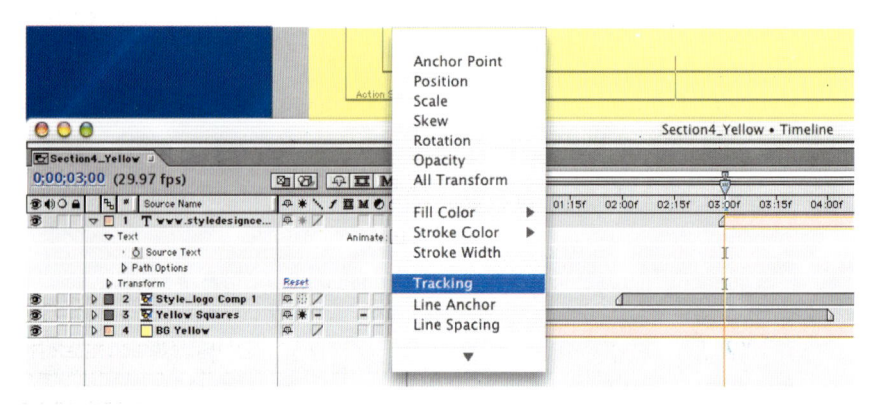

O menu Animate na linha do tempo

8. Adicione um quadro-chave Tracking Amount e defina-o para –20, a fim de unir as letras.

9. Vá para o tempo 3;15 e mude Tracking Amount para 5.

Grave e visualize seu trabalho. Depois do efeito de bisel cobrir o logotipo, o endereço Web se expandirá até as bordas da composição.

Toques Finais

Indubitavelmente, você está pronto para ver todo este trabalho pesado em ação. Agora poderá montar o anúncio final com cada uma das seções. Não demora praticamente nada:

- Crie uma nova composição denominada Squares2_Final, com as dimensões 720 x 540, Frame Rate 29.97 e Duration 30:00.

- No tempo 0;00, adicione Section1_Orange à linha do tempo.

- Vá para o tempo 7;00 e adicione Section2_Green à linha do tempo.

- Vá para o tempo 14;15 e adicione Section3_Purple à linha do tempo.

- Vá para o tempo 22;00 e adicione Section4_Yellow à linha do tempo.

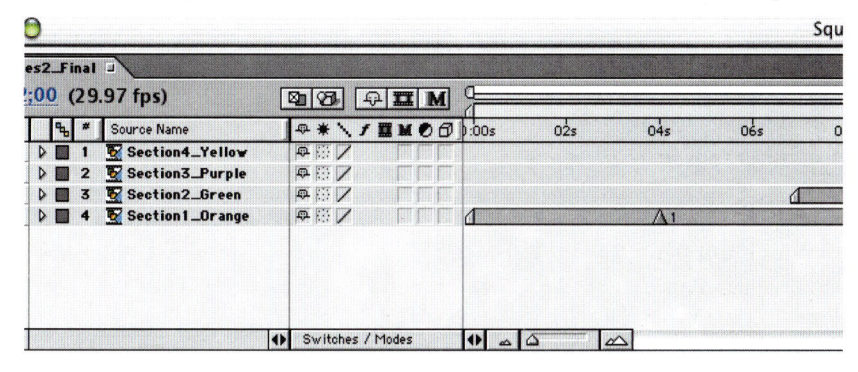

A linha do tempo terminada

Agora Experimente Isto

Bem feito: Você terminou seu segundo anúncio para o Style Design Center. Adicionando um espaço em 3D aos sólidos, poderá realmente prender a atenção do observador, além de criar uma aparência gráfica agradável e alegre, com uma sensação de profundidade.

- Para adicionar um pouco mais de vivacidade, experimente usar Vector Paint para pintar a palavra *STYLE* inteira na composição do logotipo, ao invés dos efeitos do bisel.

- Para aqueles que realmente gostam de um desafio, lide com o encolhimento de Square 1 em Moving BG. Adicione o quadrado menor em cada ponto. Substitua os sólidos menores e as imagens por videoclipes. Agora terá uma tela grande exibindo o vídeo, contornada por quatro telas menores, mostrando clipes simultaneamente.

Capítulo 3

Parede de Quadrados

Como nos projetos anteriores, nos capítulos 1 e 2, este projeto funciona com seqüências modulares predefinidas com sólidos. A mais notória dessas seqüências é um segundo plano xadrez e a transição que você apresentará em quatro variações. O padrão xadrez que você criará é composto por sólidos que poderiam ser trocados facilmente por outros arquivos, a fim de criar texturas, uma parede de imagens ou vídeo.

Um padrão xadrez é uma das coisas que nunca parecem sair de moda. Os xadrezes que você construirá neste projeto fascinam os olhos aumentando e diminuindo o brilho de cada segmento. Os sólidos que você animará no espaço em 3D, adicionarão alguma dimensão sobre o xadrez, caindo no lugar no layout final do produto.

Funciona Assim

Verifique o arquivo **Ch3_Finished_Movie.mov** na pasta deste capítulo no DVD do livro. Este projeto usa sólidos para criar segundos planos dinâmicos e animações em 3D atraentes, além de posicionar e emoldurar os anúncios dos produtos. Como nos dois primeiros capítulos, o projeto depende de componentes modulares para ajudar a agilizar a produção. Melhor ainda, fornecemos filmes apresentados para alguns dos componentes. Os principais aspectos deste projeto são:

O xadrez alaranjado animado, composto por sólidos

1. Usar sólidos para criar um padrão animado.

2. Usar sólidos para tornar foscas imagens de tamanhos diferentes.

3. Animar sólidos em 3D para criar um efeito de dominó caindo.

4. Animar uma composição aninhada para criar um efeito de porta de vaivém de garagem.

A seção amarela com blocos de cor movendo-se

A seção púrpura com imagens foscas

Como Preparar o Trabalho

Para preparar o projeto, faça o seguinte:

1. Inicie um novo projeto.

2. Importe a pasta **Images** da pasta Chapter 3 no DVD.

3. Crie uma pasta denominada **Graphics** e importe o arquivo **Style_Logo.psd** usando as opções Footage (Filme Completo) e Merged Layers (Camadas Mescladas).

Como Construir o Segundo Plano

Para criar os segundos planos, colocamos aleatoriamente, sólidos com 80 x 80, em quatro tonalidades diferentes de uma família de cores e compomos previamente as cores individuais. Se quiser, poderá fazer o mesmo até ficar contente com o desenho xadrez; do contrário, fornecemos um gráfico das cores e das posições dos sólidos.

Eis as etapas:

1. Crie uma nova composição denominada Orange Squares BG, com as dimensões 720 x 540, Frame Rate (Velocidade de Projeção) 29.97 e Duration (Duração) de 10;00 segundos.

2. Para organizar o padrão quadrado mais facilmente, ative a grade de composição (View (Exibir) > Show Grid (Mostrar Grade)) e a opção Snap To Grid (Ir Para Grade) no mesmo menu.

3. A maneira mais rápida de reproduzir nosso padrão é começar com um sólido de 80 x 80 e duplicá-lo quantas vezes forem especificadas, para essa determinada cor na tabela. Então selecione todas as camadas dessa cor, pressione a tecla P para exibir suas propriedades Position, e forneça os valores Position especificados na tabela.

Dica: Assim que você tiver selecionado um valor da posição na linha do tempo, poderá navegar rapidamente para os campos Position das outras camadas, pressionando a tecla Tab (para frente) ou Shift+Tab (para trás).

Posições dos quadrados

	Laranja fraco (RGB: 255, 194, 137)	Laranja claro (RGB: 255, 139, 52)	Laranja médio (RGB: 255, 107, 15)	Laranja escuro (RGB: 236, 82, 2)
Camada 1	200, 120	520, 520	360, 520	200, 200
Camada 2	40, 360	40, 440	200, 440	680, 280
Camada 3	200, 280	680, 440	440, 360	520, 200
Camada 4	200, 520	680, 40	360, 40	280, 520
Camada 5	280, 440	520, 360	120, 200	520, 440
Camada 6	600, 520	280, 360	520, 120	600, 40
Camada 7	600, 360	680, 200	440, 200	120, 280
Camada 8	600, 200	120, 120	40, 520	200, 360
Camada 9	280, 40	360, 120	600, 440	40, 200
Camada 10	440, 120	200, 40	40, 40	120, 40
Camada 11	360, 200	40, 280	680, 360	680, 520
Camada 12	120, 440	120, 520	280, 280	360, 440
Camada 13	360, 360	440, 440	440, 40	360, 280
Camada 14	440, 520	120, 360	N/A	280, 120
Camada 15	520, 280	280, 200	N/A	N/A
Camada 16	680, 120	600, 120	N/A	N/A
Camada 17	40, 120	440, 40	N/A	N/A
Camada 18	520, 40	600, 280	N/A	N/A
Camada 19	N/A	440, 280	N/A	N/A

Capítulo 3 – PAREDE DE QUADRADOS | 61

4. Quando tiver terminado de posicionar os sólidos de uma determinada cor, componha previamente (Layer (Camada) > Pre-compose (Compor previamente)) essas camadas e nomeie de acordo com sua cor: Pale Orange Squares, Light Orange Squares, Mid Orange Squares e Dark Orange Squares.

Dica: Bloqueie cada composição prévia na linha do tempo, até que tenha terminado de criar as outras.

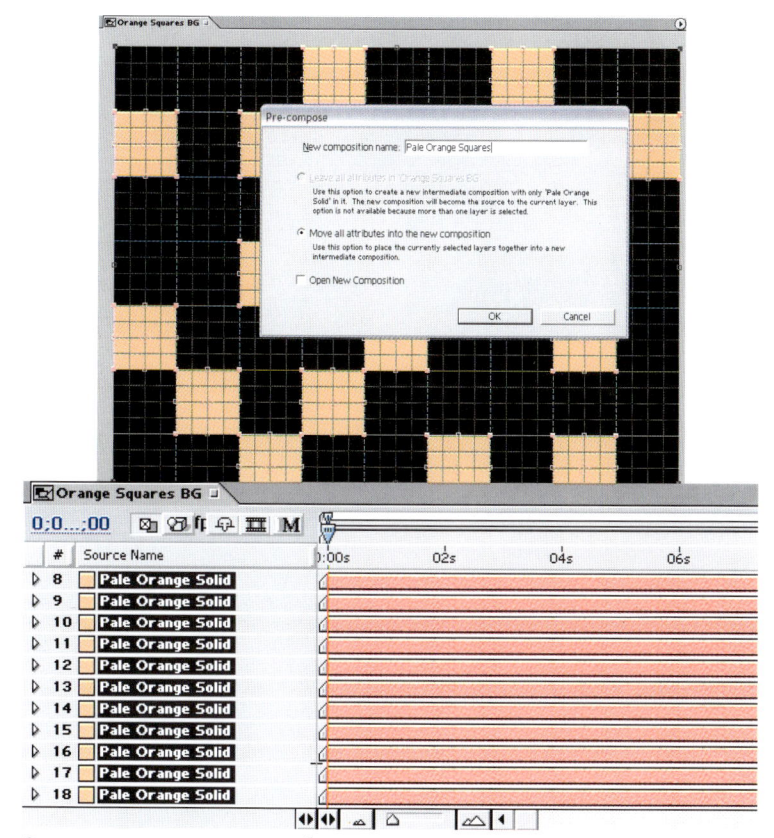

Como compor previamente os sólidos alaranjados fracos

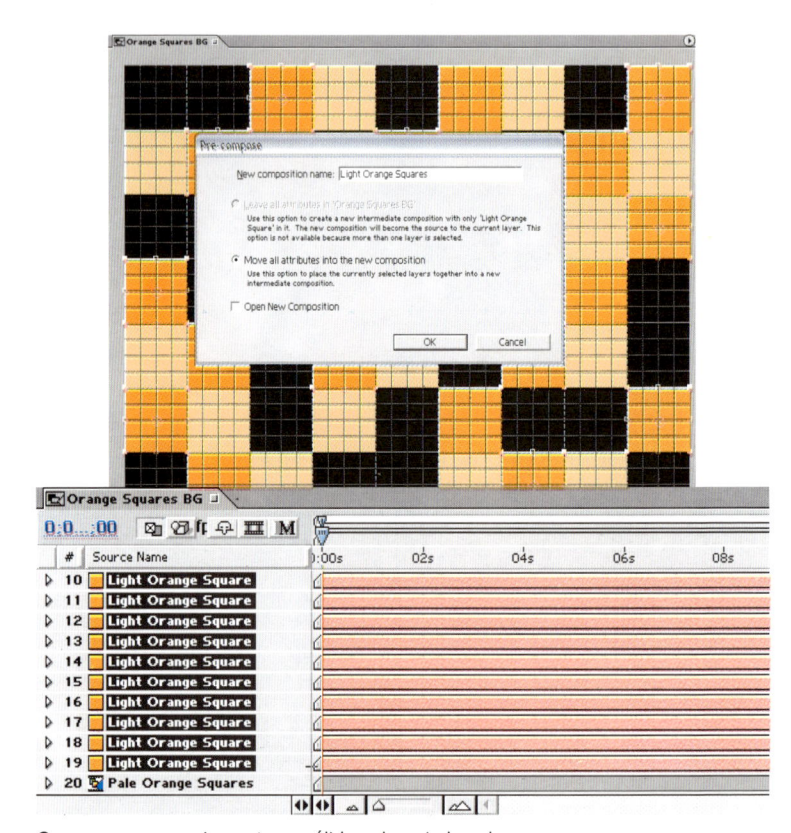

Como compor previamente os sólidos alaranjados claros

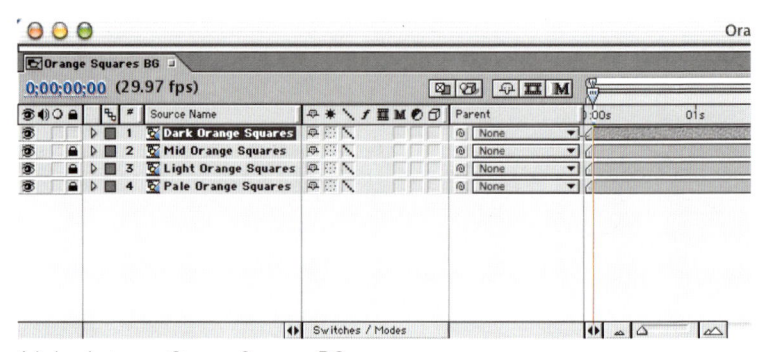

A linha do tempo Orange Squares BG

Grave seu trabalho.

Como Misturar

Agora, você adicionará um pouco de variedade fazendo com que os quadrados aumentem e diminuam de intensidade, diferentes vezes. Subdividindo e animando cores diferentes, poderá criar uma transição gradual para seu segundo plano xadrez:

1. Abra a composição Pale Orange Squares e selecione as 10 primeiras camadas.

2. Componha previamente essas camadas (Layer > Pre-compose) em uma nova composição chamada XL Phase 1.

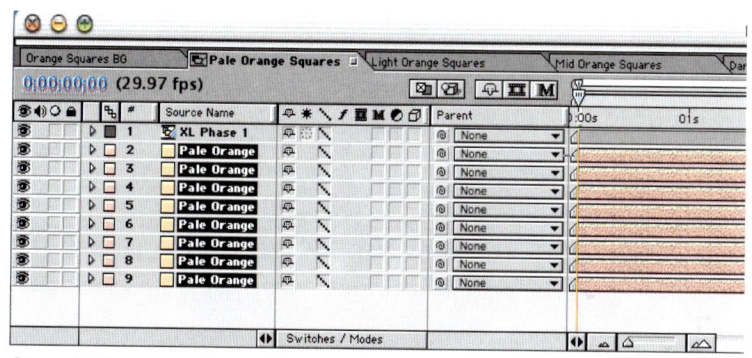

Como dividir as camadas em duas composições

3. Componha previamente as camadas alaranjadas fracas restantes, numa nova composição denominada XL Phase 2.

4. Selecione ambas as camadas da composição e adicione-lhes quadros-chaves 0% Opacity.

5. Vá para o tempo 1;00 e mude Opacity de ambas as camadas para 100%.

6. Vá para o tempo 0;10, selecione apenas XL Phase 2 e pressione a tecla [para mover o ponto In (Dentro) da camada, para o tempo atual.

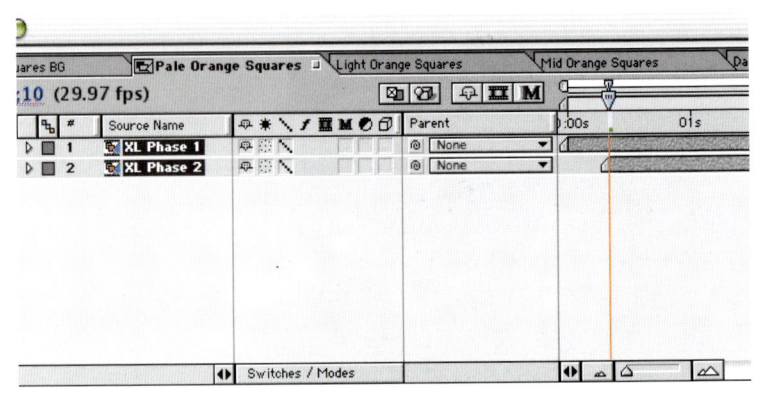

Como deslocar o tempo inicial das fases do xadrez

Repita este processo com as composições restantes:

1. Abra a composição Light Orange Squares e componha previamente as 11 primeiras camadas, numa nova camada, denominada L Phase 1.

2. Selecione e componha previamente as camadas restantes (Layer > Pre-compose), numa nova composição denominada L Phase 2.

3. Selecione ambas as camadas e adicione-lhes quadros-chaves 0% Opacity.

4. Vá para o tempo 1;00 e mude Opacity de ambas as camadas para 100%.

5. Vá para o tempo 0;10, selecione apenas a camada L Phase 2 e pressione a tecla [para mover o ponto In, para o tempo atual.

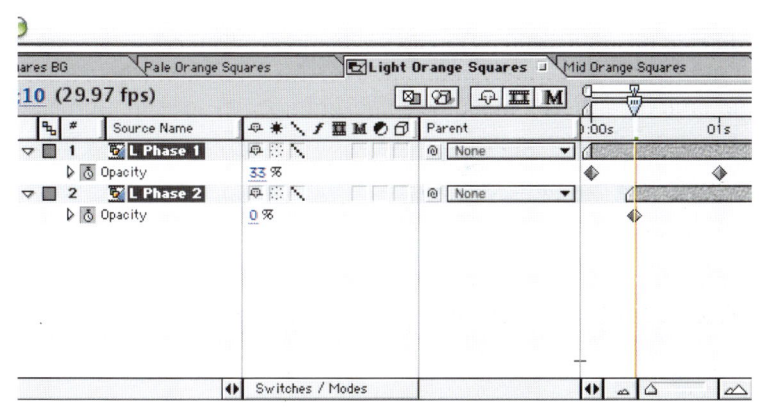

Como adicionar um aumento da intensidade às fases do xadrez

6. Abra a composição Mid Orange Squares e componha previamente as seis primeiras camadas, numa nova composição denominada M Phase 1.

7. Selecione e componha previamente as camadas restantes, numa nova composição denominada M Phase 2.

8. Selecione ambas as camadas e adicione-lhes quadros-chaves 0% Opacity.

9. Vá para o tempo 1;00 e mude Opacity de ambas as camadas para 100%.

10. Vá para o tempo 0;10, selecione M Phase 2 e pressione [para mover o ponto In da camada.

Como ficará o aumento da intensidade

11. Abra a composição Dark Orange Squares e componha previamente as sete primeiras camadas, numa nova composição denominada D Phase 1.
12.. Componha previamente as camadas restantes, numa composição denominada D Phase 2.
13.. Selecione ambas as camadas e adicione-lhes quadros-chaves 0% Opacity.
14.. Vá para o tempo 1;00 e mude Opacity de ambas as camadas para 100%.
15. Vá para o tempo 0;10, selecione apenas D Phase 2 e pressione a tecla [para mover o ponto In da camada.

Grave seu trabalho.

Como Adicionar um Pouco Mais de Interesse

Agora, você dobrará o efeito dos aumentos da intensidade, coordenando os pontos In das camadas da composição:

1. Selecione todas as camadas e adicione um quadro-chave 0% Opacity a cada uma.
2. Vá para o tempo 1;00 e mude Opacity de todas as camadas para 100%.
3. Vá para o tempo 0;05, selecione a camada Pale Orange Squares e pressione [para mover o ponto In.
4. Vá para o tempo 0;10, selecione a camada Dark Orange Squares e pressione [.
5. Vá para o tempo 0;15, selecione a camada Mid Orange Squares e pressione [.

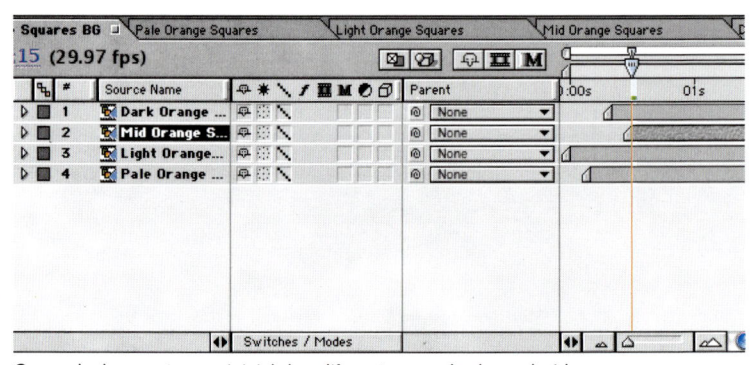

Como deslocar o tempo inicial dos diferentes quadrados coloridos

Grave e visualize seu trabalho: Os quadrados deverão aumentar de intensidade, em vários momentos. Agora, feche todas as composições.

Os Outros Segundos Planos

Embora o processo na seção anterior tenha levado algum tempo, ele cria um segundo plano realmente bonito e com muito movimento. Com base no que você fez nos exercícios anteriores, poderá substituir facilmente o filme completo, para criar o mesmo segundo plano em verde, púrpura e amarelo. Contudo, por causa do tempo, os segundos planos restantes estão incluídos como QuickTime Movies no DVD. Você poderá acessá-los da seguinte forma:

1. Na janela Project, crie uma nova pasta denominada **Squares BG**.
2. Mova a composição Orange Squares BG para a pasta.
3. Importe os seguintes arquivos do DVD para a pasta Squares BG:
   - **Green Squares BG.mov**
   - **Purple Squares BG.mov**
   - **Yellow Squares BG.mov**

Como se Organizar

Este projeto contém muitos itens, portanto, reservemos algum tempo para organizar a janela Project:

1. Crie uma nova pasta denominada **Orange Squares** e mova as composições Pale Orange Squares, Light Orange Squares, Mid Orange Squares e Dark Orange Squares para ela.

2. Crie uma nova pasta denominada **Phases** dentro da pasta Orange Squares e mova as várias composições Phases para ela.

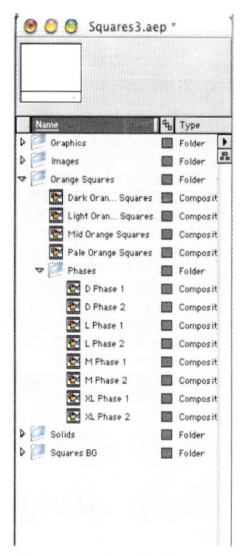

Com uma janela Project organizada, fica mais fácil de trabalhar

Como Construir Mais Elementos

Em seguida, você criará um elemento em 3D, em preto e branco, que poderá usar como um fosco para qualquer sólido colorido. É um pequeno movimento divertido, que mostrará os produtos do cliente.

Primeira Etapa

1. Na janela Project, crie uma pasta denominada **Flips**.

2. Na pasta **Flips**, adicione uma nova composição denominada Horizontal Flip, com as dimensões 720 x 540, Frame Rate 29.97 e Duration de 10;00 segundos.

Capítulo 3 – PAREDE DE QUADRADOS | 69

3. Crie um novo sólido denominado Flip_Square, com as dimensões 150 x 150 e que seja colorido de branco (RGB: 255, 255, 255).

> **Nota:** Normalmente, você não usaria o branco puro para a radiodifusão. Porém, será um fosco, portanto, não ficará visível.

4. Ative a chave 3D desta camada, na linha do tempo.

5. Configure uma exibição com quatro composições (Window (Janela) > Workspace (Espaço de Trabalho) > Four Comp Views (Quatro Exibições da Composição)) para que possa ver o sólido girar no espaço.

6. Defina Anchor Point da camada para 0, 75, 0 e Position para 360, 270, 0.

7. Vá para o tempo 0;10 e adicione um quadro-chave para Y Rotation, com um valor 0 x +0.0.

8. Pressione Home para ir para o tempo 0;00 e mude Y Rotation para 0 x +90.

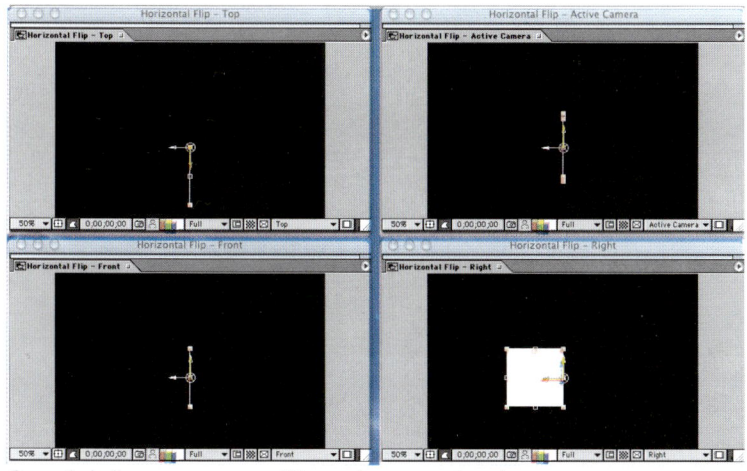

Como trabalhar no espaço em 3D para fazer o movimento

Grave e visualize seu trabalho. Você poderá voltar para a exibição com uma composição default (Window > Workspace > 1 Comp View (1 Exibição da Composição)).

Uma Fila

Os resultados até então não parecem muito impressionantes. Você tornará o projeto mais interessante, duplicando sua composição e reposicionando as camadas para criar uma fila de quadrados que se movem:

1. Crie uma nova composição denominada Line Flip, que tenha as dimensões 720 x 540, Frame Rate 29.97 e Duration de 10;00 segundos.

2. Adicione a composição Horizontal Flip à linha do tempo em 0;00 e então duplique-a duas vezes.

3. Vá para o tempo 1;00 para que possa ver os quadros, quando trabalhar. Defina as seguintes posições:

    Layer 1: 460, 270

    Layer 2: 285, 270

    Layer 3: 110, 270

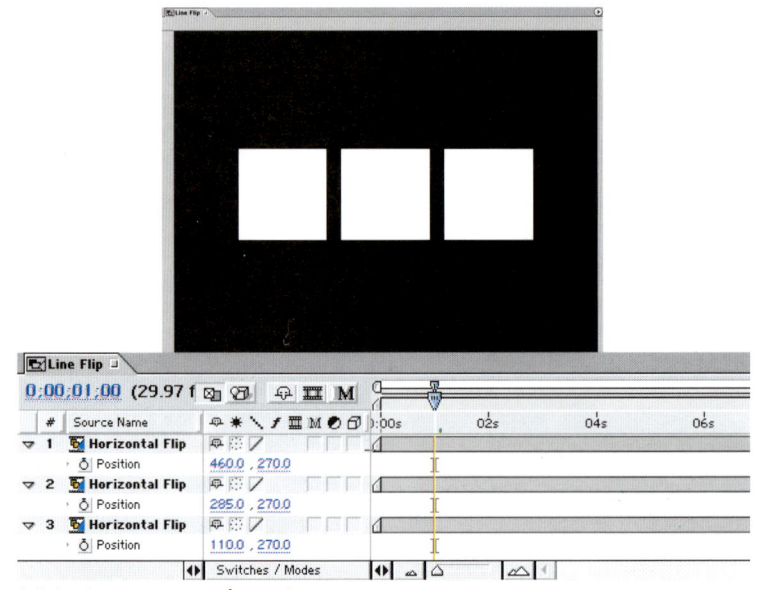

A linha do tempo com três movimentos

Agora, os quadrados se movem simultaneamente, mas para obter o efeito de dominó, você precisará coordenar seus pontos In:

1. Vá para o tempo 0;03, selecione a camada 2 e pressione [para mover seu ponto In.

2. Vá para o tempo 0;06, selecione a camada 1 e pressione [.

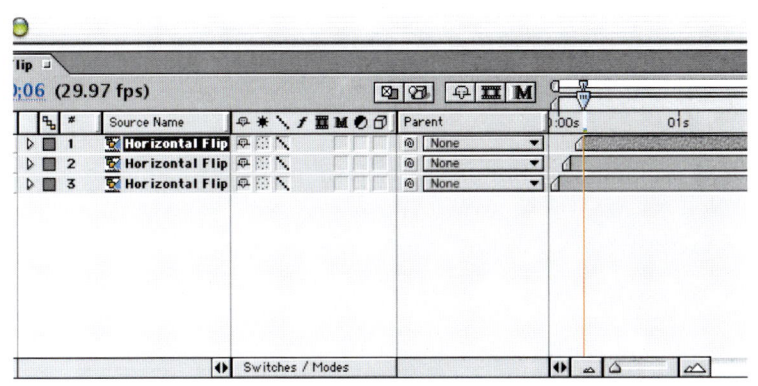

Como coordenar os pontos In das camadas, com o tempo dos movimentos, como dominós que caem

Grave e visualize seu trabalho.

Como Construir as Seções

No momento você está, sem dúvida alguma, pronto para prosseguir com as seções. Assim que vir todas as peças funcionando, ficará maravilhado com o efeito. Usemos os componentes e comecemos a construir a seção alaranjada.

Ato 1: Laranja

1. Crie uma nova composição denominada 1_Orange, que tenha – adivinhe? – 720 x 540, com Frame Rate 29.97 e Duration de 10;00 segundos.

2. Adicione a composição Orange Squares BG à linha do tempo em 0;00.

3. Vá para o tempo 2;00 e crie um novo sólido alaranjado fraco (RGB: 255, 194, 137), que tenha o tamanho da composição e seja denominado como Pale Orange BG.

4. Arraste o novo sólido para baixo da camada Squares BG, na linha do tempo.

5. Adicione um quadro-chave 100% Opacity (Windows: Alt+Shift+T; Mac OS: Option+Shift+T) à camada Squares BG.

6. Avance 10 quadros e adicione um quadro-chave 50% Opacity.

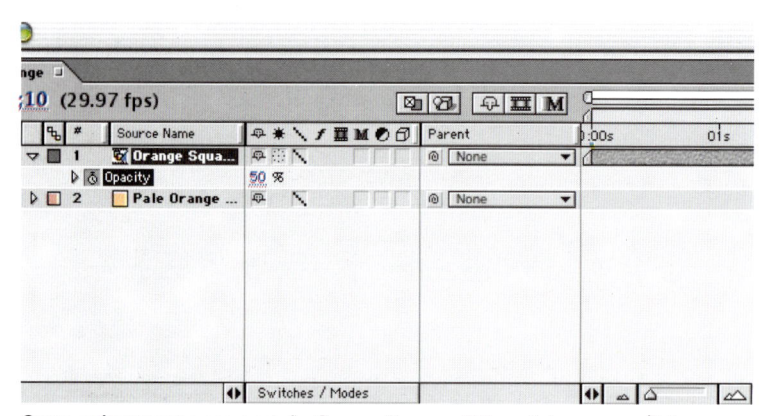

Como enfraquecer a composição Orange Squares BG e adicionar um sólido abaixo, a fim de animá-la

Esta abordagem permite que a camada Squares BG aja como uma transição e todo o trabalho pesado seja apreciado. Também reduz os quadrados o bastante, para que formem um fundo adequado, a fim de que os produtos sejam exibidos.

Em seguida, você usará o movimento da linha que acabou de criar, para tornar fosco um sólido:

1. Vá para o tempo 2;10 e adicione a composição Line Flip à linha do tempo.

2. Crie um novo sólido denominado Dark Orange, que tenha o tamanho da composição e seja laranja escuro (RGB: 236, 82, 2).

3. Na linha do tempo, arraste o sólido para baixo da camada Line Flip.

Capítulo 3 – PAREDE DE QUADRADOS | 73

4. Defina Track Matte (Controlar Fosco) da camada Dark Orange para Alpha Matte "Line Flip".

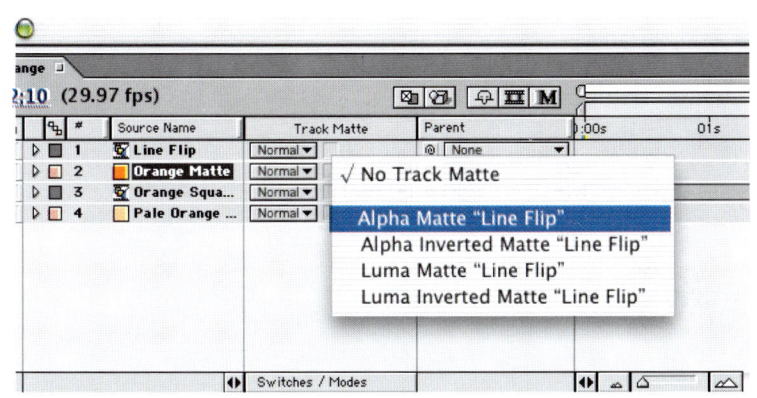

Como atribuir Track Matte ao sólido

Naturalmente, você usará seu amigo multitarefas, o sólido, para criar foscos. Adicionemos as figuras foscas e as imagens necessárias:

1. Vá para o tempo 3;00. Crie um novo sólido denominado Pic Matte, de qualquer cor, com as dimensões 150 x 150.

2. Defina Position para 535, 254 e Scale para 100, 78.7%.

3. Adicione o arquivo **Kitchen_01.jpg** abaixo da camada Pic Matte, na linha do tempo.

4. Defina Position da camada Kitchen_01 para 522, 250 e Scale para 53, 53%.

5. Defina Track Matte da camada Kitchen_01 para Alpha Matte "Pic Matte".

6. Adicione um quadro-chave 0% Opacity no tempo 3;00.

7. Vá para o tempo 3.10 e mude Opacity da camada para 100%.

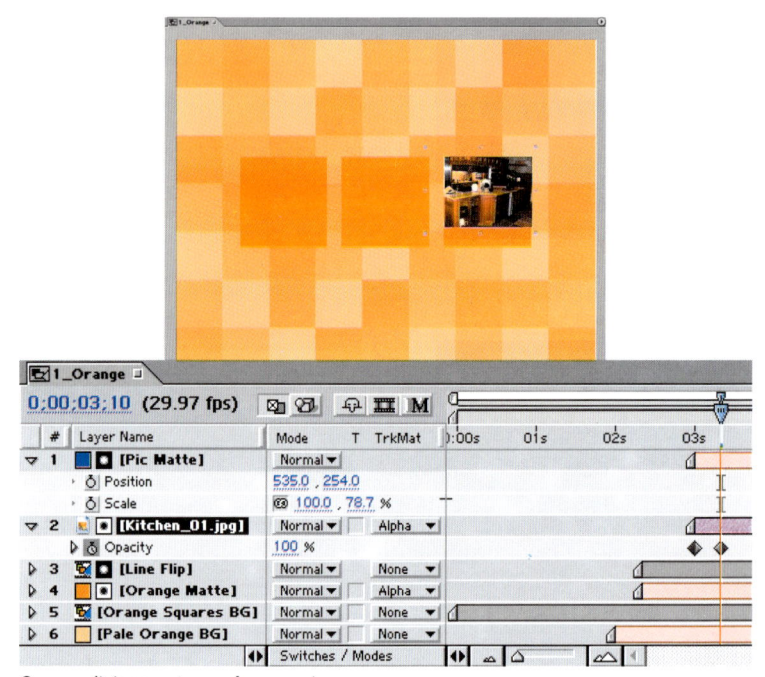

Como adicionar e tornar fosca as imagens

Naturalmente, você tem três quadrados, portanto, precisará de mais dois foscos e imagens:

1. Duplique a camada Pic Matte e defina Position para 360, 286.

2. Vá para o tempo 3;05 e pressione a tecla [para mover o ponto In da camada.

3. Adicione **Kitchen_04.jpg** sob a nova camada Pic Matte, na linha do tempo.

4. Defina Position de Kitchen_04 para 360, 270 e Scale para 64, 64%.

5. Defina Track Matte de Kitchen_04 para a nova camada Pic Matte.

6. Adicione um quadro-chave 0% Opacity.

Como variar a colocação das imagens dentro dos quadrados

7. Avance 10 quadros e mude Opacity para 100%.

Menos um, falta um:

1. Duplique uma camada Pic Matte e mova a duplicada para Position 185, 254.

2. Vá para o tempo 3;10 e pressione a tecla [para mover o ponto In da camada.

3. Adicione **Kitchen_03.jpg** sob a camada Pic Matte, na linha do tempo.

4. Mude Position de **Kitchen_03.jpg** para 186, 257 e Scale para 35, 35%.

5. Defina Track Matte para Alpha Matte "Pic Matte".

6. Adicione um quadro-chave 0% Opacity.

A colocação das imagens na composição alaranjada

7. Avance 10 quadros e mude Opacity para 100%.

Grave e visualize seu trabalho. Você notará que os movimentos vão da esquerda para a direita e os produtos entram da direita para a esquerda. Novamente, essa técnica mantém o olho do observador movendo-se. Também é por isso que você alterna as posições da foto, dentro dos sólidos. A ajuda da posição e da sincronização faz com que o observador veja onde e quando você deseja que ele veja. Observe o poder do desenho!

Ato 2: Verde

Como fez antes, duplicará esta composição e fará algumas alterações para criar as versões verde e púrpura. Reciclar as composições economizará muito tempo e irá torná-lo mais eficiente:

1. Duplique a composição 1_Orange e nomeie a duplicata como 2_Green.

2. Abra a composição 2_Green e selecione a camada Orange Squares BG.

3. Pressione Alt (Windows) ou Option (Mac OS) ao arrastar **Green Squares BG.mov** da janela Project, para a camada Orange Squares BG, na linha do tempo. Green Squares BG substituirá a camada Orange Squares BG e herdará seus quadros-chaves e posição.

4. Renomeie o sólido Pale Orange como Pale Green e mude sua cor para RGB 185, 217, 161.

5. Renomeie o sólido Dark Orange como Dark Green e mude sua cor para RGB 45, 126, 43.

Para misturar um pouco as coisas, iremos substituir as fotos e reposicionar, ligeiramente os foscos, a fim de deixá-los verticais:

1. Selecione Kitchen_01 na linha do tempo e então pressione Alt (Windows) ou Option (Mac OS) ao arrastar **Wardrobe_01.jpg** para a camada Kitchen_01.

2. Mude Position de Wardrobe_01 para 550, 251 e Scale para 60, 60%.

3. Mude seu Pic Matte (acima na linha do tempo) para Position 550, 270 e Scale para 80, 100%.

4. Selecione Kitchen_04 na linha do tempo e então pressione Alt (Windows) ou Option (Mac OS) ao arrastar **Wardrobe_02.jpg** para ela.

5. Mude Position de Wardrobe_02 para 362, 300 e Scale para 73, 73%.

6. Mude Position da camada Pic Matte para 360, 270 e Scale para 80, 100%.

7. Selecione Kitchen_03 na linha do tempo e então pressione Alt (Windows) ou Option (Mac OS) ao arrastar **Wardrobe_03.jpg** para ela.

8. Mude Position da camada Wardrobe_03 para 158, 270 e Scale para 66, 66%.

9. Mude Position da camada Pic Matte para 170, 270 e Scale para 80, 100%.

A colocação final da imagem para a seção verde

Grave e visualize seu trabalho.

Ato 3: Púrpura

A seção verde está completa. Você vê com que rapidez pode prosseguir, assim que tiver a estrutura básica disposta? Em um instante, poderá criar a seção púrpura:

1. Duplique a composição 1_Orange na janela Project.
2. Renomeie a duplicata como 3_Purple e então abra.
3. Selecione a camada Orange Squares BG na linha do tempo e então pressione Alt (Windows) ou Option (Mac OS) ao arrastar **Purple Squares BG.move** para ela.
4. Renomeie e pinte de novo o sólido Pale Orange como Pale Purple (RGB: 187, 168, 255).

5. Renomeie e pinte de novo o sólido Dark Orange como Dark Purple (RGB: 99, 58, 190).

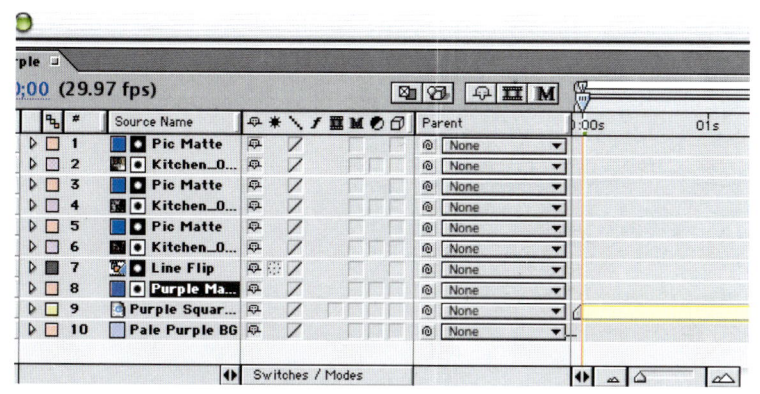

A linha do tempo para a seção púrpura, com todas as cores modificadas

Desta vez, você deixará as fotos foscas na horizontal, mas alternará sua posição com os sólidos:

1. Selecione a camada Kitchen_01 na linha do tempo e então pressione Alt (Windows) ou Option (Mac OS) ao arrastar o arquivo **Bath_03. jpg** para ela.

2. Defina Position da camada Bath_03 para 566, 282 e Scale para 53, 53%.

3. Mova Pic Matte para 535, 286.

4. Selecione a camada Kitchen_04 na linha do tempo e então pressione Alt (Windows) ou Option (Mac OS) ao arrastar o arquivo **Bath_04.jpg** para ela.

5. Mude Position de Bath_04 para 360, 270 e Scale para 57, 57%.

6. Mude Position de Pic Matte para 360, 254.

7. Selecione a camada Kitchen_03 na linha do tempo e então pressione Alt (Windows) ou Option (Mac OS) ao arrastar **ShortBath_03.jpg** para ela.

8. Mude Position da camada ShortBath_03 para 255, 290 e Scale para 97, 97%.

9. Mude Position de Pic Matte para 185, 286.

Como alterar a colocação da imagem para a seção púrpura

Grave e visualize seu trabalho.

O Grande Final

Agora, você precisará criar a seção amarela com a marca final. Ao invés de animar o efeito de bisel do logotipo, como fez nos Capítulos 1 e 2, animará o logotipo inteiro e alguns outros elementos no espaço em 3D.

Como Criar uma Linha de Interesse

Criemos um efeito de dominó vertical para a marca final. Você irá usá-lo, mais tarde, como um fundo para algum texto:

1. Crie uma nova composição denominada Vertical Flip na pasta **Flips**, com as dimensões 720 x 540, Frame Rate 29.97 e Duration de 10;00 segundos.

2. Crie um novo sólido denominado Flip_Rectangle que tenha as dimensões 125 x 150 e seja colorido de branco (RGB: 255, 255, 255).

Capítulo 3 – PAREDE DE QUADRADOS | **81**

3. Ative a chave 3D da camada.

4. Alterne para a exibição com quatro composições (Window > Workspace > Four Comp Views) para que possa ver o movimento do sólido, de vários ângulos.

5. Mova Anchor Point do sólido para 62.5, 0, 0, para que possa mover o sólido em sua borda superior.

6. Vá para o tempo 0;10 e adicione um quadro-chave X Rotation 0 x +0.0.

7. Pressione Home para voltar para o tempo 0;00 e mude o valor X Rotation para 0x –90.

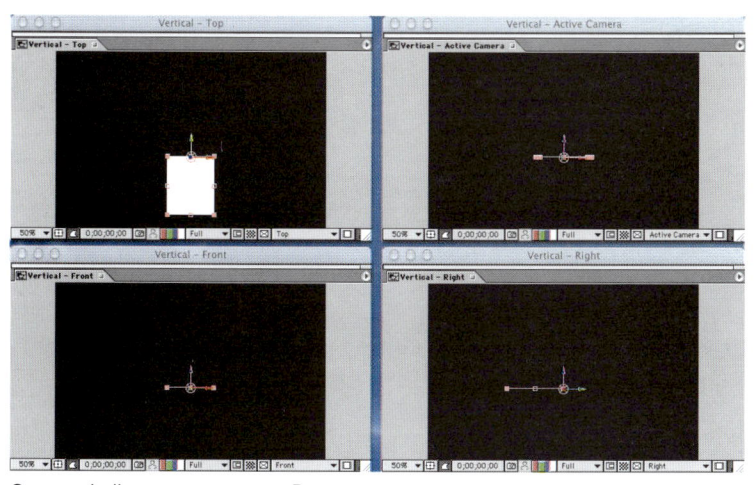

Como trabalhar no espaço em 3D para criar o movimento vertical

Grave e visualize seu trabalho. O sólido parecerá balançar, verticalmente, na exibição.

Em seguida, precisará criar uma linha destes sólidos:

1. Volte para a exibição, com uma composição (Window > Workspace > One Comp View).

2. Crie uma nova composição denominada Vertical Line Flip, com as dimensões 720 x 540, Frame Rate 29.97 e Duration de 10;00 segundos.

3. Adicione Vertical Flip à linha do tempo 0;00.

4. Mude Position para 126, 200 e Scale para 70, 70, 70%.

5. Crie um sólido com um novo tamanho nomeado e colorido como Mid Orange (RGB: 255, 107, 15).

6. Arraste a camada Mid Orange para baixo da camada Vertical Flip, na linha do tempo.

7. Defina Track Matte da camada Mid Orange para Alpha Matte "Vertical Flip".

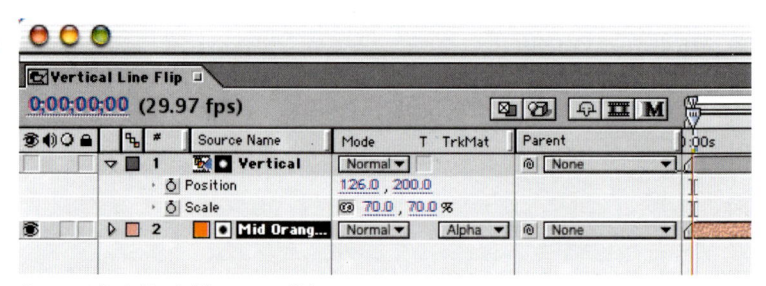

Como atribuir Track Matte ao sólido

Você duplicará essas camadas para criar movimentos adicionais de cores diferentes, com pontos In coordenados:

1. Duplique as camadas Vertical Flip e Mid Orange.

2. Renomeie e pinte de novo a duplicata Mid Orange, como Mid Green (RGB: 67, 179, 63).

3. Selecione a camada Mid Green e a camada Vertical Flip acima dela, vá para o tempo 0;03, e pressione [para mover os pontos In das camadas duplicadas.

4. Mude Position da camada Vertical Flip para 243, 200.

5. Duplique a camada Mid Green e a camada Vertical Flip acima dela.

Capítulo 3 – PAREDE DE QUADRADOS | 83

6. Renomeie e pinte de novo a duplicata Mid Green, como Mid Purple (RGB: 133, 79, 255).

7. Com as camadas Mid Purple e Vertical Flip selecionadas, vá para o tempo 0.06, e pressione [para mover os pontos In de ambas as camadas.

8. Mude Position da camada Vertical Flip para 360, 200.

9. Duplique as camadas Mid Green e Mid Orange, junto com a camada Vertical Flip acima de cada camada.

10. Selecione apenas a nova camada Mid Green e a camada Vertical Flip acima dela, vá para o tempo 0;09, e pressione [para mover seus pontos In.

11. Mude Position da camada Vertical Flip acima da nova camada Mid Green para 478, 200.

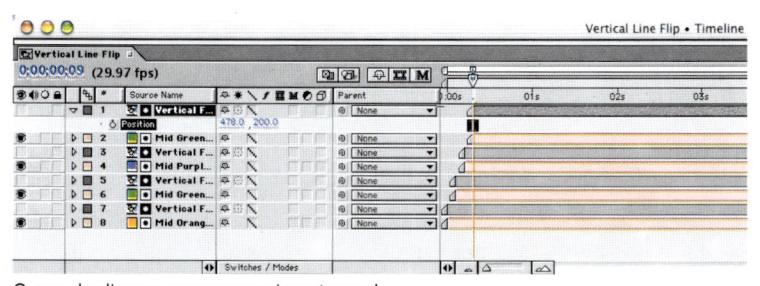

Como duplicar e mover o movimento verde

12.. Vá para o tempo 0;12, selecione a camada Mid Orange mais nova e a camada Vertical Flip acima dela, e pressione [para mover seus pontos In.

13.. Mude Position da camada Vertical Flip acima da nova camada Mid Orange para 596, 200.

Grave e visualize seu trabalho. Os sólidos deverão balançar na exibição, da esquerda para a direita.

Uma Última Repetição

Agora que estes componentes estão completos, você poderá começar a criar a seção amarela. Está quase acabando!

1. Crie uma nova composição denominada 4_Yellow, com as dimensões 720 x 540, Frame Rate 29.97 e Duration de 10;00 segundos.

2. Adicione a composição **Yellow Squares BG.mov** à linha do tempo em 0;00.

3. Vá para o tempo 2;00 e adicione um quadro-chave 100% Opacity à camada Yellow Squares BG.

4. Vá para o tempo 2;10 e mude Opacity da camada para 50%.

5. Crie um novo sólido com o tamanho da composição nomeado e colorido como Pale Yellow (RGB: 252, 253, 162).

6. Arraste a camada Pale Yellow para baixo da camada Yellow Squares BG, na linha do tempo.

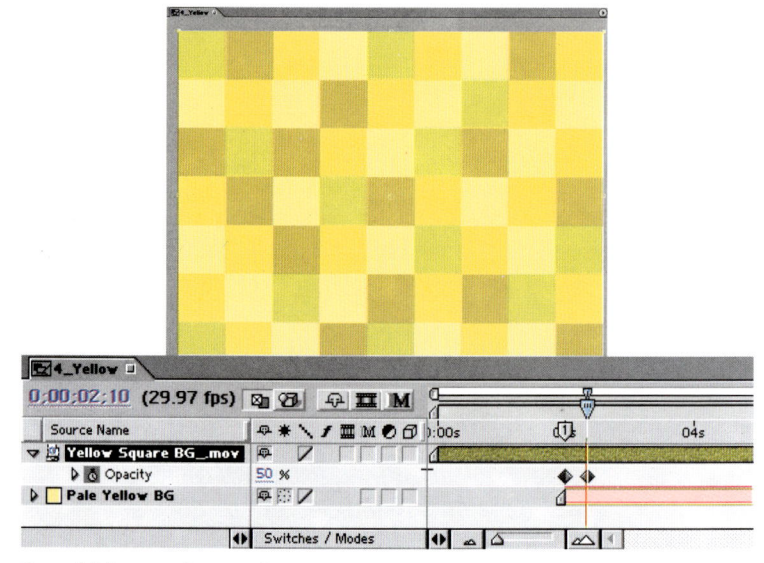

Como iniciar a seção amarela

Você precisará diminuir a tonalidade do segundo plano e adicionar seus novos movimentos. Também reduzirá a saturação assim que as caixas se movimentarem, para que elas coincidam com a intensidade do resto da composição; do contrário, irão desviar a atenção do texto que fica nelas:

1. Vá para o tempo 2;00 e adicione Vertical Line Flip à linha do tempo.

2. Vá para o tempo 2;20 e aplique Effect (Efeito) > Adjust (Ajustar) > Hue/Saturation (Matiz/Saturação) na camada Vertical Line Flip.

3. Clique no cronômetro Channel Range (Faixa de Canais) para criar um quadro-chave para ele.

4. Vá para o tempo 3;00 e mude Master Saturation (Saturação Mestre) para –38.

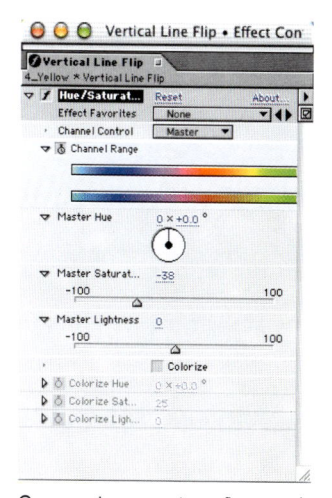

Como animar a saturação usando o efeito Hue/Saturation

Agora você poderá usar as caixas com movimento, como um fundo para as letras na palavra *STYLE*:

1. Crie uma nova camada de texto para cada letra na palavra *STYLE*. Nossas propriedades de texto incluem Futura Condensed Medium, tamanho 105 e uma cor amarelo fraco (RGB: 252, 253, 162).

2. Posicione cada camada de texto, no centro de um retângulo:

   S: Position 105, 292

   T: Position 225, 292

   Y: Position 340, 292

   L: Position 460, 292

   E: Position 575, 292

A colocação das letras nos blocos coloridos

3. Selecione todas as camadas de texto que acabou de criar, pressione T para exibir Opacity e crie um quadro-chave 0% Opacity para cada camada.
4. Vá para o tempo 3;10 e mude Opacity de cada camada de texto para 100%.

Como adicionar um aumento de intensidade às letras

Grave e visualize seu trabalho.

Como Abaixar a Cortina

Finalmente, você precisará adicionar o logotipo ao anúncio. Trabalhará em outro movimento em 3D, mas este entrará como uma porta de vaivém de garagem, fechando sobre a janela Comp inteira. Essa abordagem muda as coisas no logotipo, mas fica consistente com o resto do anúncio:

1. Crie uma nova composição denominada 3D Logo, com as dimensões 720 x 540, Frame Rate 29.97 e Duration de 10;00 segundos.

2. Adicione o sólido Pale Yellow BG da pasta Solids, à linha do tempo.

3. Adicione **Style_Logo.psd** sobre a camada Pale Yellow BG, na linha do tempo.

4. Volte para a composição 4_Yellow, vá para o tempo 4;00 e adicione um marcador de composição (Shift+1).

5. Adicione 3D Logo à linha do tempo e ative sua chave 3D.

6. Defina ambas as propriedades Anchor Point e Position para 360, 0, 0.

7. Crie um quadro-chave X Rotation 0 x –90.

8. Vá para o tempo 4;20 e mude X Rotation da camada para 0 x +0.0.

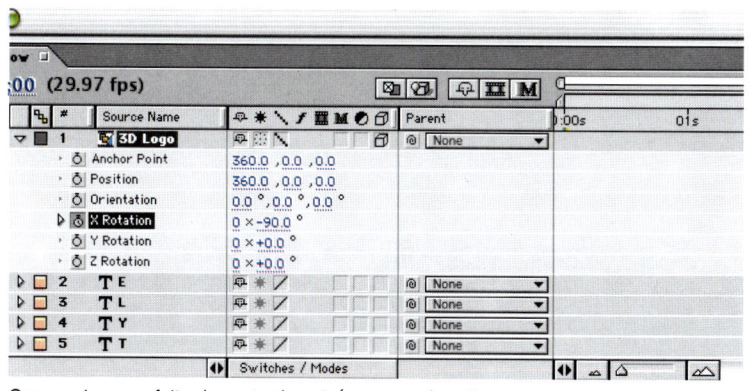

Como criar um efeito de porta de vaivém para o logotipo

A camada 3D Logo na parte superior do seu balanço

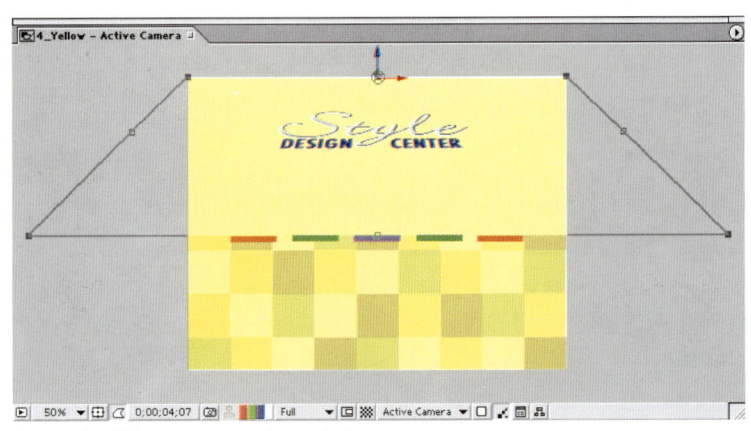

A camada 3D Logo no meio do seu balanço

Grave e visualize seu trabalho.

Sei que você estava esperando por isso. Finalmente, poderá montar o anúncio completo:

1. Crie uma nova composição denominada Squares3_Final, com as dimensões 720 x 540, Frame Rate 29.97 e Duration de 30;00 segundos.
2. Adicione 1_Orange à linha do tempo 0;00.
3. Vá para o tempo 7;00 e adicione a composição 2_Green à linha do tempo.
4. Vá para o tempo 14;00 e adicione a composição 3_Purple à linha do tempo.
5. Vá para o tempo 21;00 e adicione a composição 4_Yellow à linha do tempo conveniente.

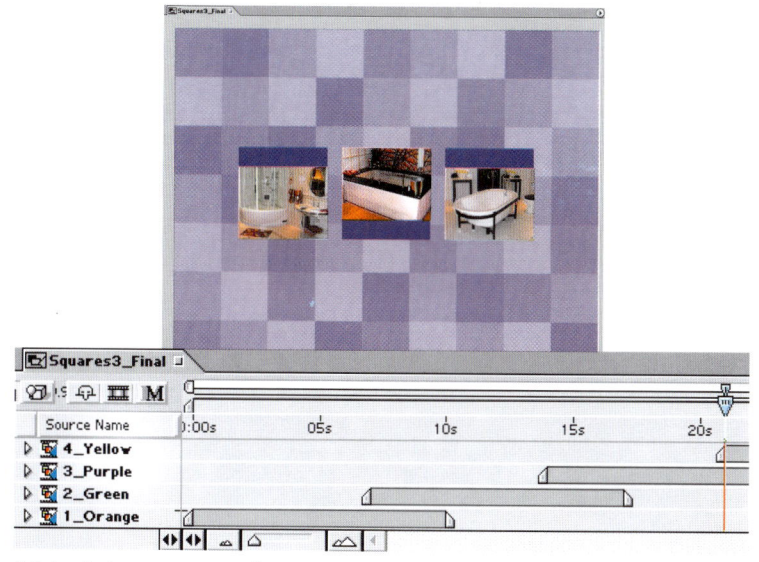

A linha do tempo para o anúncio final

Agora Experimente Isto

Admire seu trabalho! Esperamos que nos exercícios destes três primeiros capítulos, você tenha conseguido um novo apreço pela camada Solid, no After Effects. Se usar essas idéias e técnicas como um ponto de partida, não haverá limites para o que poderá fazer com os sólidos. Deixe sua imaginação levá-lo onde puder. Eis algumas opções para continuar:

- Substitua todo quadrado de uma cor em particular nos segundos planos, por um videoclipe, para criar uma parede de televisão.
- Use os movimentos verticais e horizontais como dominós, a fim de escrever palavras ou criar uma imagem ou forma.

Capítulo 4

Como Desenhar os Efeitos do Título

Você não precisa pesquisar nenhuma área em particular para ter idéias para os títulos e os créditos; se mantiver abertos olhos e mente, as idéias poderão ser encontradas em todo lugar, desde trailers de filmes, caixas de cereais até o céu à noite. Poderá também obter idéias desenhando, primeiro, algo que poderia considerar convencional e só então trabalhar para transformá-lo, a partir daí. É isso que fará com o projeto neste capítulo.

Uma abordagem comum para trazer o texto para tela é fazer com que ele aumente de intensidade como uma mancha e entre em foco, assim que atingir seu destino final. Você usará essa abordagem como a base para o título principal no projeto deste capítulo, mas irá personalizar a técnica usando estrelas cadentes e flashes de luz para introduzir cada seção do título.

Funciona Assim

Verifique o arquivo **Ch4_Finished_Movie.mov** no DVD para ver os efeitos de texto que criará neste capítulo. Animará o texto na tela com um movimento manchado, revelando uma seção de cada vez, com explosões de luz. Eis as etapas básicas do projeto:

Um sólido do tipo cometa e um flash de luz introduzindo as seções do título

1. Crie uma mancha do segundo plano para o título.

2. Divida o título em seções usando máscaras e então anime a solidez de cada máscara.

3. Use o efeito Lens Flare em um sólido para criar flashes que revelam cada seção do título.

4. Crie "cometas" animando um sólido mascarado e disfarçado.

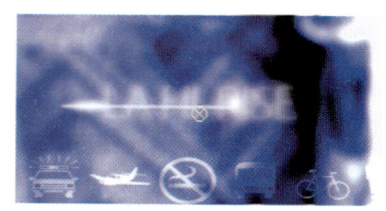

O título manchado, totalmente revelado

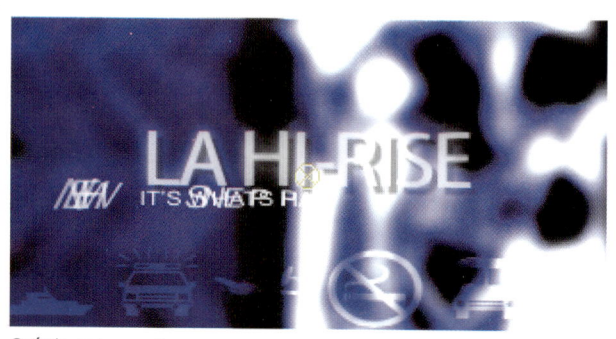

O título entra em foco

Como Preparar o Trabalho

Para preparar este projeto, faça o seguinte:

1. Inicie um novo projeto e importe o arquivo **BackgroundMovie.mov** da pasta deste capítulo no DVD do livro.

2. Grave seu projeto como Ch 4 Title Effects.

Como Criar o Título

Este filme é construído dentro de uma única composição, que você criará agora:

1. Crie uma nova composição denominada Master Comp, usando uma predefinição Medium com 320 x 240, Frame Rate (Velocidade de Projeção) 30 e Duration (Duração) de 10;00 segundos.

2. Selecione o botão Title-Action Safe (Segurança da Ação do Título) na parte inferior da janela Comp.

3. Clique na ferramenta Horizontal Type (Tipo Horizontal) na palheta Tools (Ferramentas) e defina as seguintes propriedades nas palhetas Character (Caractere) e Paragraph (Parágrafo):

    Fill Color: branco

    Stroke Color: None

    Font Family: Myriad

    Font style: Roman

    Font size: 40 pixels

    Tracking: -50

    Texto centralizado

Seu texto será grande o bastante para ser lido facilmente, mas essas definições deixam bastante espaço em torno do título para que um segundo plano e outros elementos animados, também possam ser exibidos.

4. Pressione Ctrl+Alt+Shift+T (Windows) ou Opt+Command+T (Mac OS) para criar uma nova camada de texto no centro da janela Comp. Então, digite o título `LA HI-RISE`.

5. Selecione a camada na linha do tempo (Timeline) e pressione a tecla com seta para cima várias vezes, a fim de mover a camada para cima e criar um espaço para a segunda linha de texto abaixo.

Usamos letras maiúsculas para que as letras altas mantenham o tema de elevação do título e projeto.

O título

Como Dividir o Título

Você pode ter notado que no After Effects, existem várias maneiras de conseguir o mesmo resultado. Decidir sobre qual a melhor técnica, geralmente significa uma preferência pessoal ou estilo de trabalho. Algumas vezes, a melhor técnica é aquela que pode ser revisada mais facilmente, quando seu cliente quiser ajustar as coisas aqui e acolá.

O objetivo nas próximas etapas é mostrar as seções do título LA HI-RISE em momentos diferentes. Uma maneira de conseguir isso é duplicar a camada de texto e aplicar uma máscara separada em cada camada de texto, ao coordenar o tempo inicial de cada camada.

Você também poderá criar uma camada de texto separada para cada grupo de letras e então animar as camadas separadamente. Neste projeto, usará apenas uma camada para fazer isso, porque requer menos recursos do sistema e permite que as visualizações sejam reproduzidas mais rapidamente:

Capítulo 4 – COMO DESENHAR OS EFEITOS DO TÍTULO | **95**

1. Vá para o tempo 1;00 e use a ferramenta Rectangular Mask para desenhar uma máscara em torno da letra *L*, na janela Master Comp.

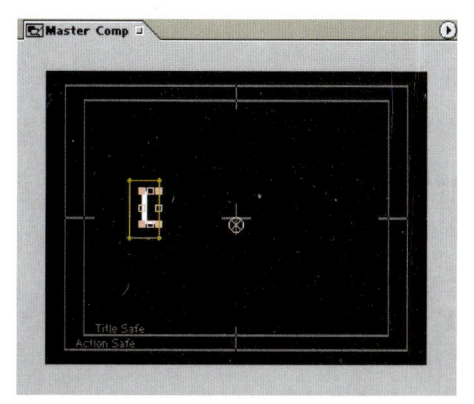

Como mascarar a letra *L*

2. Continue usando a ferramenta Rectangular Mask para criar máscaras para a letra *A*, as letras *HI*, o hífen com as letras *RI* e as letras *SE*, num total de cinco máscaras. Quando você estiver colocando as máscaras, certifique-se de que tenha coberto cada letra ou o conjunto de letras completamente, e não sobreponha as letras vizinhas. Para ter uma visão mais de perto de suas máscaras e letras, pressione Ctrl (Windows) ou Command (Mac OS) e a tecla com sinal de mais (+) para aumentar a ampliação da janela Composition.

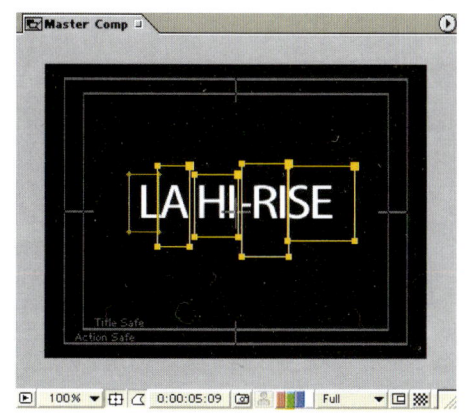

Como mascarar o título

3. Para tornar cada máscara mais fácil de identificar na linha do tempo, clique no nome da máscara, pressione Enter ou Return e então digite a letra ou letras que são mascaradas. Repita isso a cada máscara.

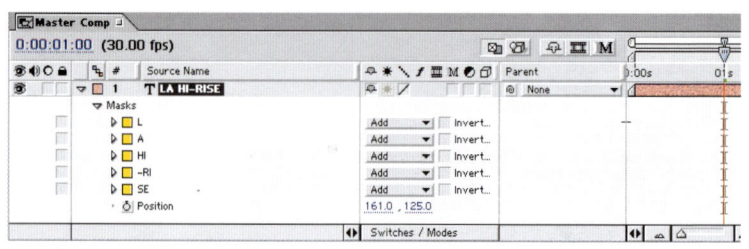

As máscaras renomeadas na linha do tempo

Como Animar as Máscaras

Agora, você animará Mask Opacity de cada máscara e mostrará as letras em momentos diferentes:

1. Selecione todas as máscaras e pressione TT para exibir a propriedade Mask Opacity de cada máscara.

2. Vá para o tempo 1;00 e defina um quadro-chave 0% Mask Opacity para a máscara L.

3. Avance um quadro até o tempo 1;01 e mude o valor Mask Opacity para 100%.

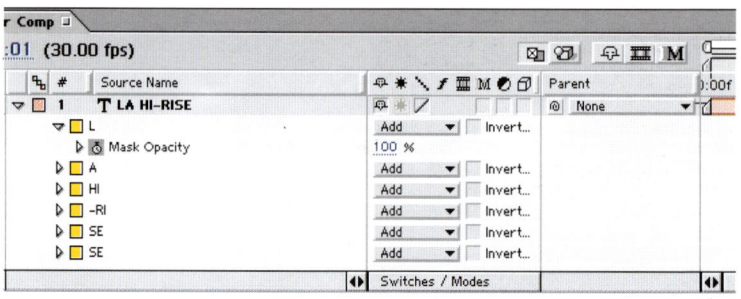

Como animar Mask Opacity da máscara L

Capítulo 4 – COMO DESENHAR OS EFEITOS DO TÍTULO | **97**

4. Selecione ambos os quadros-chaves Mask Opacity e copie-os.

5. Avance 19 quadros até o tempo 1;20, selecione a máscara SE e cole os quadros-chaves.

6. Avance 20 quadros até o tempo 2;10, selecione a máscara HI e cole os quadros-chaves.

7. Avance 20 quadros até o tempo 3;00, selecione a máscara A e cole os quadros-chaves.

8. Avance 20 quadros até o tempo 3;20, selecione a máscara –RI e cole os quadros-chaves.

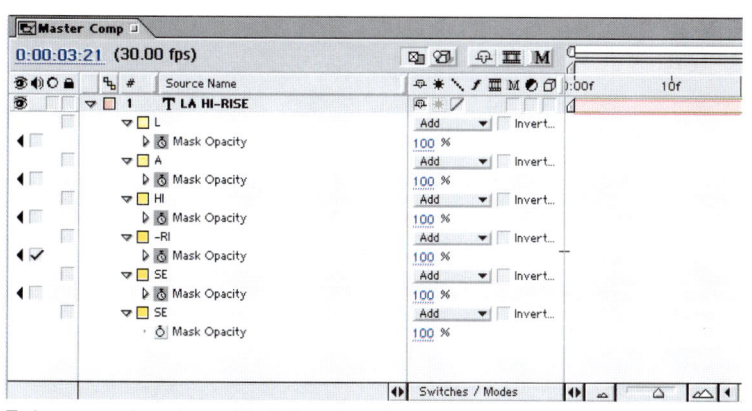

Todos os quadros-chaves Mask Opacity no lugar

Pressione Home e então a barra de espaço para visualizar a animação. Você deverá ver as seções mascaradas do título aparecerem em momentos diferentes.

Como Criar a Mancha do Título

É hora de duplicar a camada de texto e usá-la para criar o título manchado que aparece antes do título principal entrar em foco:

1. Selecione a camada LA HI-RISE e duplique-a.

2. Selecione a camada LA HI-RISE inferior na linha do tempo, aplique Effect (Efeito) > Blur & Sharpen (Desfoque & Nitidez) > Fast Blur (Desfoque Rápido) e defina Blurriness (Desfoque) para 10. (Nenhum quadro-chave é necessário).

3. Para fazer com que a camada de texto mais superior apareça e aumente de intensidade depois da versão manchada, vá para o tempo 3;20 e adicione um quadro-chave 0% Opacity à camada superior.

4. Pressione Alt + [(Windows) ou Opt + [(Mac OS) para organizar o ponto In (Dentro) da camada e deixar seu quadro-chave no ponto atual no tempo. (Se pressionar apenas [, o quadro-chave se moverá para o tempo 7;20, o que você não deseja que aconteça).

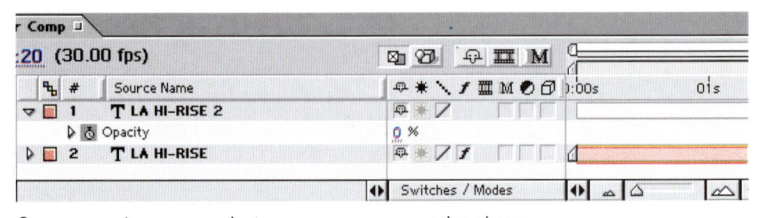

Como organizar a camada 1 sem mover seu quadro-chave

5. Vá para o tempo 5;00 e mude Opacity da camada para 100%.

Se você visualizar a animação, as letras manchadas deverão aumentar de intensidade em momentos diferentes. Então, a versão nítida do título aumentará de intensidade rapidamente sobre as letras manchadas.

Como Adicionar Flashes de Luz

Você criará flashes de luz animando o efeito Lens Flare (disponível apenas na versão Professional do After Effects). Primeiro, criará um quadro-chave Flare Center sobre cada parte do título, ao mesmo tempo em que cada parte é revelada. Então, moverá o brilho um pouco para frente no tempo, para que os observadores vejam o flash, antes de visualizarem o título entrar na exibição.

Nota: Se você tiver a versão Standard do After Effects (e portanto não tem o efeito Lens Flare), será capaz de criar resultados semelhantes, importando um arquivo Photoshop que usa o filtro Photoshop Lens Flare. Não será tão fácil de trabalhar quanto o efeito After Effects, mas vale a pena tentar.

1. Vá para o tempo 0;00 e crie um novo sólido com o tamanho da composição, denominado Light Flash colorido de preto (RGB: 0, 0, 0).

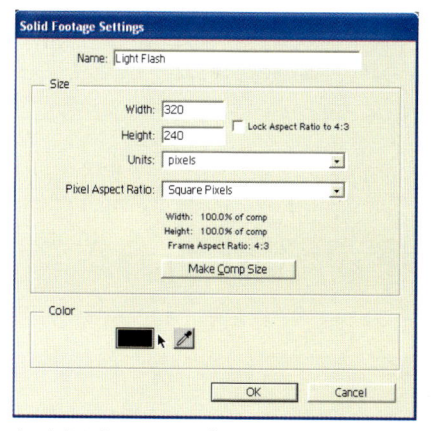

As definições para o sólido Light Flash

2. Aplique Effect > Render (Apresentar) > Lens Flare (Brilho na Lente) no sólido. Fica um pouco brilhante demais, mas você reduzirá sua tonalidade mais tarde.

3. Exiba a coluna Modes na linha do tempo e defina o modo da camada Light Flash para Screen. Isso permitirá mostrar as camadas de texto sob o sólido preto, nas próximas etapas.

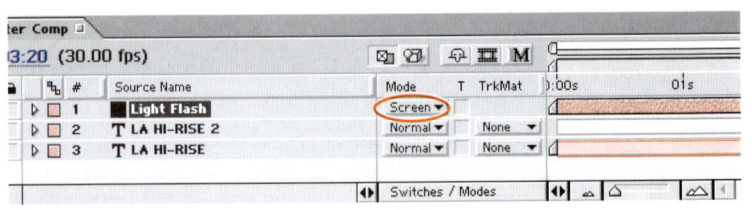

Como misturar a camada Light Flash com o título

4. Vá para o tempo 1;01 e crie um quadro-chave para a propriedade Flare Center do efeito. Pressione U para mostrar os quadros-chaves da camada Light Flash na linha do tempo.

5. Reposicione Flare Center de modo que fique exatamente sobre o *L* manchado na janela Comp. A luz agirá como uma revelação para a camada de texto, manchado posteriormente no projeto.

6. Vá para o tempo 1;21 e arraste o ícone em Flare Center sobre a próxima parte do título (as letras *SE*), que é mostrada na janela Comp. Arraste o + (sinal de mais) circulada no centro da luz; do contrário, um quadro-chave não será criado quando você reposicionar o brilho na lente.

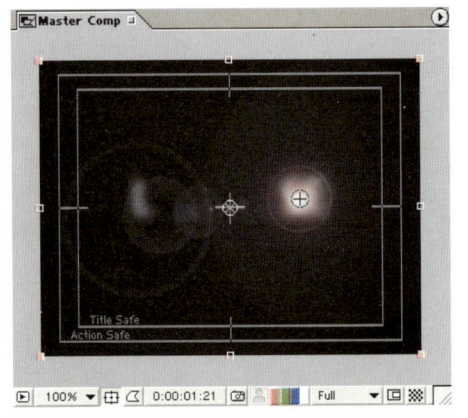

Como animar o centro do brilho na lente

7. Repita a etapa 6 nos tempos 2;11 (letras *HI*), 3;01 (*A*) e 3;21 (*-RI*).

Em seguida, mostraremos uma maneira fácil de deslocar o tempo de todos os cinco quadros-chaves Flare Center:

1. Vá para o tempo 0;26 e clique no nome da propriedade Flare Center, a fim de selecionar todos os seus quadros-chaves.

2. Pressione o ponteiro do mouse no primeiro quadro-chave, pressione Shift e arraste para mover o primeiro quadro-chave para o Current Time Indicator (CTI ou Indicador do Tempo Atual). Reposicione todos os quadros-chaves de acordo.

Se você visualizar a composição neste ponto, o brilho na lente deverá deslizar sobre o título. As seções mascaradas do título aumentam de intensidade logo depois do brilho na lente passar sobre uma seção.

Agora, fará com que o brilho na lente fique sobre cada conjunto de letras até que o próximo conjunto apareça, ao invés de deslizar entre as letras:

1. Certifique-se de que todos os quadros-chaves Flare Center estejam selecionados.

2. Escolha Animation (Animação) > Toggle Hold Keyframe (Alternar Quadro-Chave Hold). Essa opção impede a interpolação entre os quadros-chaves, de modo que o valor da propriedade não mude até o próximo quadro-chave.

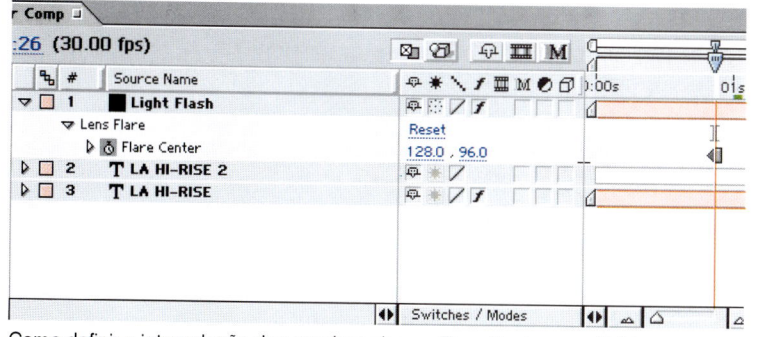

Como definir a interpolação dos quadros-chaves Flare Center para Hold

Como Animar o Brilho da Luz

Em seguida, você animará o brilho da luz para que ele aumente e diminua de intensidade quando mostrar cada seção do título:

1. Vá para o tempo 0;26 e adicione um quadro-chave ao efeito Lens Flare de 0% Flare Brightness.

2. Avance cinco quadros até o tempo 1;01 e mude Flare Brightness para 85%.

3. Avance mais cinco quadros até o tempo 1:06 e mude Flare Brightness de volta para 0%. Esses quadros-chaves fazem a primeira luz aumentar e diminuir de intensidade.

4. Clique no nome da propriedade Flare Brightness para selecionar todos os três quadros-chaves. Copie-os e cole-os no mesmo ponto no tempo de cada quadro-chave Flare Center (1;16, 2;06, 2;26 e 3;16).

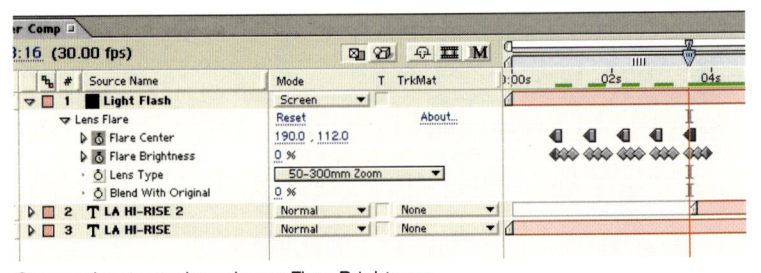

Como colar os quadros-chaves Flare Brightness

Neste ponto, seu brilho na lente deverá aumentar de intensidade para mostrar cada parte do título e diminuir de intensidade.

Como Criar Cometas

Você tem seus flashes de luz; agora, precisará adicionar a estrela cadente ou o efeito de cometa que coincida com cada flash de luz. Cada cometa é criado, animando um sólido que é formado por máscaras disfarçadas:

1. Vá para o tempo 0.26 e crie uma camada sólida branca denominada White Line, com 200 x 50. A linha final não será tão grande, mas esse tamanho dará espaço para disfarçar as máscaras da camada que você adicionará em seguida.

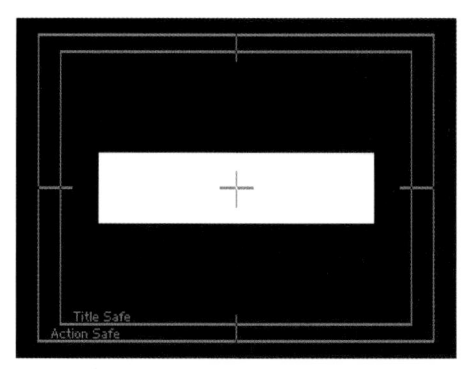

Como criar a primeira camada sólida White Line

2. Use a ferramenta Rectangular Mask (Q) para criar uma linha reta fina dentro do sólido. Certifique-se de que as áreas do sólido contornem todos os quatro lados da máscara para o disfarce.

3. Pressione F no teclado para exibir a propriedade Mask Feather na linha do tempo e defina seu valor para 3, 3.

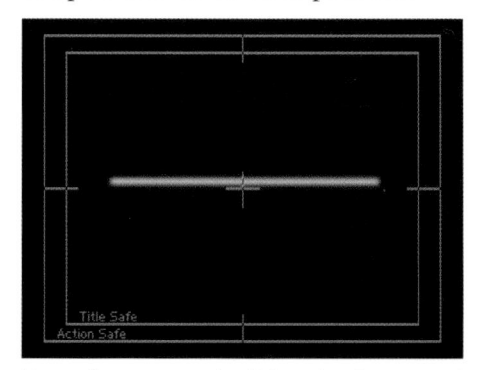

Uma máscara retangular disfarçada cria o rastro do cometa

4. Para adicionar a pequena cabeça do cometa, use a ferramenta Elliptical Mask (Q) para desenhar uma forma oval perto da extremidade esquerda da nova linha.

5. Defina Mask Feather da máscara oval para 10, 10.

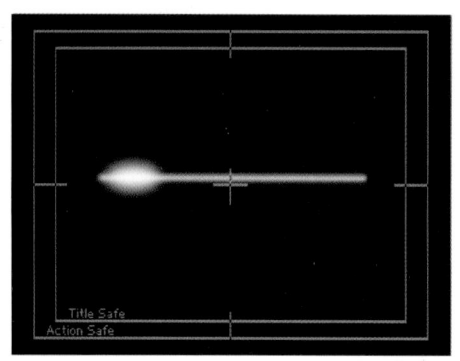

Como adicionar a cabeça do cometa usando a ferramenta Elliptical Mask

Agora você poderá animar o cometa:

1. Ative o cadeado ao lado de cada máscara. Vá para o tempo 1.01, onde o primeiro flash aparece.

2. Alinhe a parte oval da linha branca com o ponto de brilho na luz da lente e adicione um quadro-chave Position à camada White Line.

3. Volte para o tempo 0;26, a fim de manter a linha reta quando ela se move. Pressione Shift enquanto move a camada White Line para fora da tela à direita.

4. Para completar o ciclo, vá para o tempo 1;06 e mova a linha para fora da tela à esquerda, enquanto pressiona a tela Shift.

Agora, a linha deverá cruzar rapidamente a tela e a cabeça do cometa deverá se alinhar com o flash de luz. Se você precisar aprimorar o tamanho da linha, tente mudar apenas o valor y da propriedade Scale da camada sólida, a fim de afinar a linha e manter sua proporção em relação ao disfarce.

Dica: Você pode ter notado que a velocidade Position (a velocidade da animação para o parâmetro Position) não é igual do início ao fim. Se quiser fazer com que a linha viaje na mesma velocidade na animação, expanda a propriedade Position na linha do tempo e cancele a seleção do quadro sob o quadro-chave do meio, para torná-lo um quadro-chave móvel. Isso fará com que o quadro-chave do meio interpole sua velocidade a partir dos quadros-chaves anterior e posterior.

Agora que você criou um cometa voador, criará duplicatas dele e alinhará a sincronização das cópias, com os outros brilhos na lente:

1. Selecione a camada Light Flash e pressione U para revelar seus quadros-chaves.

2. Duplique a camada White Line. Mova o ponto In da nova camada White Line para o tempo 1;16, para que se alinhe com o início do segundo conjunto de três quadros-chaves Lens Flare.

3. Repita a etapa 2 mais três vezes, para criar as três linhas restantes, mas alinhe o ponto In das novas linhas com o início dos outros conjuntos de quadros-chaves Flare Brightness, nos tempos 2;06, 2;26 e 3;16.

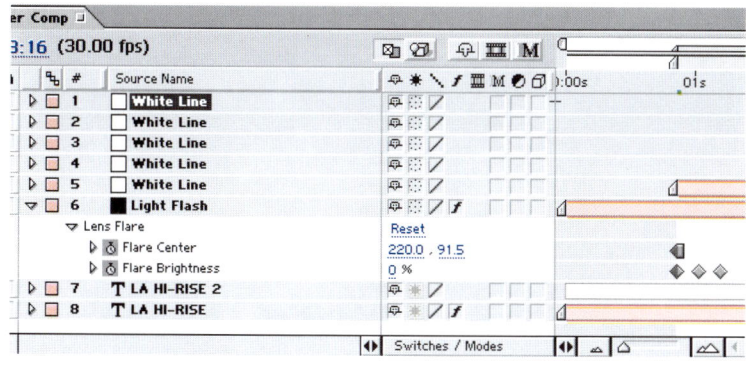

Como alinhar as linhas restantes

Pressione Home e a barra de espaço para visualizar a animação. Um cometa deverá voar na janela Comp da direita para a esquerda, e uma luz deverá aumentar e diminuir de intensidade para mostrar cada conjunto de letras no título.

Como Estender o Título

Há apenas uma última animação para completar, antes desta seção do projeto ser terminada!

1. Vá para o tempo 5;00. Selecione as camadas de texto LA HI-RISE, pressione S para exibir suas propriedade Scale e adicione um quadro-chave 100, 100% Scale, a cada camada.

2. Vá para o tempo 9;29 e mude a propriedade Scale de ambas as camadas para 130, 100%. Isso expandirá lentamente o título na horizontal, parecido com um efeito de ajuste entre as letras.

Agora Experimente Isto

Experimente algumas das seguintes etapas para criar um segundo plano adequado para a animação e adicionar os elementos restantes, vistos no filme de amostra deste capítulo:

- Crie um sólido branco com o mesmo tamanho da composição e use a ferramenta Rectangular Mask no modo Subtract, para criar o retângulo branco do projeto.

- Adicione símbolos que representem a vida da cidade e pagine-os na parte inferior da tela. Usamos a fonte Webdings para criar isso no filme de amostra do projeto e aplicamos modos de mistura para integrá-los no segundo plano.

- Adicione o filme em segundo plano da pasta **Chapter 04** no DVD do livro e adicione os efeitos Blur e Levels para aperfeiçoar seu impacto. Aplique um efeito Drop Shadow à camada de texto LA HI-RISE mais superior, para dar uma sensação de profundidade.

Capítulo 5

Tipo Dançante

Uma propriedade de texto divertida e poderosa no After Effects é a Source Text, que permite animar caracteres individuais dentro de uma palavra. Você pode mudar uma única letra em outro caractere, em conjunto com qualquer uma ou todas as suas outras propriedades. Por exemplo, poderá mudar a letra *A* para a letra *W* e então para o *E* (ou defini-la para caracteres aleatórios) com o passar do tempo.

Este capítulo mostra como usar a propriedade Source Text para criar uma figura dançante, com alguma ajuda de uma única fonte. E mais, aprenderá a criar um segundo plano com movimento etéreo e rico, simplesmente mascarando e animando alguns sólidos (misturando-os e aplicando-lhes efeitos... Tudo bem, não é *tão* simples!).

Funciona Assim

Neste capítulo, você aprenderá algumas maneiras de animar o texto e uma técnica para criar segundos planos com movimento, a partir do zero. Verifique o arquivo **Ch 5 Final Movie.mov** para ver a animação que construirá. As etapas básicas do projeto são as seguintes:

O logotipo surge a partir do fundo

1. Crie um segundo plano animado, usando efeitos e sólidos mascarados.
2. Crie um logotipo simples.
3. Anime os caracteres em uma camada de texto.
4. Anime um logotipo no espaço em 3D.

Quando o logotipo vira de frente para o observador, o segundo plano fica colorido e matiza a forma

A figura com traços do logotipo sacode sua coisa ondulada

Como Preparar o Trabalho

Para preparar este projeto, faça o seguinte:

1. Saia do After Effects e instale a fonte DANCEMAN TrueType na pasta deste capítulo no DVD, no sistema do seu computador.

2. Reinicie o After Effects. Você deverá ver a fonte DANCEMAN listada no menu Font Family (Família de Fontes) da palheta Character (Caractere).

3. Inicie um novo projeto e grave-o como Ch 5 Dancing Type.

Como Configurar a Composição

O projeto final contém uma composição-mestre e duas composições aninhadas. Comece construindo uma composição para o segundo plano, que você adicionará à composição-mestre no final do projeto:

1. Crie uma nova composição denominada Background usando Preset NTSC DV, com as dimensões 720 x 480, Frame Rate (Velocidade de Projeção) 29.97 e Duration (Duração) de 5;00.

2. Grave o projeto.

Como Animar o Segundo Plano

A camada do segundo plano consiste em quatro sólidos que são mascarados, misturados e animados. Você tem muita liberdade nesta seção para criar um segundo plano único, definindo sua própria cor, formas, quadros-chaves e mistura de camadas, mas fornecemos alguns de nossos valores da propriedade para o caso de você criar algo parecido com nossos resultados finais:

1. Crie um novo sólido (Layer (Camada) > New (Novo) > Solid (Sólido)) e clique o botão Make Comp Size (Criar com o Tamanho da Composição). Você poderá usar nossa cor (RGB: 252, 208, 0) ou qualquer cor desejada.

2. Use a ferramenta Elliptical Mask, Rectangular Mask ou Pen para desenhar uma forma grande do sólido. Usamos a ferramenta Elliptical Mask e criamos uma máscara que contorna grande parte do sólido, mas não cobre seus cantos. (Novamente, não é importante que sua máscara seja exatamente como a nossa. Contudo, se preferir que seja, desenhe uma oval com a ferramenta Elliptical Mask e clique no valor Shape (Forma) ao lado da propriedade Mask Shape na linha do tempo (Timeline), e forneça – 169.72977 para Left (Esquerda), -12.252265 para Top (Superior), 889.72913 para Right (Direita) e 495.8559 para Bottom (Inferior). Certamente, não é tão divertido quanto criar sua própria máscara, mas cada um na sua, não é?).

Dica: Se precisar redimensionar e reposicionar a máscara depois de desenhá-la inicialmente, tenha cuidado de mudar apenas a máscara e não reposicionar ou redimensionar a camada sólida. É um pouco complicado, mas tudo que precisará fazer é assegurar que a máscara esteja selecionada abaixo da camada sólida na linha do tempo, antes de arrastar qualquer alça da máscara.

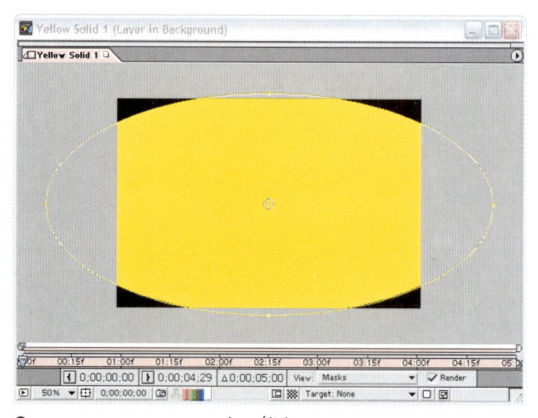

Como mascarar a camada sólida

3. Certifique-se de que esteja no tempo 0;00. Selecione a camada sólida, pressione M para exibir Mask Shape e clique no cronômetro ao lado para criar um quadro-chave para ela.

Capítulo 5 – TIPO DANÇANTE | 113

4. Vá para o tempo 1;00 e reposicione uma ou mais alças da máscara para criar o próximo estado da animação do sólido. Arrastamos a alça da máscara superior para a parte inferior e vice-versa, para criar um efeito de onda.

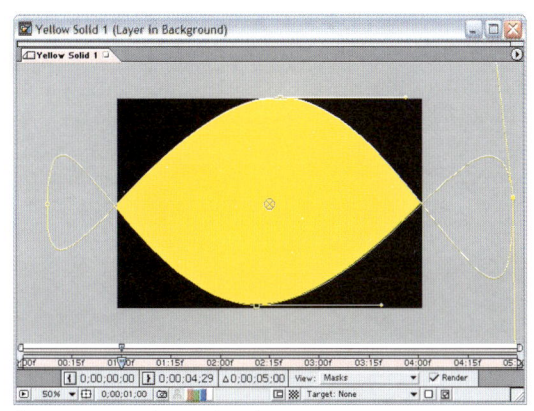

Como animar a forma da máscara

5. Vá para cada segundo restante na linha do tempo e modifique a forma da máscara novamente na janela Composition. Quando tiver completado essa etapa, deverá ter seis quadros-chaves Mask Shape. (Novamente, não terá que coincidir com os nossos resultados. Acredite quando dizemos que seria chato demais escrever como fazer alterações precisas da forma da máscara e *igualmente* chato demais para você repetir as etapas. Simplesmente arraste as alças para criar formas aleatórias).

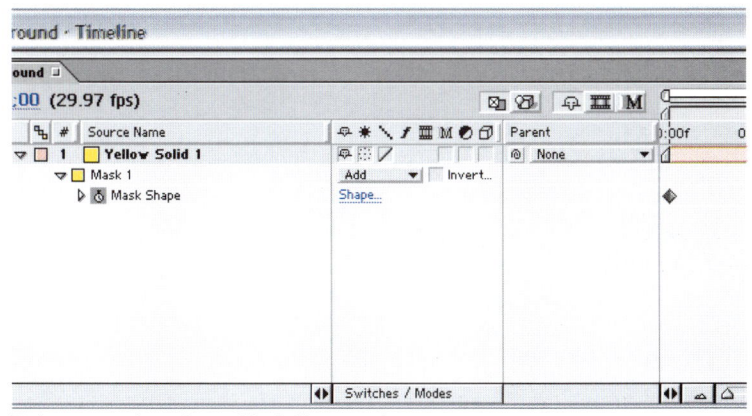

Todos os quadros-chaves Mask Shape no lugar

6. Para completar o segundo plano, duplique a camada sólida três vezes, para que tenha quatro camadas sólidas.

7. Atribua a cada novo sólido, uma cor diferente. (Escolhemos RGB: 155, 155, 5 para a camada sólida 2; RGB: 2, 119, 85 para a camada 3; RGB: 195, 152, 21 para a camada 4... Apenas escolha suas próprias cores e pare de fazer com que copiemos essa coisa!) Modifique a forma da máscara e quadros-chaves, para que não repitam o mesmo padrão, em momento nenhum.

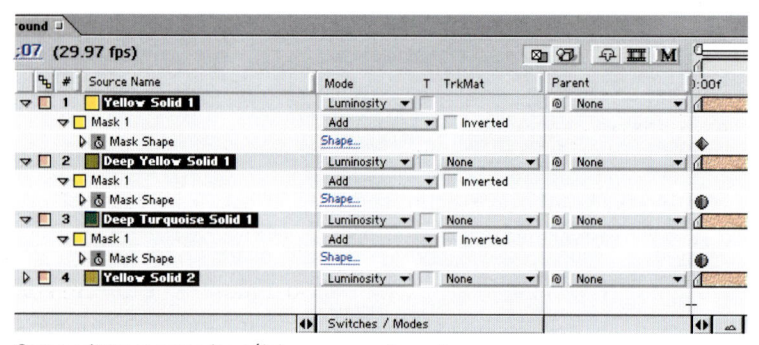

Como adicionar camadas sólidas mascaradas extras

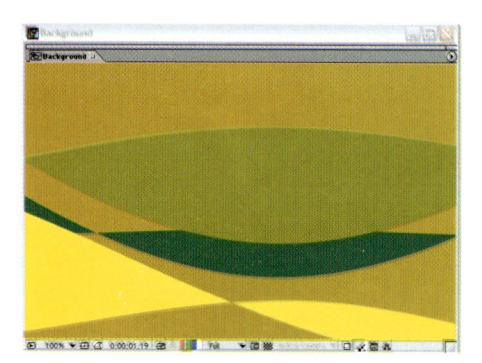

A composição do segundo plano no tempo 1;19

Para acrescentar alguma complexidade às formas, você fará com que as camadas se misturem entre si, para que suas cores mudem onde quer que se sobreponham.

8. Exiba a coluna Modes na linha do tempo e então selecione todas as camadas. Para paginar rapidamente os modos de mistura, pressione a tecla Shift, quando pressionar a tecla de mais (+) ou de menos (-) na parte superior do seu teclado. Escolhemos o modo de mistura Luminosity, que usa o nível de brilho de cada camada, a fim de determinar os resultados.

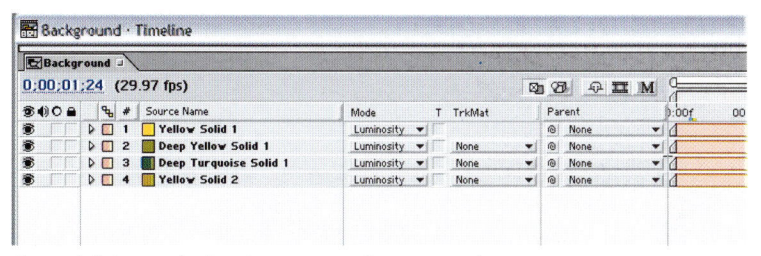

Como definir o modo de mistura para todas as camadas

Pressione as teclas Home e barra de espaço para visualizar seu segundo plano. A aparência do segundo plano é totalmente com você, portanto, ajuste-o até ficar satisfeito, grave-o e depois feche-o.

Como Criar o Logotipo QUICKSTEP

Nosso logotipo QUICKSTEP é bem simples: apenas linhas e texto. Como o reproduziria? Exponha-o no Adobe Illustrator ou alguma outra aplicação, e então importe-o. Nós o criamos no After Effects usando três camadas de texto e um sólido mascarado – você não terá algo mais simples que isso! Eis as etapas:

1. Crie uma nova composição denominada Logo Comp, que use o NTSC DV predefinido, nas dimensões 720 x 480, Frame Rate 29.97 e Duration de 5;00 segundos.

2. No tempo 0;00, crie uma nova camada sólida com o tamanho da composição denominada Outline, com qualquer cor desejada.

3. Use a ferramenta Rectangle Mask no modo Add para desenhar um retângulo preenchido na camada sólida; torne-o um pouco menor que um terço do tamanho da janela Comp. Isso será a base para a borda que contorna o logotipo QUICKSTEP.

Dica: Ative o botão Title-Action Safe (Segurança da Ação do Título) na parte inferior da janela Comp, para ajudar a manter a borda dentro das zonas seguras.

---

4. Com a camada Outline selecionada, aplique Effect (Efeito) > Render (Apresentar) > Stroke (Pincelada). Mude Paint Style do efeito para On Transparent e certifique-se de que a cor do efeito esteja definida para branco.

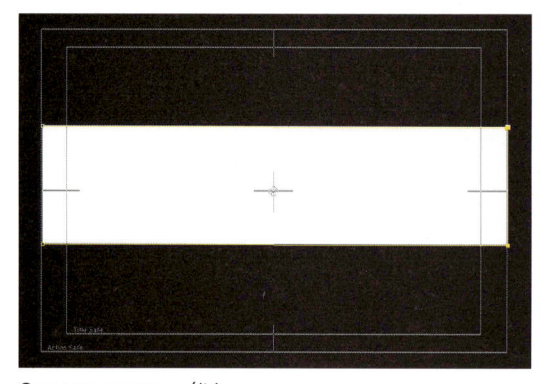

Como mascarar o sólido

5. Defina Brush Size para 3.0 para aumentar o tamanho da pincelada e ative a opção All Masks (Todas as Máscaras) para que as máscaras adicionadas depois dessa camada também contenham o efeito.

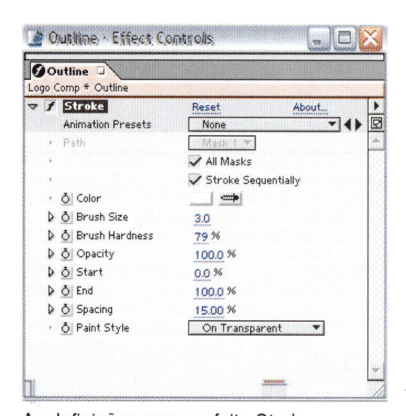

As definições para o efeito Stroke

Capítulo 5 – TIPO DANÇANTE | **117**

6. Clique na ferramenta Horizontal Type e então defina Font Family para Arial Black, Text Size para 60 e o parágrafo para Center Text.

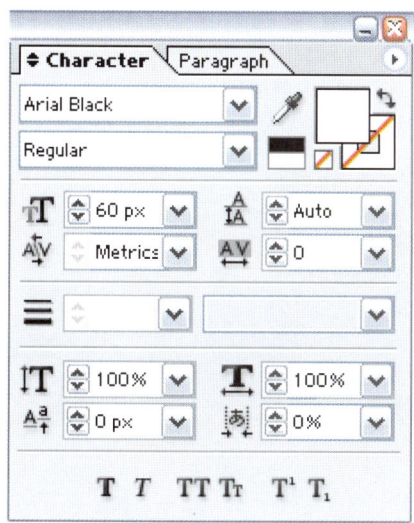

Como definir as propriedades da ferramenta Horizontal Type

7. Digite QUICKSTEP com letras maiúsculas e coloque a camada para que a palavra termine perto do canto superior direito da borda branca.

Você aplicará uma máscara nessa palavra na próxima etapa, mas definimos as propriedades do texto e inserimos o tipo antes, porque é muito mais fácil ajustar a máscara ao texto, do que ajustar o texto à máscara.

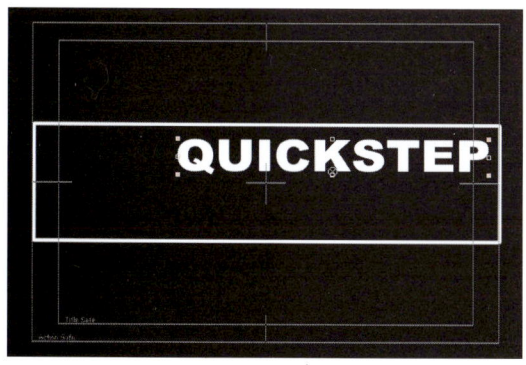

Como posicionar o texto

8. Use a ferramenta Rectangular Mask ou Pen para adicionar duas linhas à borda: Uma deve alcançar a altura do retângulo e a outra deve ficar perpendicular ao meio da outra linha, além de atingir o lado direito do retângulo (ou simplesmente use a ilustração como guia).

Como adicionar mais duas máscaras ao sólido

9. Adicione o subtítulo DANCE STUDIO usando a fonte Arial Black, Text Size 30 e um ajuste entre as letras do texto de 415. Posicione a camada de texto sob a palavra *QUICKSTEP* na janela Composition.

Como adicionar o subtítulo

Como Criar a Figura Dançante

Nas próximas etapas, você criará a camada de texto que forma a figura dançante no logotipo. Antes de iniciar essas etapas, certifique-se que tenha instalado a fonte DANCEMAN da pasta Chapter 5 no DVD, no sistema do seu computador. Cada letra na fonte DANCEMAN exibe uma figura com traços em uma pose de dança diferente; as letras minúsculas colocam a figura em uma imagem de espelho na posição da figura com letras maiúsculas correspondentes.

Assim que a fonte estiver instalada, você deverá ver DANCEMAN listada no menu Font Family, na palheta Character do After Effects. Agora você está pronto para prosseguir:

1. Clique na ferramenta Horizontal Type e então defina Font Family para DANCEMAN e Text Size para 150 na palheta Character.

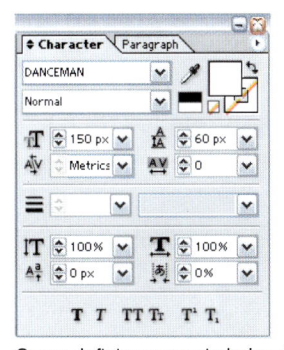

Como definir as propriedades do texto

2. Clique no quadro na extremidade esquerda do logotipo e digite a letra maiúscula A. Ao invés da letra A, uma figura com traços aparecerá.

Como adicionar a figura dançante com traços

3. Expanda a camada de texto A e suas propriedades de texto na linha do tempo.

4. No tempo 0;00, clique no cronômetro da propriedade Source Text para criar seu primeiro quadro-chave.

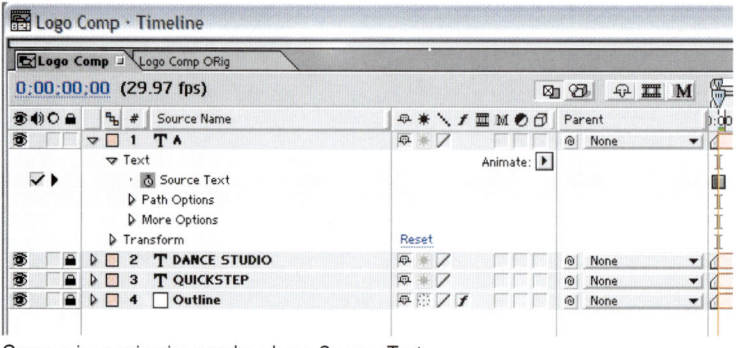

Como criar o primeiro quadro-chave Source Text

5. Vá para o tempo 0;05 e mude a letra *A* para o *B* maiúsculo. Animando Source Text, você estará fazendo com que a figura pareça dançar.

6. Continue mudando a letra a cada cinco quadros. Poderá digitar novas letras até atingir o final da linha do tempo (usando letras maiúsculas e minúsculas se preferir) ou parar depois de ter criado vários quadros-chaves, então copiar e colar isso até o final. Precisamos apenas de seis letras para criar as seis posições da figura em nosso filme final e assim duplicarmos esses quadros-chaves na linha do tempo restante.

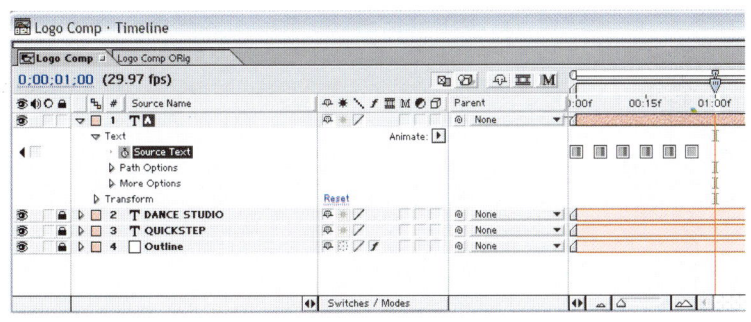

Como adicionar mais quadros-chaves Source Text

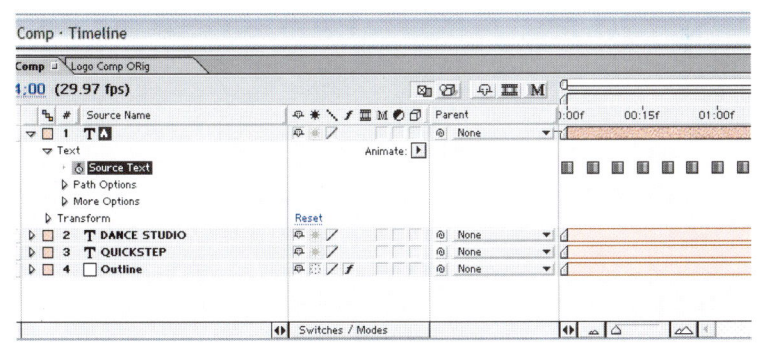

Como adicionar os quadros-chaves Source Text restantes

Clique o botão Ram Preview (Visualizar Ação) na palheta Time Controls (Controles do Tempo) para ver a figura com traços ondular.

Como Reunir Tudo

Nesta seção, você criará uma nova composição-mãe para conter a composição do segundo plano e a composição do logotipo. Adicionará alguns efeitos para suavizar o segundo plano e animará Logo Comp (composição do logotipo) para que pareça cortar diretamente no segundo plano:

1. Crie uma nova composição denominada CH5 Master Comp, usando as mesmas definições de antes (NTSC DV, predefinição de 720 x 480, Frame Rate 29.97 e Duration de 5;00 segundos).

2. Coloque a composição Background na linha do tempo em 0;00.

3. Coloque Logo Comp no tempo 0;00 e acima da camada Background na linha do tempo.

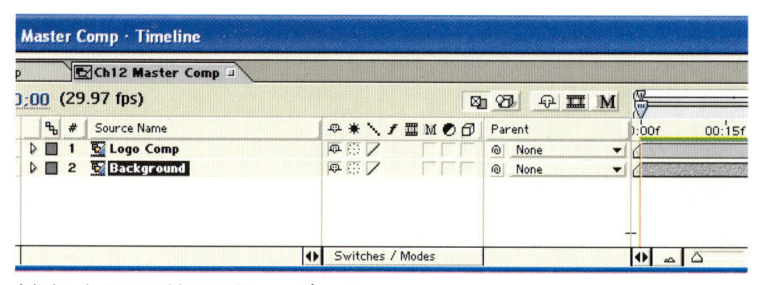

A linha do tempo Master Comp até então

4. Ative a chave 3D para ambas as camadas para que possa girar o logotipo nos eixos Y e Z e criar alguns efeitos especiais com o segundo plano.

5. Adicione três quadros-chaves Position à camada Logo Comp:

    - No tempo 0;00, valores 360, 240, 300
    - No tempo 0;20, valores 360, 240, -300
    - No tempo 02;00, valores 360, 240, -10

6. Volte para o tempo 0;20 e adicione um quadro-chave Y Rotation à camada Logo Comp com um valor 0 x –80. Isso posicionará o logotipo em um ângulo distante do observador.

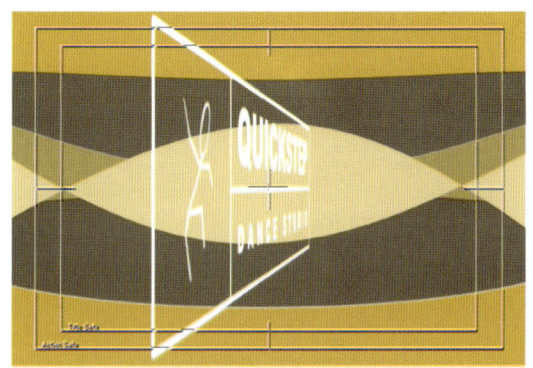

O ângulo inicial do logotipo

7. Vá para o tempo 1;10 e mude Y Rotation para 0 x 0.0, a fim de virar o logotipo de frente para o observador.

8. Para ajustar o posicionamento do logotipo na janela Comp, defina um quadro-chave 100, 100% Scale no tempo 1;10 e então vá para o tempo 2;00, e mude o valor para 80, 80%.

9. Para suavizar o segundo plano para que o logotipo do título se destaque mais, aplique Effect > Blur & Sharpen (Desfoque e Nitidez) > Fast Blur (Desfoque Rápido) na camada Background e defina Blurriness (Desfoque) para 30.

Clique em Ram Preview na palheta Time Controls para ver a apresentação. Para adicionar alguns toques finais, como efeitos de iluminação e sombra, verifique nossa seção: "Agora experimente isto".

Agora Experimente Isto

Este projeto mostrou como usar efeitos e máscaras para criar seu próprio segundo plano com movimento e animar o texto em uma palavra. Você poderá completar as seguintes etapas por si mesmo, para adicionar os toques finais que usamos para produzir o filme de amostra deste capítulo:

- Expanda a camada Logo Comp e ative a opção Cast Shadows (Sombras Projetadas) em Material Options (Opções do Material).

- Adicione uma camada Light acima das outras camadas em Ch5 Master Comp e coloque-a longe o bastante do segundo plano, para que o logotipo inteiro fique visível na luz. Ajuste os parâmetros segundo seu gosto.

- Aumente a intensidade da camada Background usando quadros-chaves Opacity de 0;00 a 0;10 e diminua sua intensidade de 3;00 a 3;15 segundos.

- Use os efeitos Ramp (Variação) e Bevel Alpha (Alfa com Bisel) para adicionar uma textura metálica à camada Logo Comp.

Capítulo 6

Tipo com Ajuste Automático

Se você é um grande fã dos filmes de James Bond, provavelmente não é só por causa da ação, mas por conta dos títulos da abertura. Mesmo que não seja fã dos filmes de Bond, você tem que admitir que os títulos, goste deles ou não, criam um impacto e são uma parte integral da "dinastia" Bond. Este capítulo pode não mostrar como desenhar um título tão atraente quanto os que você vê nos filmes de Bond ou em outro lugar, mas demonstrará algumas técnicas realmente úteis, para animar o tipo e construir um segundo plano a partir do zero.

As novas ferramentas de texto no After Effects 6.0 tornam uma moleza animar caracteres individuais em uma camada de texto, e a versão 6.5 torna absolutamente fácil fornecendo, praticamente, 300 animações de texto predefinidas. (veja Help (Ajuda) > Text Preset Gallery (Galeria de Predefinições do Texto). Se a animação de texto deseja aparecer na galeria, então você tem sorte. Mas às vezes, desejará criar suas próprias a partir do zero (ou pelo menos, personalizar uma predefinição de texto existente), portanto, você deve realmente conhecer o Animator (Animador) e os Range Selectors (Seletores da Faixa) do texto.

Funciona Assim

Verifique o arquivo **Ch_6_Final_Movie. mov** deste projeto no DVD. Grande parte de qualquer coisa produzida no After Effects, poderá ser conseguida, usando vários métodos diferentes. Mostre aos outros usuários After Effects algo que você construiu, pergunte como eles fariam isso e ficará constrangido ao obter várias abordagens diferentes, com todas funcionando! Mas nem todos os métodos são iguais.

A linha do horizonte do título

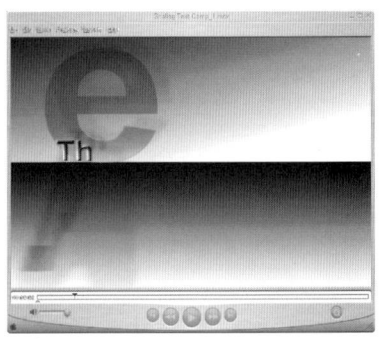

Se você fosse produzir os efeitos de texto que se dimensionam no projeto deste capítulo, poderia escolher criar uma camada separada para cada letra e animar as camadas separadamente, desenhar uma máscara em torno de cada letra em uma única camada de texto e animar as máscaras ou talvez usasse algumas expressões. Ao invés desses métodos, este projeto mostrará que o Animator de texto e seu Range Selector é, provavelmente, o modo mais elegante e eficiente de obter esses resultados:

O título se dimensiona no lugar, projetando sombras atrás e na frente do título

1. Anime o texto usando a camada Animator, ao invés de contar unicamente com as propriedades Transform de uma camada ou com Text Animation Preset.

2. Use efeitos para dar ao texto uma aparência metálica.

3. Crie sombras diferentes que reajam a fontes de luz implícitas.

4. Use o efeito Ramp para criar a parede do fundo e o piso da cena.

Quando o título entra, a iluminação do segundo plano se move da direita para a esquerda, e a iluminação do primeiro plano se move da esquerda para a direita

Como Preparar o Trabalho

Para preparar este projeto, faça o seguinte:

- Comece com um novo projeto e grave-o como Ch 6 Scaling Text.

Este projeto não usa nenhum arquivo-fonte, portanto, avancemos para a próxima seção!

Como Configurar a Composição

Este projeto usa o padrão NTSC D1 da televisão. Como o projeto contém texto e é destinado para a radiodifusão, você precisará ter um cuidado, em especial, com a posição do texto na composição:

- Crie uma nova composição denominada Scaling Text Comp, usando NTSC D1, 720 x 486 Preset (Predefinição de 720 x 486) e Duration (Duração) de 5;00 segundos.

Como Criar o Texto

Quando você estiver desenhando qualquer composição, precisará considerar o destino de seu projeto completo – especialmente quando estiver trabalhando com os títulos. Se seu projeto for mostrado em uma televisão, deverá ativar o botão Title-Action Safe (Segurança da Ação do Título) na janela Comp, para mostrar que o limite dentro dos títulos não será cortado por certos vídeos.

Nesta seção, você criará o texto do título (adicionará textura e sombras animadas ao texto nas seções posteriores):

1. Para formatar o texto, clique na ferramenta Horizontal Type, na palheta Tools (Ferramentas) e então defina as seguintes propriedades nas palhetas Character (Caractere) e Paragraph (Parágrafo):

Font Family: Arial

Style: Bold

Text Size: 55

Alignment: Center Text

2. Para iniciar a camada Text no centro da camada Comp, escolha Layer (Camada) > New (Novo) > Text (Texto) (Ctrl+Alt+Shift+T) no Windows ou Command+Option+Shift+T no MAC OS) e então digite The Omega Future. Para sair do modo de entrada do texto, clique na ferramenta Selection, na palheta Tools ou pressione Enter no teclado numérico.

Grave sua composição.

Dica: Quando usar a ferramenta Text no After Effects, o tipo se converterá continuamente para que fique claro, não importando o quanto se dimensione.

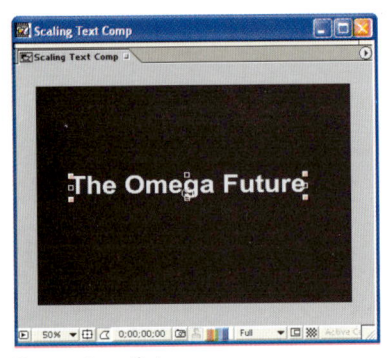

Como criar o título

Como Dimensionar Segundo a Letra

Você pode dimensionar o texto usando a propriedade Scale da camada, mas esse método leva muito tempo e é chato, quando se deseja construir efeitos de dimensionamento mais complexos. Com o After Effects 6.0 e 6.5, você tem um controle criativo fácil e completo dos atributos individuais da letra, graças ao Animator e a seu Range Selector. Esses recursos dão uma maior flexibilidade enquanto torna bem fácil animar seu texto.

Todo Animator adicionado a uma camada de texto vem com um Range Selector default, que tem um valor Start, representado por uma seta cinza para a direita e um valor End, representado por uma seta cinza para a esquerda. Essas duas setas e seus valores definem a área da camada que será animada. Você escolherá a propriedade a ser animada no menu Animate (Animar).

Comece definindo as opções Animator da camada Text:

1. Pressione a tecla Home para assegurar que o Current Time Indicator (CTI ou Indicador do Tempo Atual) esteja no tempo 0;00.

2. Expanda a camada Text para mostrar o grupo de propriedades Text na linha do tempo. Clique na seta do menu Animate e escolha Scale (Escala) no menu instantâneo.

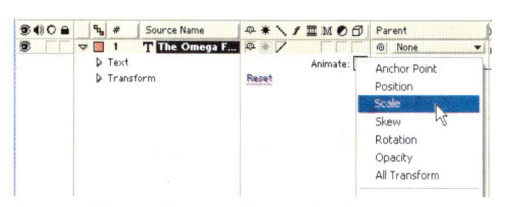

Como adicionar Animator à camada Text para dimensionar

3. Defina o valor Scale de Animator 1 para 1000, 1000%

4. Expanda Range Selector 1 e clique no cronômetro da propriedade Start para criar um quadro-chave 0% para o início da faixa de seleção.

5. Vá para o tempo 3;15 e mude o valor Start para 100%.

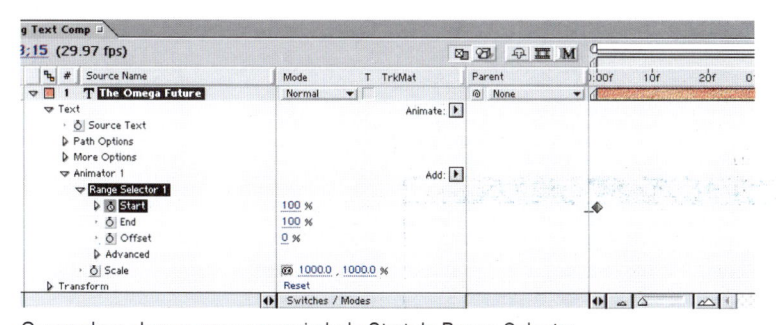

Os quadros-chaves para a propriedade Start de Range Selector

Clique o botão Ram Preview (Visualizar Ação) na palheta Time Controls (Controles do Tempo) para ver os resultados. As letras deverão se dimensionar de 1000% para 100%, uma letra de cada vez, da esquerda para a direita.

Animando apenas a propriedade Start de 0-100, você move o início da área de seleção da esquerda para a direita; em 100%, a seta Start acaba exatamente onde a seta End está, resultando no texto sendo selecionado e portanto, não se dimensionando mais.

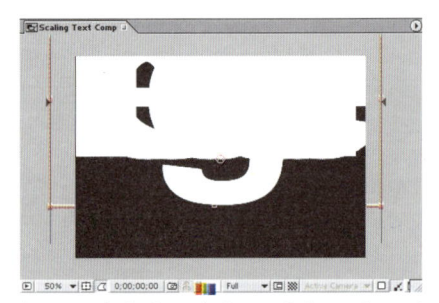

A propriedade Start de Range Selector (seta cinza à esquerda) e a propriedade End (seta cinza à direita)

Quando Range Selector se move da esquerda para a direita, cancela a seleção das letras, retornando para sua escala default

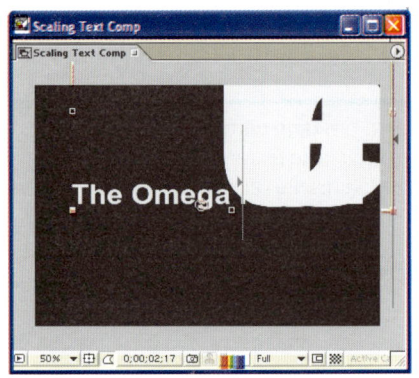

Animator dimensionou as duas primeiras palavras no título

Como Criar o Efeito de Aumento da Intensidade

Como provavelmente você não deseja que as letras simplesmente saltem para a tela, criará um efeito de aumento da intensidade fácil para elas. Esta seção irá conduzi-lo no processo rápido de aumento da intensidade das letras, uma de cada vez, usando o mesmo Animator criado na seção anterior. O aumento da intensidade das letras torna o título mais fácil de ler, quando cada palavra se desenvolve e torna o dimensionamento um pouco mais dramático:

1. Vá para o tempo 0;00. Clique na seta do menu Add (Adicionar) (logo à direita de Animator 1 na linha do tempo) e escolha Property (Propriedade) > Opacity (Opacidade).

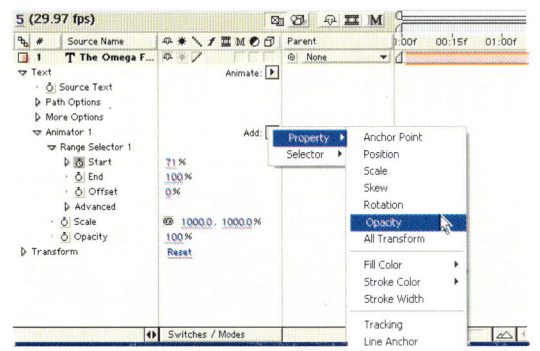

Como adicionar Opacity a Animator

2. Mude o valor Opacity para 0%. Com essa pequena etapa, o Animator também animará Opacity de cada letra de 0-100% (além de dimensionar cada letra) quando Start de Range Selector passar sobre a letra.

Dica: Depois de aplicar um Animator do texto em uma camada de texto, você poderá renomear Animator como qualquer coisa que o ajude a identificá-lo na linha do tempo, como ScaleOpacity neste projeto. Será especialmente útil quando estiver trabalhando com diversos Animators, em uma única camada de texto ou tiver uma pilha profunda de camadas.

3. Para fazer com que Animator ignore os espaços entre as palavras em *The Omega Future* (porque os espaços criam pausas na animação), expanda o grupo de propriedades Advanced (Avançado) em Range Selector e mude a propriedade Based On (Baseado Em) para Characters Excluding Spaces (Caracteres Excluindo Espaços).

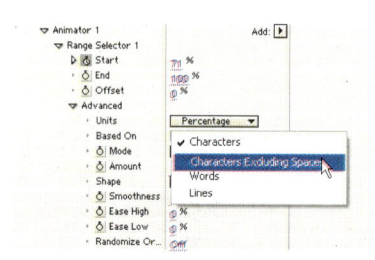

Como fazer a animação pular os espaços entre as palavras

Clique o botão Ram Preview na palheta Time Controls para visualizar o resultado em tempo real. Depois da última letra, em uma palavra, ser animada, a primeira letra na próxima palavra será animada – não há nenhuma pausa quando Animator passa sobre o espaço entre as palavras.

Como Construir a Primeira Camada do Segundo Plano

Em seguida, você desenvolverá um segundo plano que fornece à composição mais profundidade, usando o efeito Ramp. O efeito Ramp é como uma versão bicolor do efeito 4-Color Gradient, compartilhando a maioria das propriedades, mas com nomes diferentes.

Eis as etapas:

1. Vá para o tempo 0;00 e crie uma nova camada Solid com o tamanho da composição (Layer > New > Solid (Sólido)) denominada Bottom Background. A cor não importa, pois as cores definidas para o efeito Ramp irão se sobrepor a cor do sólido.

2. Mova a camada Bottom Background para baixo da camada Text na linha do tempo.

Capítulo 6 – TIPO COM AJUSTE AUTOMÁTICO | **133**

3. Aplique Effect (Efeito) > Render (Apresentar) > Ramp (Variar) na camada Bottom Background.

4. Defina a propriedade Start of Ramp do efeito para 360, 243 para definir a posição da cor inicial. Start Color tem como default o preto e End Color tem como default o branco, criando uma graduação colorida entre as duas cores.

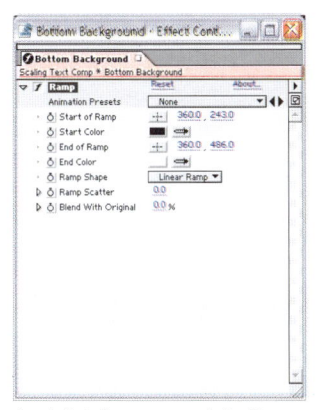

As definições para o efeito Ramp na janela Effect Controls

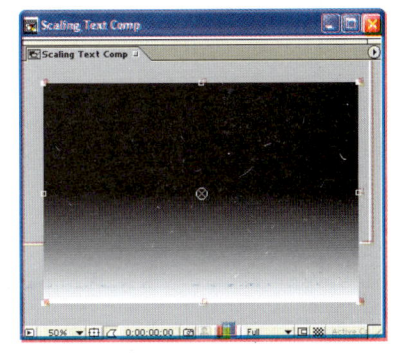

O resultado do efeito Ramp com Start of Ramp, definido para 360, 243

5. Pressione End em seu teclado para que possa ver a camada Text inteira e então aplique o efeito Ramp na camada de texto The Omega Future. Defina Start of Ramp do efeito para 360, 200 e End of Ramp para 360, 265.

Dica: O After Effects lembra o último efeito aplicado. Você poderá aplicar o último efeito em uma nova camada escolhendo Effect e o segundo item no menu, ou usar o atalho que aparece ao lado desse item de menu.

6. Aplique Effect > Perspective (Perspectiva) > Bevel Alpha (Alfa com Bisel) na camada Text. Defina Edge Thickness (Espessura da Borda) do efeito Bevel Alpha para 2.70, Light Angle (Ângulo da Luz) para 0 x –60 e Light Intensity (Intensidade da Luz) para .99.

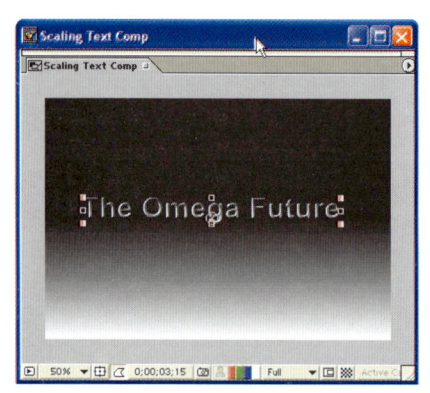

O texto depois dos efeitos Ramp e Bevel Alpha sendo aplicados

Grave a composição.

Como Construir a Segunda Camada do Segundo Plano

Neste ponto, o segundo plano sob o texto não fornece muito a sensação de profundidade que você está procurando. Você usará outra camada que contém o efeito Ramp para completar a ilusão:

1. Duplique a camada Bottom Background e pressione Enter para renomear a camada duplicada, como Top Background.

   Você usará essa camada como o piso para o texto; ajudará a fornecer à composição, mais profundidade espacial.

2. Selecione a camada Top Background, pressione P para exibir sua propriedade Position e defina a propriedade para 360, 0, 0. (Se você escolheu um estilo de fonte ou tamanho diferente do especificado para a camada Text, então precisará ajustar um pouco o valor Y, para fazer com que a camada Top Background fique logo abaixo da linha de base da camada Text).

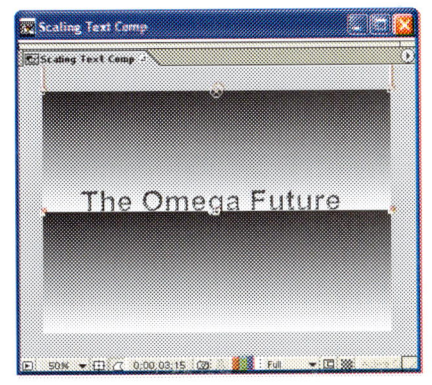

A posição final das camadas do segundo plano

O efeito Ramp dá uma sensação de espaço, mas a profundidade ainda está um pouco rasa. Você poderá criar mais profundidade e dinamismo, adicionando um efeito Drop Shadow e então animando a fonte de luz da sombra:

1. Selecione a camada Text, aplique Effect > Perspective > Drop Shadow (Sombra Interna) e configure as propriedades do efeito como segue abaixo:

Opacity: 35%

Direction: 0 x + 67

Distance: 33

Softness: 20%

2. Certifique-se de que esteja no tempo 0;00 e adicione um quadro-chave à propriedade Direction do efeito Drop Shadow.

3. Vá para o tempo 4;29 e mude a propriedade Direction para 0 x –59.

Animando Direction do efeito, você fará com que a sombra se mova para trás da camada Text, como se a fonte de luz estivesse se movendo na frente do texto.

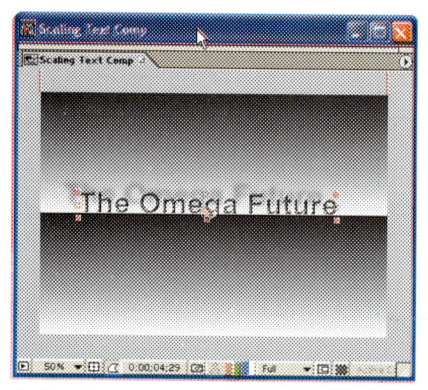

O efeito Drop Shadow no último quadro da composição

Como Animar a Extremidade Preta da Variação

Quando você adicionou uma pequena sombra ao texto e animou a sombra na seção anterior, criou uma fonte de luz implícita que se move sobre o texto. Para obter um drama adicional, poderá animar a graduação sob a camada Text, a fim de criar uma fonte de luz móvel separada, que se oculta atrás do texto:

1. Expanda o efeito Ramp da camada Top Background, para exibir suas propriedades.

2. Pressione a tecla Home para ir para o tempo 0;00 e então crie um quadro-chave para Start of Ramp com os valores 240, 155.

3. Pressione a tecla End para ir para o tempo 4;29 e mude o valor para 440, 155.

O efeito Ramp (graduação da cor) depende de duas cores: Start Color (preto, neste projeto) e End Color (branco, neste projeto). Animando apenas o valor X de Stamp of Ramp de 240 para 440, você animou a extremidade preta da graduação, da esquerda para a direita. Essa técnica cria uma segunda fonte de luz implícita, que se move da direita para a esquerda atrás do texto.

Como Criar o Reflexo de uma Superfície

Você está quase terminando o projeto. A próxima tarefa é criar o reflexo de uma superfície do texto. Você aplicará vários efeitos em uma única camada, para simular uma sombra que se move refletida no piso da cena:

1. Duplique a camada Text e renomeie a nova camada (superior) como Text Reflection.

2. Expanda o grupo Transform da camada Text Reflection e mude Scale para 125, -570, a fim de aumentar e inverter a imagem.

    Você não precisa se preocupar com Title Safe, neste caso, porque a camada será uma sombra, não o título principal.

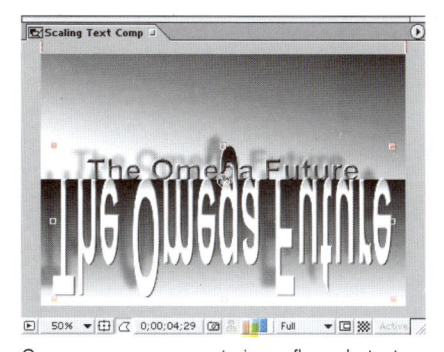

Como começar a construir o reflexo do texto

3. Para remover os efeitos Ramp, Bevel Alpha e Drop Shadow da camada Text Reflection, selecione a camada e escolha Effect > Remove All (Remover Todos).

4. Aplique Effect > Blur & Sharpen (Desfoque e Nitidez) > Directional Blur (Desfoque Direcional) na camada Text Reflection. Defina Direction do efeito para 0 x +90 e Blur Length para 15.

5. Para facilitar reformar e distorcer o reflexo, aplique Effect > Distort (Distorcer) > Corner Pin (Eixo do Canto) na camada Text Reflection.

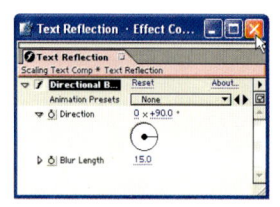

As definições para o efeito Directional Blur

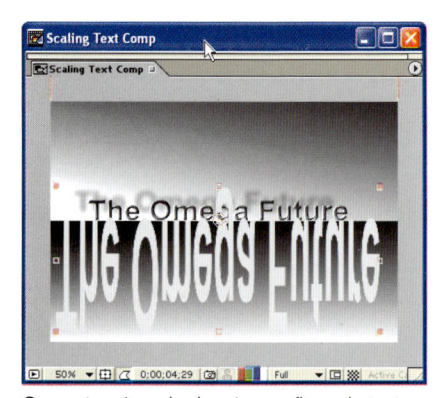

Quase terminando de criar o reflexo do texto

6. Para alinhar o reflexo com o título, defina os valores do efeito Corner Pin para o seguinte:

   Upper Left: 135, 45

   Upper Right: 582, 45

   Lower Left: 0, 486

   Lower Right: 720, 486

Grave e visualize seu trabalho.

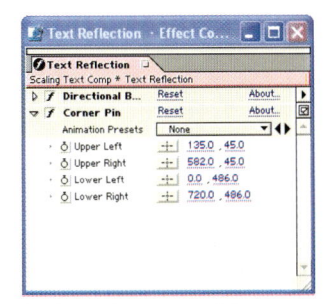

As definições para o efeito
Corner Pin na janela Effect
Controls

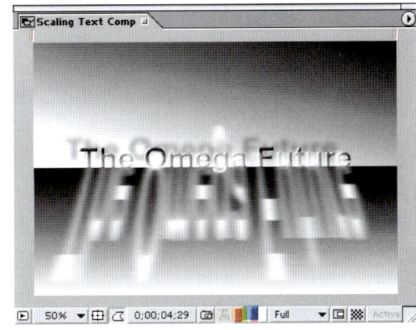

O reflexo do texto distorcido

Como Limpar o Reflexo

Atualmente, a letra *g* na camada Text Reflection, se estende acima do horizonte, o que é irreal e interfere na sombra do texto. Portanto, limpemos rapidamente essa subida, mascarando a área que você deseja que a camada exiba:

- Use a ferramenta Rectangular Mask para desenhar uma caixa em torno da camada de reflexo, começando no canto inferior direito ou esquerdo da composição e parando em algum lugar abaixo do horizonte, para que o reflexo do texto não apareça acima do horizonte.

Você pode notar que a borda superior da máscara não corta as letras como o esperado, mesmo que a borda da máscara esteja no horizonte. É porque a camada Text Reflection é distorcida com o efeito Corner Pin.

Como cortar a camada Text Reflection com uma máscara

Clique o botão Ram Preview na palheta Time Controls para visualizar os resultados.

Selecione Todas, Extraia, Bloqueie e Grave

Os atalhos do teclado, para estas ações, podem economizar muito tempo e proteger seu projeto contra mudanças acidentais:

- Select All Layers (Selecionar Todas as Camadas): Ctrl+A (Windows) ou Command+A (Mac OS)

- Drill Them Up (Extrair): Tecla com acento (as camadas têm que estar selecionadas)

- Lock Them Down (Bloquear): Ctrl+L (Windows) ou Command+L (Mac OS)

- Save (Salvar): Ctrl+S (Windows) ou Command+S (Mac OS)

Agora Experimente Isto

Eis algumas maneiras de continuar a lidar com seu projeto:

- Crie uma barra de ênfase animada abaixo do título, adicionando uma camada sólida com a mesma largura do título, mas com 5 pixels de altura. Coloque o sólido sob o título na linha do tempo e lhe aplique o efeito Ramp. Finalmente, anime o valor X da propriedade Scale da camada de 0% no tempo 0;00, para 72.2% no tempo 1;28, para 100% no tempo 3;15.

- Para mudar o reflexo do texto para uma sombra, defina Blending Mode da camada Text Reflection para Silhouette Alpha na coluna Modes, e então reduza Opacity da camada para 35%.

- Assim que estiver satisfeito com a animação, grave e reutilize as propriedades individuais do efeito, animações ou ambas, gravando-as como uma predefinição na palheta Effects & Presets (Efeitos e Predefinições). (*Presets* é o termo usado no After Effects 6.5 para se referir, ao que nas versões anteriores chamava *Favorites* (Favoritos)). Para tanto, selecione os itens que deseja gravar na linha do tempo e clique em Create New Animation Preset (Criar Nova Predefinição da Animação) na palheta Effects & Presets, ou escolha Animation (Animação) > Save Animation Preset (Salvar Predefinição da Animação). Depois de aplicar uma predefinição da animação, poderá modificar e aperfeiçoar as propriedades adicionadas, e quadros-chaves na linha do tempo.

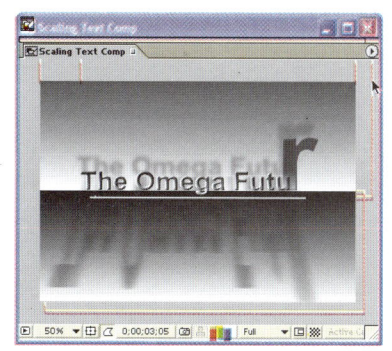

Como adicionar uma barra animada abaixo do título

Capítulo 7

Colunas Animadas

Animar colunas e preenchê-las com vídeo ou imagens paradas é uma técnica usada em muitos comerciais de televisão contemporâneos e IDs de estação. Geralmente, começam com uma imagem principal que se expande até a largura da tela; assim, as colunas de imagens deslizam aleatoriamente na tela. É uma maneira eficiente de compor diferentes partes do filme completo, a fim de criar um retrato de colagem animado de um tema.

Este capítulo mostra algumas técnicas rápidas para criar essa aparência complexa e sofisticada. Você também descobrirá como criar camadas alternadas de vídeo, que se substituem, quando as colunas flutuam acima e abaixo umas das outras.

Funciona Assim

Verifique o filme final deste capítulo no DVD do livro, para ver o resultado final do projeto. Você descobrirá como criar uma colagem de vídeo, que é substituída por outro vídeo, quando o filme completo se move através de colunas na tela. As técnicas seguem abaixo:

O filme completo principal visto através de janelas mascaradas

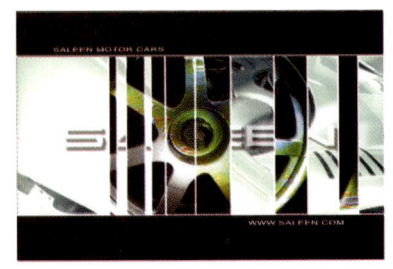

1. Use um método rápido e automático para reunir seqüências de filme completo e criar transições.

2. Crie diversas máscaras animadas para servir como janelas no filme completo.

3. Adicione transparência e riqueza à cena, usando um modo de mistura.

4. Use o novo efeito Box Blur.

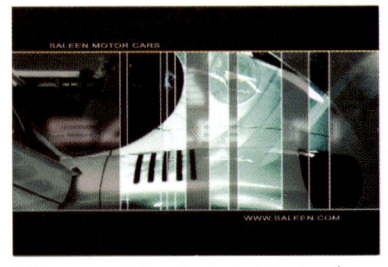

Quando as colunas flutuam no filme completo principal, outro filme aparece dentro das colunas

O logotipo da empresa aparece no segundo plano, quando o filme completo aumenta e diminui de intensidade dentro das colunas flutuantes

Como Preparar o Trabalho

Você irá configurar todas as composições deste capítulo para o vídeo digital, usando uma das predefinições da composição. A primeira composição que criará, contém a seqüência do filme completo do vídeo, que serve como o ponto focal do projeto inteiro.

Para preparar este projeto, faça o seguinte:

1. Comece um novo projeto e grave-o como Ch7AnimatedColumns.
2. Importe a parta **Footage** localizada na pasta Chapter 7, no DVD do livro.
3. Importe o arquivo **Saleen_logo_Layers.psd** da pasta deste capítulo no DVD do livro, como um filme completo com camadas mescladas.
4. Crie uma nova composição denominada Sequence Comp, usando a composição Preset NTSC DV, 720 x 480 e defina Duration (Duração) para 10;00 segundos.

A janela Project com todo seu filme completo

Como Construir a Seqüência do Carro

O tema do filme deste projeto é um veículo Saleen, que é apresentado em dez partes do filme completo importado. Nesta seção, você cortará esse filme completo para ter a mesma duração, então usará um método realmente rápido (apenas uma etapa!) para distribuir o filme completo na linha do tempo (Timeline) além de criar uma transição entre as partes:

1. Arraste todos os dez filmes Saleen_Car da janela Project para a linha do tempo Sequence Comp.

2. Vá para o tempo 2;00, selecione todas as camadas e então pressione Alt +] (Windows OS) ou Option +] (Mac OS) para cortar o ponto Out (Fora) das camadas no tempo atual. (Se não pressionar Alt ou Option, moverá as barras Duration das camadas ao invés de cortá-las).

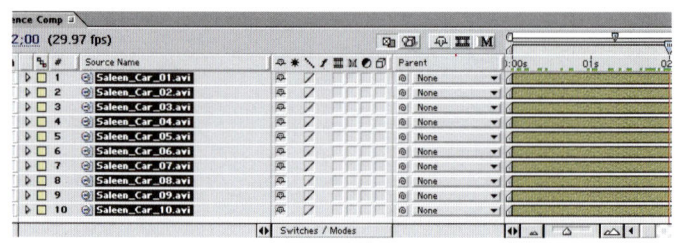

Como cortar as camadas

Você desejará que cada camada do filme completo aumente de intensidade para a próxima, em seqüência, portanto, coordenará as camadas no tempo e adicionará uma transição entre cada par.

3. Certifique-se de que todas as camadas ainda estejam selecionadas. Na parte superior da aplicação, escolha Animation (Animação) > Keyframe Assistant (Assistente do Quadro-Chave) > Sequence Layers (Camadas de Seqüência).

4. Na caixa de diálogos Sequence Layers, marque o quadro Overlap (Sobrepor), defina Duration para 1;00 segundo e defina Transition (Transição) para Dissolve From Layer (Mudar A Partir Da Camada).

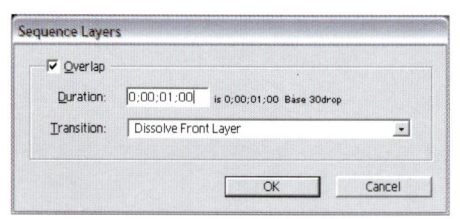

As definições para o comando Sequence Layers

5. Com todas as camadas ainda selecionadas, pressione T em seu teclado para exibir suas propriedades Opacity. Note que quadros-chaves Opacity foram criados para cada camada, a fim de reduzi-las de intensidade numa duração de 1 segundo.

Clique o botão Ram Preview (Visualizar Ação) na palheta Time Controls (Controles do Tempo) para ver os resultados. Cada camada deverá se reproduzir por um segundo e então enfraquecer, para exibir a próxima camada na seqüência.

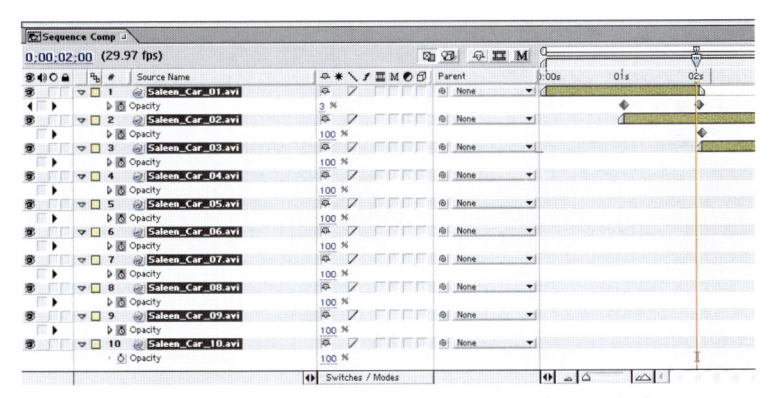

Com uma etapa, todas as camadas são coordenadas e mudam gradualmente para a outra

Como Construir as Camadas

Nesta seção, você montará a composição-mestre para conter todos os componentes do projeto (inclusive a composição feita na seção anterior). Também irá misturar outra parte do filme completo sobre a seqüência inteira, que compõe Sequence Comp, irá aumentá-la de intensidade e então diminuirá a intensidade da composição:

1. Crie uma nova composição denominada Master Comp, usando NTSC DV, com uma predefinição de 720 x 480 e defina Duration para 10;00 segundos.

2. Arraste a composição Sequence Comp da janela Project para a linha do tempo Master Comp. Certifique-se de que a camada comece no tempo 0;00.

3. Arraste o arquivo **Saleen_Car_01.avi** da janela Project para a linha do tempo, acima da camada Sequence Comp.

4. Mude Blending Mode da camada Saleen_Car_01.avi para Difference na coluna Modes da linha do tempo.

5. Pressione T para exibir Opacity da camada Saleen_Car_01.avi e adicione um quadro-chave 0% Opacity à camada no tempo 0;00.

6. Vá para o tempo 1;00 e mude Opacity da camada para 100%.

7. Vá para o tempo 5;00 e adicione outro quadro-chave 100% Opacity à camada.

8. Pressione End para ir até o final da linha do tempo e mude Opacity da camada para 0%, a fim de diminuir sua intensidade.

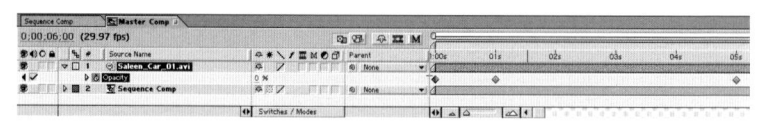

O primeiro estágio da linha do tempo Master Comp

Clique o botão Ram Preview na palheta Time Controls, para exibir os resultados.

Como Construir as Colunas

É hora de criar máscaras animadas que servem como janelas, que deslizam sobre o filme completo. Para facilitar o controle da máscara na linha do tempo, que representa uma máscara na composição, você ativará uma preferência que é nova no After Effects 6.5:

1. Escolha Edit (Editar) > Preferences (Preferências) > User Interface Colors (Usar Cores da Interface) e selecione Cycle Mask Colors (Fazer Círculos nas Cores da Máscara).

   Agora, sempre que desenhar uma nova máscara, uma das cinco cores será usada para identificar a máscara na linha do tempo e na janela Composition ou Layers. Isso será útil na próxima seção, quando você começar a animar as máscaras.

2. Vá para o tempo 0;00 e clique duas vezes na camada Sequence Comp na linha do tempo Master Comp, para abri-la em uma janela da camada. (Como alternativa, poderá completar esta seção na janela Composition, mas a janela Layer dará mais controle).

Capítulo 7 – COLUNAS ANIMADAS | **149**

3. Clique na ferramenta Rectangular Mask na palheta Tools (Ferramentas). Desenhe uma coluna vertical começando na borda inferior da área da composição e estendendo-se acima da borda superior da composição.

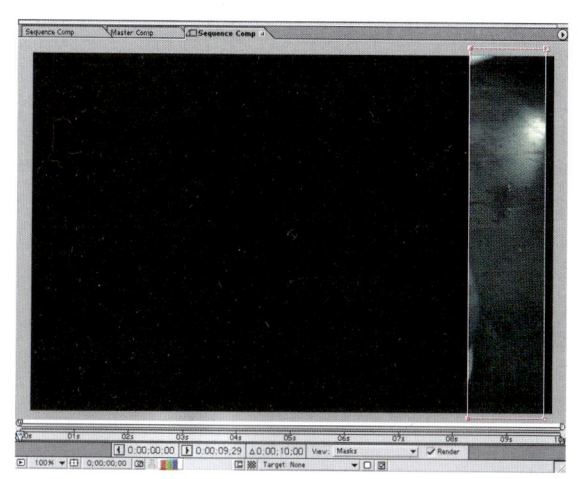

Como desenhar a primeira máscara na janela Layer de Sequence Comp

4. Desenhe mais quatro colunas, que também se estendam para além das bordas superior e inferior da composição. Coloque-as nas outras áreas da composição e faça com que tenham larguras variadas.

Cinco máscaras com cores exclusivas na camada Sequence Comp

Como Animar as Colunas

Sua próxima tarefa será animar as máscaras na horizontal e de modo aleatório na tela. Você usará a propriedade Mask Shape da máscara, como faria na propriedade Position para animar seu local sobre Sequence Comp:

1. No tempo 0;00, expanda Sequence Comp na linha do tempo, selecione todas as máscaras e então pressione M para exibir suas propriedades Mask Shape.

2. Com todas as máscaras ainda selecionadas, clique no cronômetro ao lado de qualquer Mask Shape para adicionar um quadro-chave a todas as máscaras.

3. Vá para o tempo 2;00 e clique no nome de Mask 1 na linha do tempo, para selecionar a máscara.

4. Usando a ferramenta Selection, arraste Mask 1 para o lado oposto da composição.

5. Mova as outras quatro camadas para os novos locais na camada.

Dica: Lembre-se, primeiro, de selecionar o nome da máscara na linha do tempo, para selecionar todos os quatro vértices, antes de mover a máscara. Do contrário, você reformará a máscara ao invés de movê-la.

6. Vá para o tempo 4;00 e novamente mova cada máscara para um novo local.

7. Selecione os quadros-chaves Mask Shape para todas as cinco máscaras e copie-as.

8. Vá para o tempo 6;00 e cole os quadros-chaves.

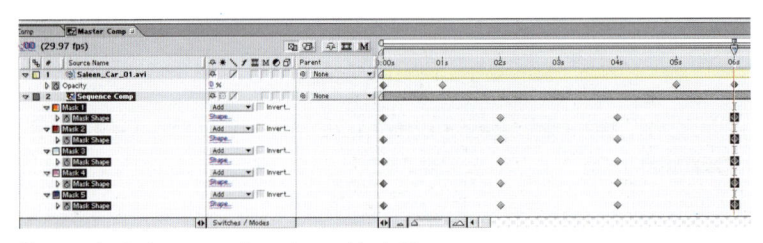

Como colar todos os quadros-chaves Mask Shape

9. Para adicionar alguma definição aos limites das áreas mascaradas, vá para a linha do tempo Master Comp, selecione a camada Sequence Comp e escolha Effect (Efeito) > Render (Apresentar) > Stroke (Pincelada).

10. Marque a opção All Masks (Todas as Máscaras) na janela Effect Controls e defina Color para branco (RGB: 255, 255, 255). Agora, cada máscara tem um contorno branco.

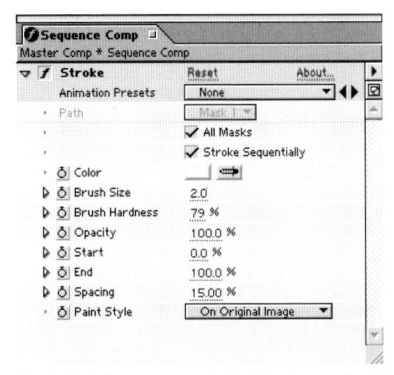

As definições para o efeito Stroke, na janela Effect Controls

Como Colocar uma Marca no Projeto

Você montou o filme completo e animou suas máscaras. Agora é hora de adicionar o logotipo, que é um arquivo Photoshop. Você definirá o logotipo atrás do filme completo, para que ele provoque os observadores, permitindo-os ver pedaços do logotipo entre as máscaras, mas nunca a coisa inteira:

1. Vá para o tempo 0;00 na linha do tempo Master Comp e arraste o arquivo **Saleen_logo_layers.psd** da janela Project para a linha do tempo, abaixo da camada Sequence Comp.

2. Duplique a camada Saleen_logo_Layers e adicione um quadro-chave 0% Opacity a ambas as camadas do logotipo.

3. Vá para o tempo 3;00 e mude Opacity de ambas as camadas para 100%.

4. Vá para o tempo 7;00 e adicione outro quadro-chave 100% Opacity de ambas as camadas.

5. Vá para o tempo 9;00, selecione apenas a camada do logotipo mais inferior (camada 4) e mude Opacity da camada para 0%.

Agora, partes do logotipo aparecerão quando as máscaras se moverem sobre o filme completo.

Como Animar e Exibir o Logotipo

Até então, você configurou o logotipo para que apenas brinque de esconde-esconde com o usuário, ocultando-o sob o filme completo. Em seguida, diminuirá a intensidade do filme completo no final do projeto, para exibir o logotipo inteiro. Também dará mais vida ao logotipo estendendo-o, com o passar do tempo, e adicionando-lhe uma aparência de auréola:

1. Vá para o tempo 0;00 e adicione um quadro-chave 100% Opacity à camada Sequence Comp.
2. Vá para o tempo 7;00 e mude Opacity da camada para 0%. Agora o logotipo está totalmente visível.
3. Vá para o tempo 0;00, adicione um quadro-chave Scale de ambas as camadas do logotipo e defina ambos os quadros-chaves para 85, 85%.
4. Pressione a tecla End para ir até o final da linha do tempo (tempo 9;29). Mude Scale da camada 3 para 100, 100% e Scale da camada 4 para 150, 150%.
5. Selecione a camada 4 e escolha Effect > Blur & Sharpen (Desfoque e Nitidez) > Box Blur (Desfoque Retangular). Defina Iterations (Iterações) para 3 e Blur Radius (Raio do Desfoque) para 10, na janela Effect Controls.

Grave o projeto e visualize seus resultados.

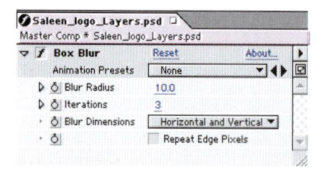

As definições do efeito Box Blur na janela Effect Controls

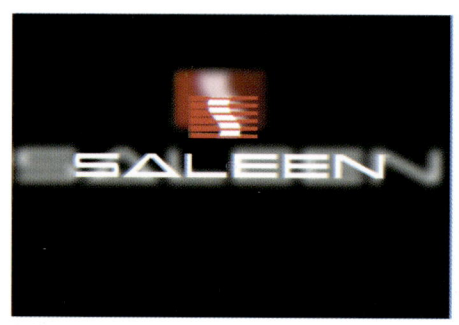

O logotipo completamente exibido

Dica: Se você usa, geralmente, o mesmo grupo de definições (ou praticamente o mesmo) quando utiliza um determinado efeito, então grave esse efeito com as definições, como uma predefinição. Para criar a predefinição, configure as definições do efeito como desejar; vá para a janela Effect Controls e escolha Save Selection As Animation Preset (Salvar Seleção Como Predefinição da Animação) no menu Animation Presets (Predefinições da Animação). (Apesar do nome Animation Preset, a animação não é requerida). Uma maneira de usar sua predefinição é aplicar o efeito como normalmente faria, e escolher o nome de sua predefinição no menu Animation Presets na janela Effect Controls.

Agora Experimente Isto

Eis uma série de etapas para trazer mais atenção para o logotipo do carro e adicionar mais movimento:

1. Crie uma nova composição denominada Letter Box que use a mesma predefinição da composição que você vem usando, com Duration definida para 10;00 segundos.

2. Arraste Master Comp da janela Project para a linha do tempo Letter Box, começando no tempo 0;00.

3. Use a ferramenta Rectangular Mask no modo Add para mascarar Master Comp em um formato que se pareça com uma caixa retangular 16:9.

4. Aplique o efeito Stroke na máscara.

5. Use as novas predefinições Text Animation para animar os títulos nas áreas pretas superior e inferior da tela, acima e abaixo das novas linhas da pincelada.

6. Use quadros-chaves Opacity para criar um aumento da intensidade de 15 quadros da camada Master Comp.

Capítulo 8

Como Animar com o Illustrator

Atualmente, é difícil criar títulos que atraia o observador. Os públicos do cinema e televisão, geralmente, tratam os títulos como comerciais, durante os quais é normal para as pessoas conversarem entre si, verificarem as mensagens do telefone celular... ou seja, fazem qualquer coisa, menos ler os títulos. Algumas vezes, tudo o que você precisa fazer para manter as pessoas atraídas pelos títulos criados é adicionar um pouco de mistério, que faça com que o observador preste atenção, enquanto tenta descobrir o que está se desenvolvendo. O projeto deste capítulo mostra uma técnica para conseguir exatamente isso.

Neste capítulo, você animará as letras para que elas pareçam ser desenhadas na tela, um tipo de desenho gravado como esboço. Parte desta técnica usa um fluxograma entre o Adobe After Effects e o Adobe Illustrator, que ajuda a simplificar a tarefa aparentemente complexa: animar objetos nos caminhos de uma fonte complexa. Você poderá pegar essa técnica e aplicá-la em outras coisas além do texto, contanto que essas coisas contenham caminhos.

Funciona Assim

Verifique o arquivo **Ch8FinalMovie.mov** na pasta deste capítulo no DVD do livro, para ver os resultados finais do projeto. Você usará estas técnicas:

1. Cole caminhos Illustrator nas camadas sólidas para criar máscaras para as letras, no projeto final.

2. Use uma camada Guide não apresentada como uma referência ao posicionar as máscaras.

3. Use o efeito Stroke para criar os contornos de cada letra.

4. Crie animações elaboradas e precisas, colando os caminhos Illustrator novamente.

5. Anime o efeito Stroke para criar a ilusão de um desenho vivo.

6. Use o Keyframe Assistant para criar, instantaneamente, uma cópia espelhada de suas animações no tempo.

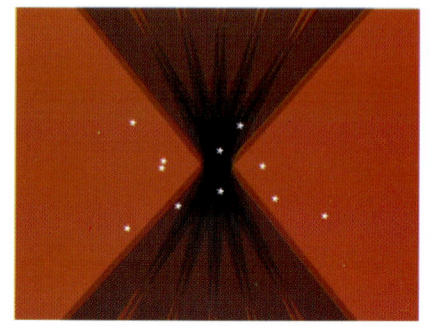

Os arquivos Illustrator se espalham e giram no segundo plano

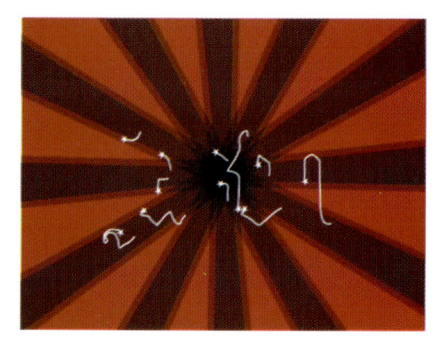

As estrelas começam a desenhar linhas brancas

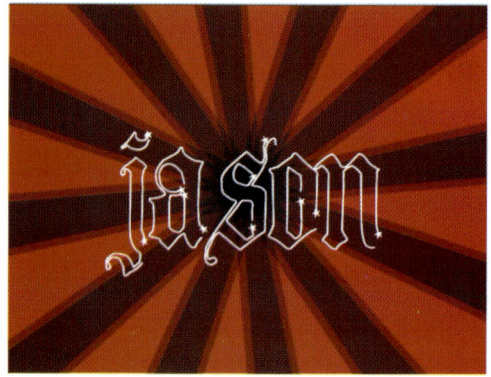

As linha formam uma palavra

Como Preparar o Trabalho

Você precisa do Adobe After Effects e do Adobe Illustrator para completar este projeto. Se não tiver o Illustrator, poderá carregar uma versão experimental gratuita da aplicação no site da Adobe em: **http://www.adobe.com/support/downloads/main.html**. Este projeto usa três arquivos Illustrator, que você importará do DVD do livro como um filme completo.

Para preparar este projeto, faça o seguinte:

1. Inicie um novo projeto e grave-o como Ch8AnimateWithIllustrator.

2. Escolha File (Arquivo) > Import Multiple Files (Importar Diversos Arquivos).

3. Selecione o arquivo **jason.ai** na pasta deste capítulo no DVD do livro. Defina a opção Import As (Importar Como) para Footage (Filme Completo) e clique em Open (Abrir). Clique na opção Merged Layers (Camadas Mescladas) e clique em OK.

4. Pressione Ctrl (Windows) ou Command (Mac OS) e clique nos arquivos **star.ai** e **StarBackground.ai** na pasta deste capítulo no DVD, para selecioná-los. Defina a opção Import As para Footage e clique em Open.

5. Clique em Done (Terminado).

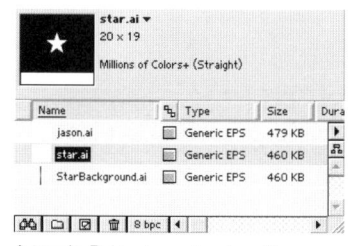

A janela Project, contendo o filme completo importado

Como Configurar a Composição

Você trabalhará dentro de uma composição para animar as estrelas e as letras que as estrelas parecem desenhar. As estrelas são fornecidas em um desenho Illustrator simples e você criará as letras na palavra *jason*, mascarando as camadas sólidas. Incluirá o arquivo **jason.ai** para ter uma referência visual, mas essa imagem não aparece no projeto terminado.

Comece com estas etapas:

1. Crie uma nova composição denominada Comp1 usando NTSC D1 Square Pix, com uma predefinição de 720 x 540. Defina o segundo plano para um vermelho sangue (RGB: 170, 0, 0) e Duration (Duração) para 10;00 segundos.

2. Adicione **jason.ai** à linha do tempo (Timeline) Comp 1, no tempo 0;00.

3. Como usará a camada jason.ai apenas como uma referência visual e não precisará apresentá-la, selecione a camada e escolha Layer (Camada) > Guide Layer (Camada-Guia). Agora, a linha do tempo identificará a camada com um ícone azul da camada-guia, para que você possa distingui-la facilmente das outras camadas. E mais, não precisará lembrar de ocultar a camada antes de apresentar, uma vez que por default, uma camada-guia não se apresenta, a menos que você ative uma determinada opção da camada-guia na janela Render Queue.

4. Crie cinco camadas sólidas brancas com o tamanho da composição. Nomeie cada camada com uma letra exclusiva na palavra *JASON*.

5. Crie um marcador de composição (Shift+1) no tempo 0;00, tempo ;15 (Shift+2), tempo 2;15 (Shift+3), tempo 3;00 (Shift+4), tempo 5;00 (Shift+5) e tempo 5;15 (Shift+6). Usará os marcadores no projeto para se mover rapidamente entre esses pontos no tempo.

A linha do tempo Comp 1

Como Configurar o Illustrator

Você precisa ter o Illustrator e o After Effects sendo executados simultaneamente nesta seção, para que possa copiar os caminhos do Illustrator e colá-los como máscaras nas camadas sólidas no After Effects. Cada letra no arquivo **jason.ai** é composta por diversos caminhos Illustrator, exceto a letra *N*, que é comporta por apenas um caminho.

Siga estas etapas:

1. No After Effects, selecione a camada jason.ai na linha do tempo e escolha Edit (Editar) > Edit Original (Editar Original). O Illustrator deverá se iniciar e exibir o arquivo **jason.ai**. (Novamente, se você não tiver o Illustrator, poderá ir para o site da Adobe para carregar uma versão experimental).

2. No Illustrator, escolha Edit > Preferences (Preferências) > File Handling & Clipboard (Tratamento de Arquivos e Área de Transferência). Na seção Clipboard on Quit (Área de Transferência ao Sair), certifique-se de que a opção Copy As (Copiar Como) esteja definida para AICB e selecione Preserve Paths (Preservar Caminhos). Clique em OK.

3. Escolha View (Exibir) > Outline (Contorno) para exibir apenas um contorno do arquivo **jason.ai**.

4. Expanda todas as camadas, para exibir todos os caminhos que compõem cada letra. Esses caminhos permitirão animar, facilmente, o ato de desenhar os contornos das letras.

Cada letra é composta por uma camada contendo um ou mais objetos

Como Criar os Caminhos das Letras

Você pode criar máscaras complexas para suas camadas sólidas, copiando os caminhos das letras no Illustrator e colando-os nas camadas sólidas no After Effects. As máscaras não são usadas para exibir as letras, ao contrário, aplicará um efeito nas camadas mascaradas na próxima seção para criar os contornos das letras.

Crie os caminhos como a seguir:

1. No Illustrator, clique na ferramenta Selection na palheta Tools (Ferramentas).

2. Para selecionar todos os caminhos na letra *j*, clique no círculo de destino ao lado do nome da camada.

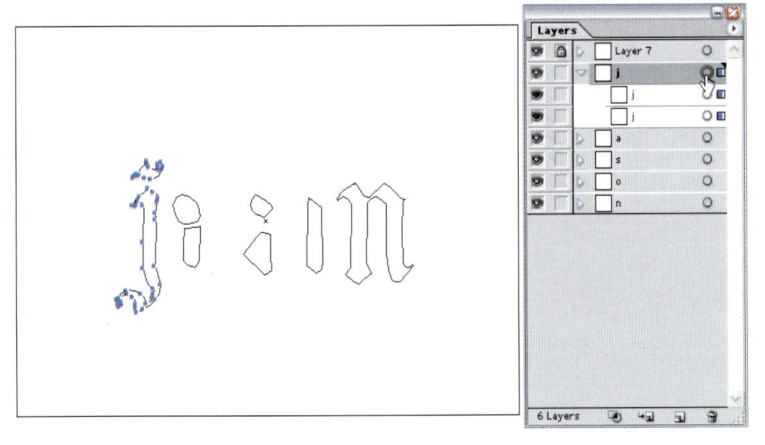

Como selecionar todos os caminhos na camada J

3. Escolha Edit > Copy (Copiar) para copiar os caminhos.

4. Retorne para o After Effects, selecione a camada sólida denominada J e então cole.

Capítulo 8 – COMO ANIMAR COM O ILLUSTRATOR | **161**

5. Expanda a camada J e o grupo Masks na linha do tempo para exibir as duas máscaras que acabou de criar, quando colou os caminhos Illustrator.

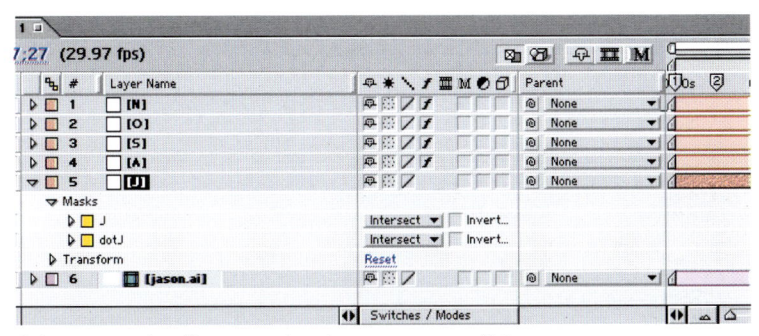

Colar os caminhos Illustrator cria máscaras para os sólidos

6. Clique no nome de uma máscara na linha do tempo para selecionar a máscara e então use as teclas com seta em seu teclado ou a ferramenta Selection para posicionar a máscara para que ela coincida com o local da letra correspondente na camada-guia jason.ai.

7. Repita as etapas de 1-6 para as outras letras, copiando os caminhos de uma letra no Illustrator e colando os caminhos na camada sólida correspondente.

8. Oculte a camada-guia jason.ai, uma vez que não precisa mais dela para ter uma referência visual.

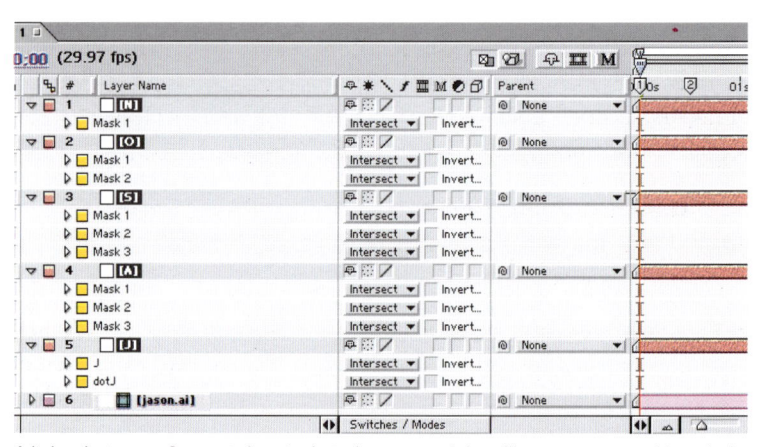

A linha do tempo Comp 1 depois de todos os caminhos Illustrator terem sido colados

A janela da composição com Mask Mode para todas as máscaras definidas para Add

Como Pintar os Caminhos

Agora que você tem as versões brancas e sólidas de cada letra na palavra *jason*, é hora de transformá-las em contornos mudando seus Mask Modes e aplicando um efeito Stroke no caminho de cada máscara:

1. Selecione todas as camadas das letras na linha do tempo, pressione M para exibir suas máscaras e então, defina Mask Mode de cada máscara para Intersect na coluna Switches. (O menu Mask Mode (Modo da Máscara) aparecerá no mesmo nível do nome de cada máscara na linha do tempo).

   Agora as letras não estão visíveis, uma vez que esse modo exibe apenas as áreas onde uma máscara corta a outra máscara.

2. Selecione a camada sólida J e escolha Effect (Efeito) > Render (Apresentar) > Stroke (Pincelada).

3. Selecione o efeito Stroke na janela Effect Controls e escolha Edit > Duplicate (Duplicar).

4. Defina a propriedade Path do efeito Stroke para uma máscara diferente na camada atual.

5. Defina a propriedade Paint Style de cada efeito Stroke para On Original Image.

6. Repita as etapas de 2-5 para cada camada sólida, mas com as seguintes modificações:

   Na etapa 3, duplique o efeito, quantas vezes precisar, para ter um efeito Stroke para cada máscara na camada. As camadas A e S têm três máscaras e a camada O tem duas máscaras; a camada N tem apenas uma máscara, portanto, você pode pular a etapa 3 para ela.

Na etapa 5, defina Paint Style dos efeitos das camadas O e N para On Transparent.

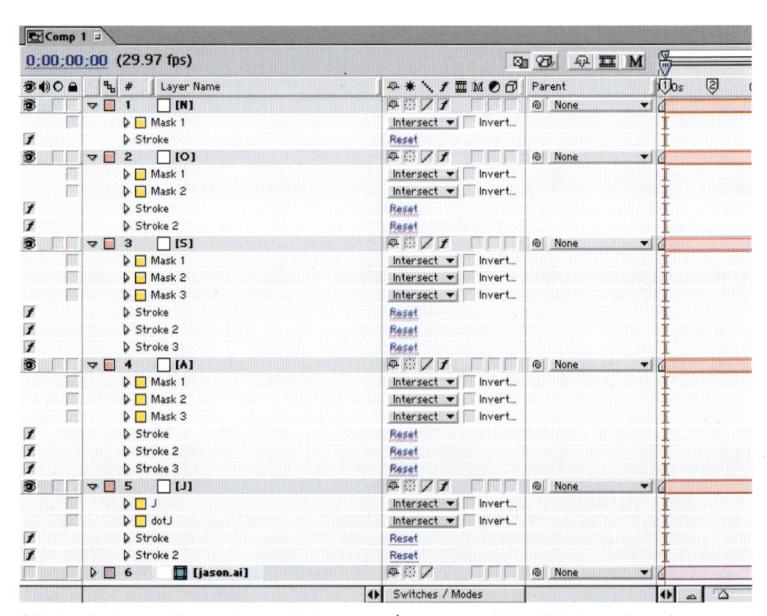

A linha do tempo Comp 1, com todas as máscaras e efeitos Stroke colocados

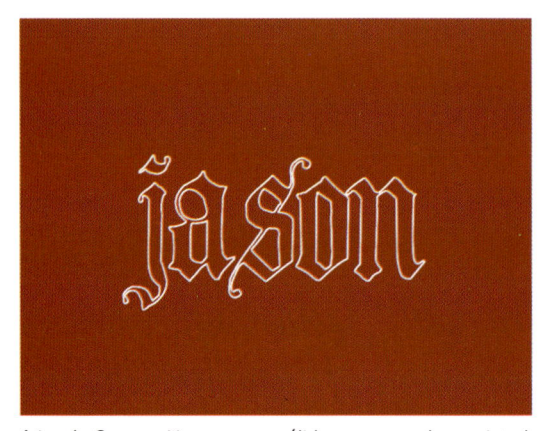

A janela Composition com os sólidos mascarados e pintados

Como Adicionar Estrelas Para Cada Letra

Cada máscara no projeto final tem uma estrela que viaja sobre ela quando o caminho pintado é exibido. Em seguida, você adicionará uma cópia do arquivo **star.ai** à composição, para toda máscara na linha do tempo:

1. Adicione o arquivo **star.ai** à linha do tempo, no tempo 0;00. Duplique-o 10 vezes para que tenha 11 camadas star.ai, uma para cada máscara.

2. Mova as camadas star.ai na pilha de linhas do tempo, para que tenha uma camada star.ai acima de uma camada sólida para cada máscara, na camada sólida. Por exemplo, como a camada sólida J contém duas máscaras, você deverá mover duas camadas star.ai acima da camada sólida J na linha do tempo.

3. Renomeie as camadas star.ai como star_*letra*, onde *letra* representa o nome do sólido sobre o qual a camada star.ai está acima.

4. Pressione Ctrl (Windows) ou Command (Mac OS) e clique em cada uma das camadas de estrela para selecioná-las. Pressione S para exibir suas propriedades Scale e defina Scale para 75, 75% para todas as camadas de estrela.

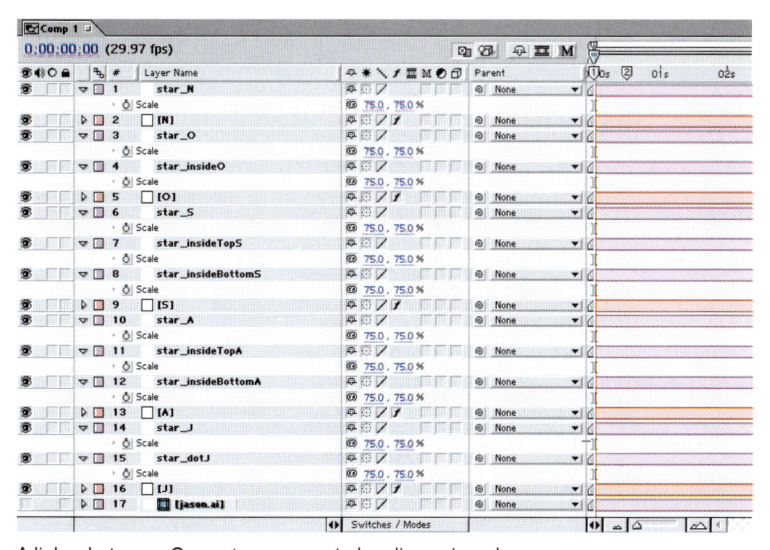

A linha do tempo Comp 1 com as estrelas dimensionadas

Como Animar as Estrelas

Você ficou preocupado que a animação de 11 estrelas minúsculas, em torno dos caminhos das letras, seria chata e tediosa, especialmente uma vez que esses caminhos são bem complexos. E quando dissermos que a animação requer várias dezenas de quadros-chaves móveis por estrela, provavelmente você já estará indo para o próximo capítulo... mas não tenha medo! É copiar e colar sempre, garota!

Nota: Desta vez, ao invés de copiar todos os caminhos em uma letra, precisará copiar um caminho de cada vez.

1. Volte para o Illustrator e expanda a camada J na palheta Layers (Camadas) para exibir seus caminhos.

2. Clique o botão com círculo de destino à direita do caminho, que compõe o corpo da letra J e então escolha Edit > Copy.

Como selecionar e copiar um caminho de cada vez no Illustrator

3. Volte para o After Effects, selecione a camada star_J e pressione P para exibir sua propriedade Position.

4. Vá para o tempo 0;15, selecione a propriedade Position da camada e então cole. Um monte de quadros-chaves Position aparecerá para todos os pontos que compõem o caminho da parte inferior do corpo da letra *j*.

5. Com a propriedade Position ainda selecionada, use as teclas com a seta em seu teclado ou a ferramenta Selection para posicionar o caminho no mesmo local da letra. (Certifique-se de que todo quadro-chave esteja selecionado [destacado]; do contrário, quando pressionar uma tecla com seta, moverá apenas um quadro-chave, ao invés de todos eles.)

   Se visualizar sua composição, verá a pequena estrela voar em torno da letra. Foi bem fácil, hein?

6. Agora, repita as etapas de 1-5 para cada camada de estrela, copiando um caminho diferente nas camadas Illustrator e colando o caminho na propriedade Position da camada de estrela correspondente no After Effects.

7. Quando tiver terminado, poderá sair do Illustrator.

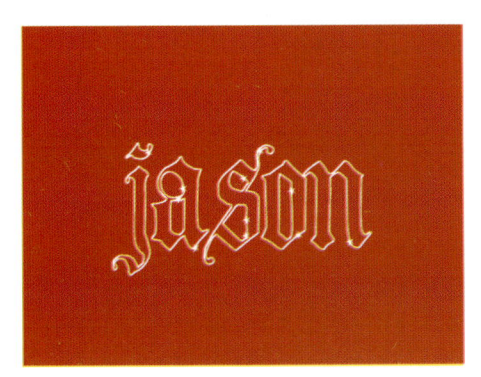

Como animar as estrelas colando os caminhos Illustrator nas propriedades Position das estrelas

Como "Desenhar" as Letras

Neste ponto, todas as estrelas viajam nos caminhos das letras, portanto, o pior já passou. Agora, você precisa fazer com que pareça que as estrelas estão desenhando as letras na tela. Fará isso animando o efeito Stroke de cada letra, simultaneamente:

1. Selecione todas as camadas sólidas na linha do tempo, Pressione E para exibir seus efeitos Stroke e então, expanda cada efeito para exibir suas propriedades.

2. Vá para o tempo 0;15 e defina Start de cada efeito Stroke para 0% e End para 0%. Adicione um quadro-chave à propriedade Start de cada efeito.

3. Vá para o tempo 2;15, onde as estrelas param de se animar e mude Start de cada efeito para 100%.

Cancele a seleção das camadas e então visualize sua animação. As estrelas deverão viajar, parecendo desenhar as letras na palavra *jason* quando se moverem.

Como animar a propriedade Start de Stroke para criar a ilusão do desenho

Como Enfraquecer e Rotacionar as Estrelas

Em seguida, você animará Opacity, Position e Rotation das estrelas para que elas aumentem e diminuam de intensidade, enquanto giram no caminho inteiro:

1. Selecione todas as camadas de estrela na linha do tempo e pressione P para exibir suas propriedades Position. Você deverá ver muitos pontos redondos (os quadros-chaves Position móveis) suportados por dois quadros-chaves Position normais.

2. Pressione Home para ir para o tempo 0;00 e então mova as camadas de estrela para algum outro lugar na composição.

3. Pressione Shift+T para exibir as propriedades Opacity das camadas, ao lado de suas propriedades Position.

4. Faça com que as estrelas aumentem de intensidade adicionando um quadro-chave 0% Opacity no tempo 0;00 e um quadro-chave Opacity 100% no tempo 0;15 para cada camada de estrela.

5. Vá para o tempo 2;15, selecione todas as camadas de estrela, pressione T para exibir suas propriedades Opacity e então adicione um quadro-chave 100% Opacity a cada estrela.

6. Vá para o tempo 3;00 e mude Opacity de cada camada da estrela para 0%.

7. Mova cada camada da estrela para uma nova posição única na composição, para que as estrelas pareçam enfraquecer a partir das letras que acabaram de desenhar. Considere fazer com que cada estrela viaje em uma direção, para a qual já está direcionada.

8. Vá para o tempo 0;00 e adicione um quadro-chave 0 x +0.0 Rotation a cada camada da estrela.

9. Vá para o tempo 3;00 e mude Rotation de cada camada da estrela para 5 x +0.0 para fazer com que cada estrela gire cinco vezes, de 0 a 3 segundos.

Como Inverter o Tempo

Você fez muito trabalho na seção anterior para trazer as estrelas e adicionar alguma nuança à sua aparência e movimento. Para obter esses mesmos resultados no final da linha do tempo, mas no tempo inverso, pode parecer ser muito trabalho; mas não é, quando você terceiriza o trabalho de um Keyframe Assistant!

1. Selecione uma camada da estrela e pressione U para exibir seus quadros-chaves.

2. Clique no primeiro nome da propriedade para selecioná-lo e então, pressione Shift enquanto clica em cada nome da propriedade listado, para selecionar todos os quadros-chaves para cada propriedade animada na camada da estrela. Selecionando o nome de uma propriedade, você irá assegurar que selecionou todos os quadros-chaves da propriedade.

3. Escolha Edit > Copy para copiar os quadros-chaves.

4. Vá para o tempo 7;00 e cole os quadros-chaves.

5. Com os novos quadros-chaves ainda selecionados, escolha Animation (Animação) > Keyframe Assistant (Assistente do Quadro-Chave) > Time-Reverse Keyframes (Inverter Tempo dos Quadros-Chaves). Esse comando move os quadros-chaves selecionados no tempo, invertendo a animação.

6. Repita as etapas de 1-5 para cada camada da estrela.

7. Repita as etapas de 1-5 para as camadas da letra, mas vá para o tempo 7;15 na etapa 4, ao invés do tempo 7;00.

Grave e reproduza sua animação. Todas as letras serão apagadas perto do final da composição, com as estrelas enfraquecendo e voando.

Agora Experimente Isto

Nosso filme final contém uma estrela estilizada, girando no segundo plano. Para criar isso, tudo que precisa fazer é girar diversas cópias de um arquivo Illustrator que fornecemos. Para fazer girar as camadas o mais facilmente possível, você atribuirá uma camada Null Object às camadas do segundo plano e então irá rotacionar o objeto nulo uma vez para rotacionar todas as camadas do segundo plano:

1. Crie uma nova composição denominada Background, usando NTSC D1 Square Pix, uma predefinição de 720 x 540, com Duration definida para 10;00 segundos e a cor do segundo plano definida para branco (RGB: 255, 255, 255).
2. Adicione **StarBackground.ai** da janela Project à linha do tempo em 0;00.
3. Escolha Layer > New (Novo) > Null Object (Objeto Nulo) e defina Anchor Point (Ponto Âncora) da camada para 50,50.
4. Duplique a camada StarBackground cinco vezes para que tenha seis camadas StarBackground.
5. Selecione todas as camadas StarBackground, pressione R para exibir suas propriedades Rotation e adicione um quadro-chave 0 x +0.0 Rotation a cada.
6. Vá para o tempo 1;00. Mude Rotation da segunda camada StarBackground na pilha para 0 x +30 e então, defina Rotation de cada camada StarBackground abaixo dela para 30 graus a mais, em relação à última. Isso definirá a posição de cada camada.

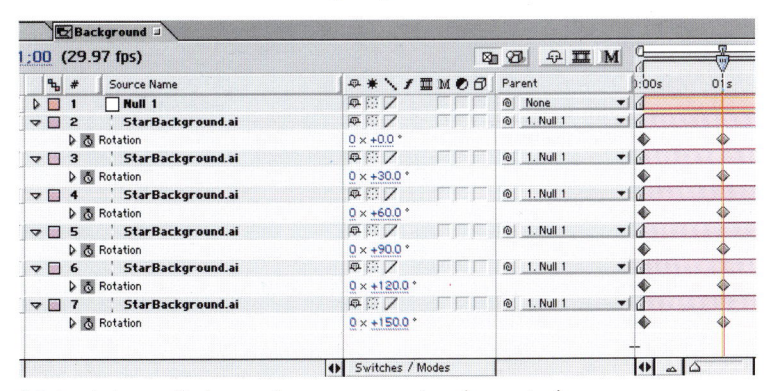

A linha do tempo Background, com os segundos planos girados

7. Pressione Shift e clique na propriedade Rotation de cada camada StarBackground para selecionar todas e então, escolha Edit > Copy para selecionar todos os seus quadros-chaves Rotation.
8. Vá para o tempo 9;00 e cole os quadros-chaves.
9. Com todos os novos quadros-chaves Rotation ainda selecionados, escolha Animation > Keyframe Assistant > Time-Reverse Keyframes.
10. Com todas as camadas StarBackground selecionadas, arraste o controle de seleção (o botão com rabicho ondulado) de uma das camadas na coluna Parent para a camada Null 1.
11. No tempo 0;00, adicione um quadro-chave 0 x +0.0 Rotation à camada Null.
12. Pressione a tecla End para ir até o final da linha do tempo e então, defina Rotation para 8 x +0.0. Feche a composição Background.

Como animar o segundo plano

13. Vá para a linha do tempo Comp 1 e adicione a composição Background à parte inferior da pilha.
14. Duplique a camada Background e defina Opacity de ambas as camadas Background para 30.
15. Defina Scale da camada Background inferior para 200, 200%.
16. Ative a chave Continuously Rasterize de ambas as camadas.

Capítulo 9

Abertura da Empresa

O Adobe After Effects vem com muitos efeitos e a versão Professional contém ainda mais. No entanto, todos sabem que você nunca tem efeitos suficientes para escolher. (Tantos efeitos, tão pouco tempo...). Quando você não puder produzir um certo efeito usando as ferramentas nativas no After Effects ou quiser um método diferente, poderá usar os efeitos que funcionam no After Effects, mas que são fornecidos por outras empresas como a DigiEffects, Profound Effects e Boris FX. O projeto deste capítulo usa os efeitos produzidos pela Boris FX e Zaxwerks.

Este projeto é uma abertura para um vídeo associado. Ele apresenta uma barra dourada que voa a partir de trás do observador; o logotipo da empresa é um soldado na barra, com faíscas que voam.

Funciona Assim

Verifique o **Ch9FinishedProject.mov** na pasta deste capítulo no DVD do livro para ver o anúncio que você criará neste capítulo. Este projeto mostra como construir e animar os elementos em 3D usando um efeito Boris FX e criar a revelação de um logotipo exclusivo, usando outro efeito produzido pela Boris FX. Você usará ainda graduações e modos de mistura para criar alguma atmosfera. O projeto mostra como fazer:

A barra dourada voa a partir de trás do observador

1. Desenhe e anime uma graduação colorida para o segundo plano do projeto.

2. Crie uma camada de texto com paginação sobre o segundo plano.

3. Use o efeito 3D Invigorator da Boris FX com alguns arquivos Adobe Illustrator para construir uma barra dourada em 3D e o logotipo da empresa, e animar a barra na cena.

As faíscas voam quando o logotipo é marcado na barra dourada

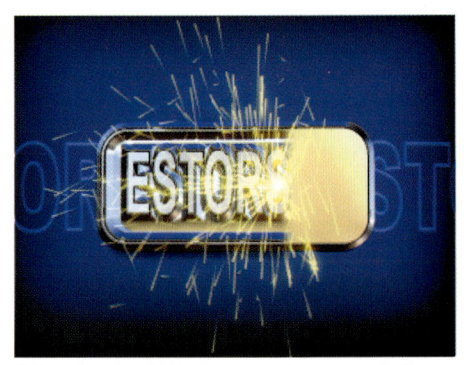

4. Use técnicas de mascaramento, o efeito BCC Sparks da Boris FX e o efeito Lens Flare para criar o efeito do logotipo sendo soldado na barra dourada.

O logotipo é exibido da esquerda para a direita

Como Preparar o Trabalho

Este projeto usa o efeito BCC Sparks da coleção Boris FX Continuum Complete. Se você não possuir este efeito, poderá instalar uma versão experimental dele no DVD deste livro ou carregar do site Web Boris FX.

Também precisará da versão Classic 3.0.9 da extensão Zaxwerks 3D Invigorator, que é fornecida em seu próprio CD com as versões Professional do Adobe After Effects 6.5 ou do Adobe Vídeo Collection. Se tiver a versão Standard de um dos produtos, poderá instalar uma versão experimental no DVD deste livro ou carregar do site Zaxwerks.

Para preparar este projeto, faça o seguinte:

1. Inicie um novo projeto e grave-o como Ch9CorporateLogo.

2. Se não tiver o efeito 3D Invigorator da Zaxwerks e o efeito BCC Sparks da Boris FX instalados no After Effects, instale-os. Assim que estiverem instalados, os submenus Zaxwerks e BCC aparecerão no menu Effect (Efeito), no After Effects.

3. Crie uma nova composição denominada Master Comp usando Medium, uma predefinição com 320 x 240, defina a cor do segundo plano para preto (RGB: 0, 0, 0) e Duration (Duração) para 5;00.

Como Criar o Segundo Plano

Você construirá o segundo plano azul e preto deste projeto usando um sólido e animando o efeito Ramp. Siga estas etapas:

1. No tempo 0;00, crie uma nova camada Solid com o tamanho da composição denominada Background, usando qualquer cor. O efeito que você aplicará na próxima etapa anulará a cor do sólido.

2. Aplique Effect > Render (Apresentar) > Ramp (Variar) no sólido.

3. Defina Start Color do efeito para uma tonalidade vibrante de azul (RGB: 100, 0, 255) e End Color para preto (RGB: 0, 0, 0).

4. Para começar a animar a graduação colorida do efeito, adicione um quadro-chave às propriedades Start of Ramp e End of Ramp no tempo 0;00.

5. Defina Start of Ramp do efeito para 160, -50 e End of Ramp para 160, 0. Agora as cores inicial e final da graduação começarão fora da tela e a composição será preenchida com preto.

6. Vá para o tempo 2;00 e mude Start of Ramp para 160, 120 e End of Ramp para 160, 240.

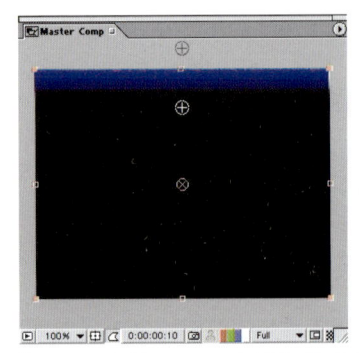

No tempo 0;10, as cores inicial e final do efeito estão apenas surgindo na tela

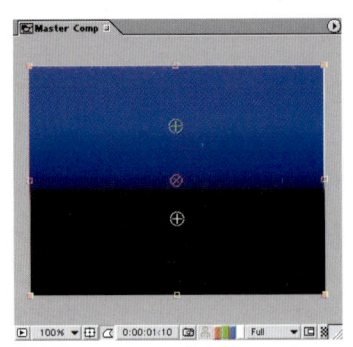

No tempo 1;10, você pode ver, claramente, os ícones (sinais de mais circulados) que marcam as posições Start of Ramp e End of Ramp do efeito

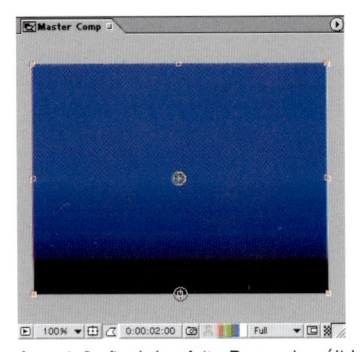

A posição final do efeito Ramp do sólido

Como Paginar o Texto

Nesta seção, você usará o efeito Offset, de modo muito parecido com o uso da propriedade Position, para animar o texto a fim de que ele pareça paginar na tela. E mais, usará um modo de mistura para integrar o texto no segundo plano:

1. Pressione Home para voltar para o tempo 0;00 e defina as seguintes propriedades na palheta Character (Caractere):

    Font Family: Arial Black

    Font Size: 48 pixels

    Fill Color: None

    Stroke Color: White

    Stroke Width: 1.5

    Tracking: 0

2. Para criar uma camada de texto no meio da composição, escolha Layer (Camada) > New (Novo) > Text (Texto) e então digite o nome da empresa: ESTORSYS.

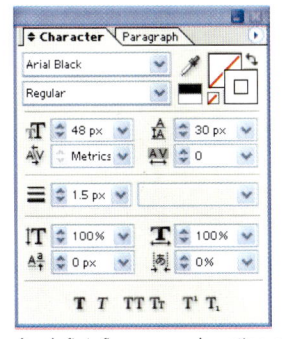

As definições para o logotipo da empresa

3. Na coluna Modes da linha do tempo (Timeline), defina Blending Mode da camada de texto para Classic Color Dodge. Isso fornecerá às letras uma cor rosa, que você mudará em algumas etapas.

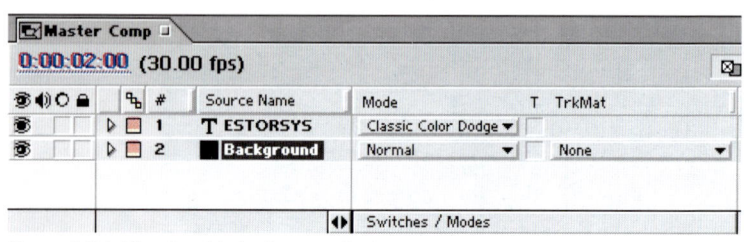

Como definir Blending Mode da camada de texto

4. Aplique Effect > Distort (Distorcer) > Offset (Deslocar) na camada de texto.

5. Ainda no tempo 0;00, adicione um quadro-chave à propriedade Shift Center To do efeito com um valor 160, 120.

6. Pressione a tecla End para ir até o final da linha do tempo, no tempo 4;29 e então mude o valor Shift Center To para –160, 120.

7. Selecione a camada ESTORSYS, escolha Layer > Pre-Compose (Compor Previamente) e clique em OK.

8. Defina Blending Mode da camada composta previamente para Classic Color Burn. Agora, a cor rosa da camada mudará para matizes de azul, que complementam o segundo plano.

Grave a composição e então visualize seus resultados. Assim que a graduação azul estiver sob o texto, você deverá ver o texto em segundo plano, paginando-se da direita para a esquerda, com um loop contínuo.

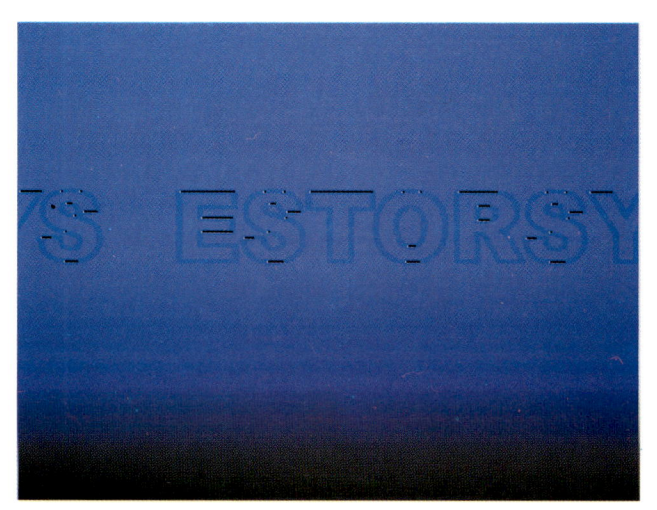

O nome da empresa se pagina da direita para a esquerda

Como Construir a Barra Dourada

Você criará a barra dourada aplicando o efeito Zaxwerks 3D Invigorator em uma camada sólida e deslocando o sólido em 3D, com a ajuda de um arquivo Illustrator 2D. Assim que o efeito tiver sido definido, também poderá aperfeiçoar a imagem ajustando as luzes para controlar os reflexos.

Importante: Se você ainda não instalou a extensão 3D Invigorator no After Effects, precisará fazer isso antes de completar esta seção. Poderá carregar uma versão demo da extensão 3D Invigorator no site Web da Zaxwerks em **http://www.zaxwerks.com**.

1. Vá para o tempo 1;00 e crie uma camada Solid com o tamanho da composição, denominada Gold Bar 1. Pode ter qualquer cor, uma vez que o efeito aplicado determinará a cor do sólido.

2. Aplique Effect > Zaxwerks > 3D Invigorator na camada sólida.

3. Na caixa de diálogos Open (Abrir) que aparece, selecione o arquivo **rectangle1.ai** localizado na pasta deste capítulo no DVD do livro e clique em Open.

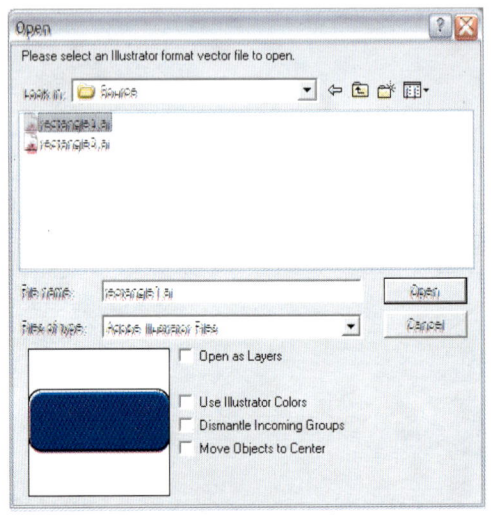

O efeito 3D Invigorator pede que você selecione um arquivo com o qual trabalhar

4. Vá para o tempo 2;00 e expanda o grupo de propriedades Camera na janela Effect Controls.

5. Adicione um quadro-chave a toda propriedade Camera listada e defina os valores para:

    Camera Eye X: 300

    Camera Eye Y: 500

    Camera Eye Z: 500

    Camera Target X: 0.00

    Camera Target Y: 0.00

    Camera Target Z: 0.00

    Camera Distance: 330.00

    Camera Tumble Left: 0.00

    Camera Tumble Up: 0.00

    Camera Ortho Size: 500.00

Capítulo 9 – ABERTURA DA EMPRESA | **181**

6. Clique no botão da câmera ao lado de Update na janela Effect Controls para renovar a visualização Scene.

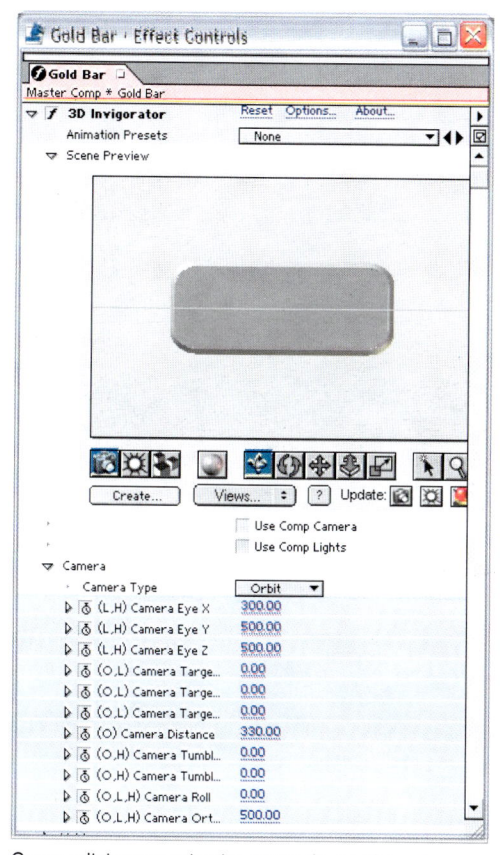

Como adicionar o primeiro grupo de quadros-chaves para o efeito 3D Invigorator

As novas etapas adicionarão textura e animarão o sólido:

1. Clique em Options (Opções) no canto superior direito da janela Effect Controls para abrir a caixa de diálogos 3D Invigorator Set-Up Window (Janela de Configuração do 3D Invigorator). Escolha um estilo dourado na ficha Object Styles (Estilos de Objeto) para aplicar em seu sólido, arraste o estilo para a parte central do retângulo e para a borda do retângulo. Clique em OK quando estiver satisfeito com sua aparência.

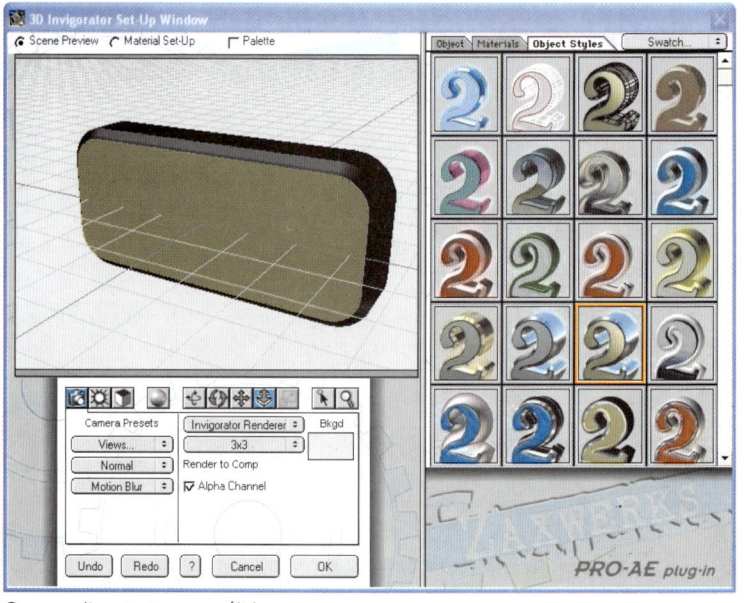

Como aplicar textura no sólido

2. Vá para o tempo 1;00 e digite os valores para mover o sólido para frente do observador:

Camera Target X: 0.00

Camera Target Y : 0.00

Camera Target Z: 30.00

Camera Distance: 1.00

Camera Tumble Left: -70.00

Camera Tumble Up: 70.00

Camera Ortho Size: 25.00

O objeto não está visível na janela porque foi movido para fora da tela no tempo 1;00.

Como Adicionar a Camada Logo

Esta é a seção do projeto onde entra a diversão pirotécnica. Você ocultará o logotipo sob uma máscara e irá mostrá-lo com faíscas e uma explosão de luz:

1. Vá para o tempo 2;00 e adicione uma nova camada sólida com o tamanho da composição denominada Logo, com qualquer cor.

2. Aplique Effect > Zaxwerks > 3D Invigorator na camada Logo e abra o arquivo **Rectangle 3.ai** quando solicitado.

3. Clique em Options na janela Effect Controls para a camada Logo e aplique o mesmo Object Style aplicado na camada Gold Bar 1.

4. Selecione a camada Gold Bar na linha do tempo, pressione U para exibir todos os seus quadros-chaves e copie apenas os quadros-chaves que estão no tempo 2;00.

5. Selecione a camada Logo e cole os quadros-chaves no tempo 2;00. Esses quadros-chaves irão se alinhar com a camada Gold Bar.

6. Selecione a camada Logo e escolha Layer > Pre-Compose; nomeie a nova composição como Logo Comp 1 e clique na opção Move All Attributes Into The New Composition (Mover Todos os Atributos Para a Nova Composição). Compondo previamente a camada Logo, você irá assegurar que a máscara se aplicará corretamente na camada, depois dos seus efeitos serem aplicados.

7. Use a ferramenta Rectangle Mask para desenhar um contorno em volta da camada Logo, deixando muito espaço entre o sólido e a máscara.

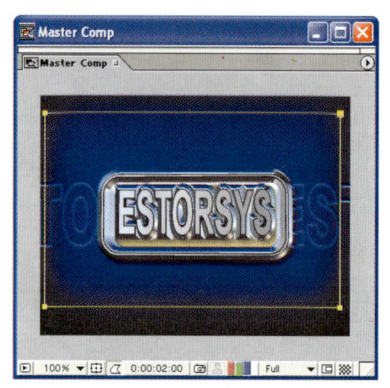

Como mascarar a camada Logo Comp 1

8. Vá para o tempo 3;00 e adicione um quadro-chave a Mask Shape do efeito.

9. Vá para o tempo 2;00 e mova a máscara para a esquerda, passando um pouco da borda esquerda do logotipo. Esses dois quadros-chaves irão limpar o logotipo na exibição, da esquerda para a direita.

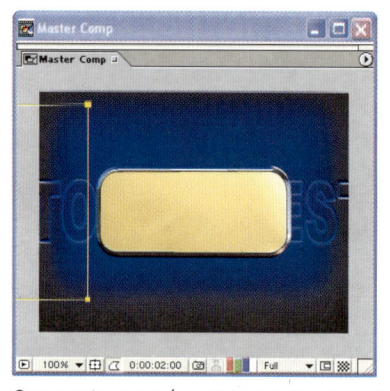

Como animar a máscara para iniciar fora da tela e entrar a partir da esquerda

10. Mude Mask Feather do efeito para 7, 7 a fim de suavizar a borda direita da limpeza, que leva à revelação do logotipo.

Como Aplicar as Faíscas

As faíscas usadas neste projeto foram criadas com o efeito BCC Sparks, da coleção de efeitos Boris FX Continuum Complete. Se você não tiver essa coleção, poderá carregar uma cópia demo em: **http://www.borisfx.com** para usar nesta seção. Ou poderá ser capaz de criar um efeito parecido usando o efeito Particle Playground no After Effects Professional (mas, nesse caso, é com você). Siga estas etapas:

1. Vá para o tempo 2;00 e adicione uma camada sólida com o tamanho da composição denominada Sparks e colorida de preto (RGB: 0, 0, 0).

2. Aplique Effect > BCC3 Generator > BCC Sparks no novo sólido.

3. Clique no cronômetro Producer XY para criar um quadro-chave para a posição do efeito. Defina o valor do quadro-chave para 65, 120 para que as faíscas comecem na borda esquerda da camada Logo Comp 1.

4. Clique no cronômetro Spread para adicionar um quadro-chave para a propriedade e defina seu valor para 180.

5. Defina Velocity do efeito para 220.

6. Expanda o grupo de propriedades Orientation do efeito e defina Rotate para –90.

7. Vá para o tempo 3;00 e mude o valor Producer XY para 255.0, 120.0, a fim de mover as faíscas para a borda direita da camada Logo Comp 1.

8. Mude Spread para 360 para expandir a direção, na qual as faíscas voam quando o efeito se move.

9. Pressione Alt+] (Windows) ou Option+] (Mac OS) para cortar o ponto Out (Fora) da camada Sparks no tempo 3;00.

10. Defina Blending Mode da camada Sparks para Screen, na coluna Modes da linha do tempo, para que as camadas fiquem visíveis.

Grave e visualize seus resultados. As faíscas deverão mover-se da esquerda para a direita, quando o logotipo ficar sem máscara.

Como Criar uma Luz Trêmula

Uma luz trêmula sobre as faíscas que voam, adiciona calor ao efeito. Se você vir o filme final deste capítulo no DVD, verá que as faíscas deixam um rastro um pouco para trás da luz trêmula, quando ela viaja no logotipo, fazendo com que a luz pareça queimar o dourado. Eis as etapas:

1. Vá para o tempo 2;00 e crie uma nova camada sólida com o tamanho da composição denominada Light Flicker preta (RGB: 0, 0, 0).

2. Aplique Effect > Render > Lens Flare (Brilho na Lente) no sólido e deixe as definições defaults do efeito.

3. Selecione a camada Spark na linha do tempo e pressione U para exibir seus quadros-chaves. Selecione a propriedade Producer XY do efeito, para selecionar todos os três quadros-chaves e então escolha Edit (Editar) > Copy (Copiar) para copiá-los.

4. Expanda o efeito Lens Flare da camada Light Flicker na linha do tempo, selecione a propriedade Flare Center e cole os quadros-chaves copiados na etapa anterior.

5. Ainda no tempo 2;00, adicione um quadro-chave à propriedade Flare Brightness do efeito Lens Flare e defina o quadro-chave para 150%.

6. Vá para o tempo 3;00 e mude o valor para 0%.

7. Pressione Alt +] (Windows) ou Option +] (Mac OS) para cortar o ponto Out da camada Light Flicker no tempo atual.

8. Defina Blending Mode da camada Light Flicker para Screen na coluna Modes.

Dica: A tecla de atalho para alternar entre a exibição das colunas Switches e Modes é F4. Você pode exibir ambas as colunas, simultaneamente, selecionando ambas no menu móvel da linha do tempo, localizado em seu canto superior direito.

9. Selecione ambos os quadros-chaves Flare Brightness da camada Light Flicker nos tempos 2;00 e 3;00 e escolha Window (Janela) > The Wiggler (O Agito) para exibir essa palheta. Mude Noise Type (Tipo de Interferência) para Jagged (Recortada), Magnitude (Grandeza) para 100 e Frequency (Freqüência) para 30 e clique em Apply (Aplicar).

The Wiggler faz com que a luz tremule entre os dois quadros-chaves.

As definições para Wiggler

Grave a composição e então clique o botão Ram Preview (Visualizar Ação) na palheta Time Controls, para ver os resultados.

Agora Experimente Isto

Os seguintes toques finais farão com que seu projeto se pareça com o filme final deste capítulo (**Ch9FinishedProject.mov**):

- Abra Logo Comp 1 e abra a janela Effect Controls. Anime o logotipo nos últimos 15 quadros do projeto (4;15-4;29) para que o logotipo se mova em direção e para frente do observador.

- Aplique Animation Preset da palheta Effects & Presets (Efeitos e Predefinições) em uma camada de texto que exiba o nome completo da empresa ELECTRONIC STORAGE SYSTEMS, para trazer a camada para a tela de 2;15 a 3;00. Coloque o texto sob a camada Logo Comp 1 na linha do tempo.

- Aplique Effect > Stylize (Estilizar) > Glow (Brilho) na camada Sparks, para aperfeiçoar as faíscas que voam.

Capítulo 10

Como Organizar o Tipo

Quando você está desenhando títulos e créditos, é um desafio capturar a atenção do público e fazer com que leiam o texto. Recentemente, eu criei um segmento de abertura para um show de TV em rede, no qual animei as letras que escreviam o nome de um personagem do seriado cômico, embaralhavam em algo sem sentido e então se organizavam para exibir o nome do ator que representava o personagem. As palavras embaralhadas que se organizam, gradualmente, podem ajudar a manter as pessoas atraídas enquanto elas tentam descobrir o que as palavras estão formando.

Depois deste projeto ser completado, você saberá como animar um texto para se organizar. E mais, animará o texto no espaço em 3D e criará um efeito de aurora boreal atrás do texto.

Funciona Assim

Para ver o que você desenhará com este projeto, verifique o arquivo **Ch10FinishedProject. mov** na pasta deste capítulo no DVD do livro. Neste capítulo, você criará uma propaganda para uma exposição eletrônica em um centro de convenções local. No processo, fará o seguinte:

1. Organize o texto usando o animador Character Offset para exibir o título.

2. Anime o texto no espaço em 3D para trazer o texto, girá-lo e enviá-lo para fora da cena.

3. Adicione um filme do segundo plano fornecido e aplique-lhe um efeito Box Blur.

4. Crie um efeito de fantasma multicolorido e atmosférico, atrás do texto.

A primeira camada do texto embaralhado entra a partir de cima

A primeira palavra se organiza enquanto a próxima palavra se embaralha

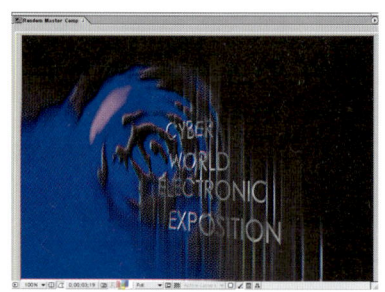

Depois que todas as quatro palavras se organizarem, as camadas giram e se separam no espaço

Como Preparar o Trabalho

Para preparar este projeto, faça o seguinte:

1. Inicie um novo projeto e grave-o como Ch10ScrambledText.

2. Importe o arquivo **Background.mov** na pasta deste capítulo no DVD deste livro.

3. Crie uma nova composição denominada Random Text Basic, usando NTSC D1, uma predefinição Square Pix 720 x 540, com Duration (Duração) de 5;00 segundos.

4. Ative o botão Title-Action Safe (Segurança da Ação do Título) na parte inferior da janela Comp, para exibir os limites fora dos quais o texto poderá ser cortado por determinados vídeos.

Como Criar as Palavras

Você sempre precisa considerar a aparência geral dos elementos (estilo da fonte, opções do segundo plano, etc.) em qualquer projeto, para ter certeza de que são adequados para o destino do projeto. Por exemplo, a legibilidade é uma consideração importante quando você está escolhendo as fontes e as cores. Algumas fontes parecem ótimas e são bem lidas quando exibidas em um computador, televisão ou página impressa, mas ficam mais difíceis de ler quando animadas.

Crie o título deste projeto com as seguintes etapas:

1. Selecione a ferramenta Horizontal Type e defina as seguintes propriedades nas palhetas Character (Caractere) e Paragraph (Parágrafo):

    Fonte Family: Century Gothic ou uma fonte parecida com o texto do título no filme do projeto final

    Size: 48 pixels

    Fill Color: verde (RGB: 0, 255, 0)

    Alignment: Center Text

> **Dica:** Clique duas vezes em uma camada de texto na linha do tempo (Timeline), para selecionar o texto e clique no nome da família de fontes na palheta Character (ao invés da seta do menu móvel). Você poderá usar as teclas com seta para cima e para baixo em seu teclado, para percorrer as fontes uma por uma, enquanto exibe a aparência de cada uma na janela Composition. Também poderá pressionar uma letra para pular para as fontes, cujos nomes começam por ela.

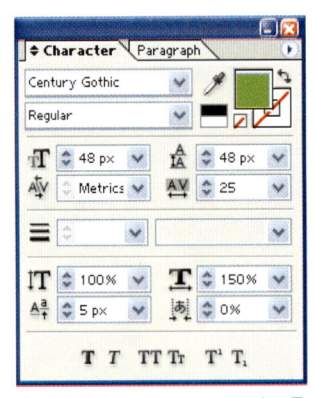

As definições para as camadas Text

2. Digite a palavra CYBER com letras maiúsculas na janela Composition e então pressione a tecla Enter no teclado numérico ou clique na ferramenta Selection na palheta Tools (Ferramentas) para sair do modo de entrada de texto.

3. Crie mais três camadas de texto para as palavras *WORLD*, *ELECTRONIC* e *EXPOSITION*. Você pode colocá-las em qualquer lugar na composição; irá reposicioná-las na próxima seção.

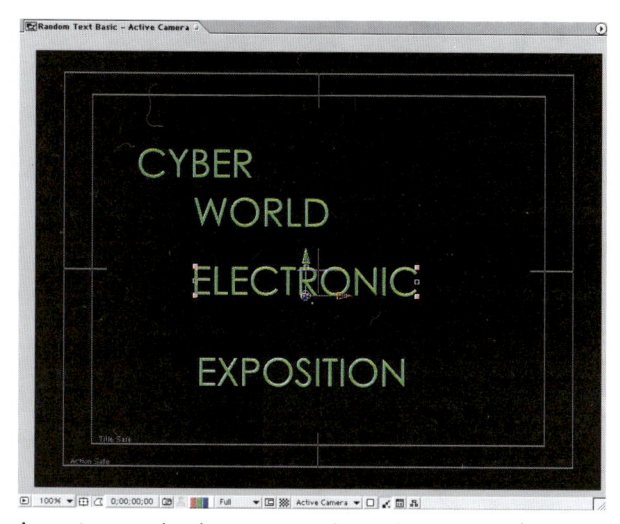

As quatro camadas de texto separadas em locais temporários

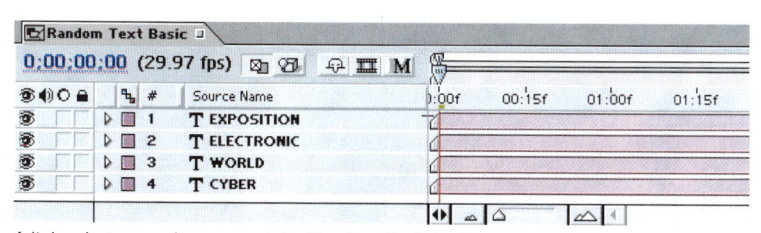

A linha do tempo da composição Random Text Basic

Como Posicionar o Texto em 3D

Nas próximas etapas, você irá configurar a posição que cada camada de texto assumirá, depois de voar no espaço em 3D, a partir de trás do usuário:

1. Selecione todas as camadas de texto na linha do tempo, ative suas chaves 3D na coluna Switches e então pressione P em seu teclado para exibir suas propriedades Position.

2. Com todas as camadas ainda selecionadas, mude seus valores X Position para 360 e seus valores Z para 0.0.

3. Cancele a seleção das camadas. Clique no valor Y Position para cada camada e forneça o seguinte valor listado, para essa camada. Pressione Tab (para avançar) e Shift+Tab (para voltar) para navegar os valores Position em uma camada e para os valores da próxima camada:

EXPOSITION: 380

ELECTRONIC: 320

WORLD: 260

CYBER: 200

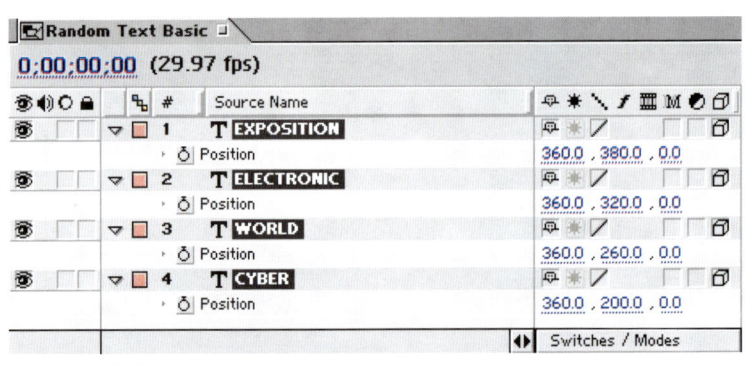

Os valores Position para cada camada de texto

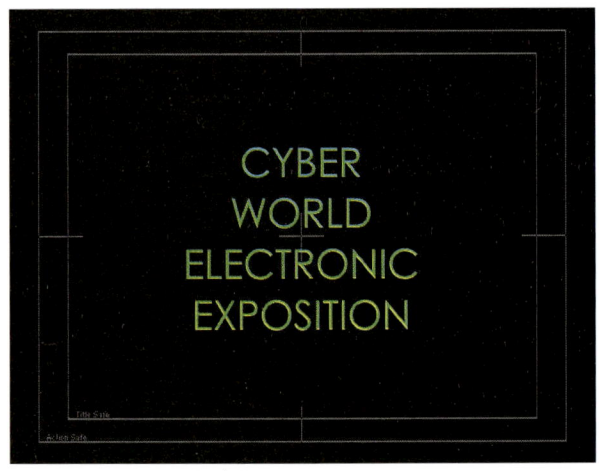

A posição de pouso do título

Como Tornar Aleatório o Texto

Você animará o tipo usando os poderosos recursos Animator, que estão disponíveis apenas para as camadas de texto – neste caso, usará o animador para embaralhar as letras com a propriedade Character Offset:

1. Pressione Home em seu teclado para ir até o tempo 0;00.

2. Selecione todas as camadas e pressione UU para exibir os grupos de propriedades Text e Transform.

3. Na camada EXPOSITION, clique na seta à direita da palavra *Animate* para exibir esse menu e escolha Character Offset (Deslocamento do Caractere).

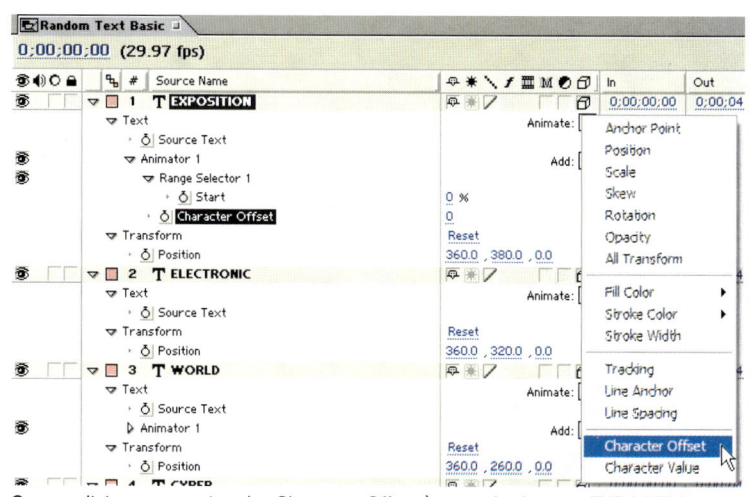

Como adicionar um animador Character Offset à camada de texto EXPOSITION

4. Adicione um quadro-chave à propriedade Character Offset, ainda no tempo 0;00 e defina-o para 40.

5. Vá para o tempo 0;15 e mude o valor Character Offset para 0.

6. Clique no nome Animator 1 para selecionar o animador inteiro e então copie-o.

7. Pressione Home para voltar para o tempo 0;00, selecione as outras três camadas e cole. Um Animator 1 e dois quadros-chaves Character Offset aparecerão no grupo de propriedades Text de cada camada na linha do tempo.

A linha do tempo com os quadros-chaves Character Offset no lugar

Como seu texto parece no tempo 0;00? Deve ser uma bagunça ininteligível, graças às definições de deslocamento dos caracteres, aplicadas nas camadas. Com um valor Character Offset 40, as letras originais são substituídas, cada uma por qualquer letra existente, 40 letras adiante alfabeticamente. Por exemplo, 40 letras adiante a partir da letra C é a letra Q. (Como há apenas 26 letras no alfabeto, você terá que começar de novo na letra A, quando atingir Z, para descobrir a letra que será exibida). Se você for para o tempo 14.20, onde Character Offset já deve estar definido para 1, verá que cada letra está apenas, a 1 caractere distante das letras no título original.

No tempo 0.14 segundos, Character Offset é 3, portanto, as letras mostradas estão três letras à frente, a partir das letras do título original

Como Coordenar o Texto

Em seguida, você precisará coordenar o tempo inicial das camadas para que cheguem na composição, uma de cada vez:

1. Exiba a coluna In na linha do tempo e defina o valor do ponto In (Dentro) de cada camada como mostrado aqui:

    EXPOSITION: 2;00

    ELECTRONIC: 1;15

    WORLD: 1;0

    CYBER: 0;15

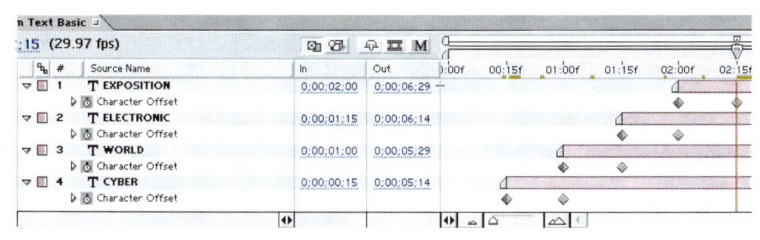

As camadas de texto coordenadas

2. Feche a coluna In na linha do tempo

Pressione Home e a barra de espaço para exibir os resultados até então. Você deverá ver uma palavra embaralhada. Assim que a palavra se organizar, uma próxima palavra embaralhada aparecerá no título.

Como Criar uma Aparência em 3D Fácil

Nesta seção, você usará uma camada Null Object para simplificar a animação das camadas no espaço em 3D. Atualmente, o projeto gera apenas as letras que se organizam. As seguintes etapas adicionarão alguma profundidade e dinamismo ao efeito. Você criará uma relação de pai nas camadas de texto para o objeto nulo, a fim de sincronizar perfeitamente o texto, animando uma camada (o objeto nulo) e mantendo as relações posicionais.

Siga estas etapas:

1. Com a composição Random Text Basic aberta, escolha View (Exibir) > New View (Nova Exibição) para abrir uma segunda janela para a composição.

2. Defina o menu móvel 3D View (Exibição em 3D) da segunda janela Comp para Top (Superior), para que possa ver os resultados das alterações feitas nas etapas a seguir.

3. Escolha Layer (Camada) > New (Novo) > Null Object (Objeto Nulo).

4. Ative a chave 3D da camada Null 1 na coluna Switches. Em sua posição default em 360, 270, 0, você pode ver o contorno quadrado do objeto nulo inteiro, sobrepondo as palavras *ELECTRONIC* e *EXPOSITION* na janela Comp.

5. Adicione um quadro-chave Position à camada Null 1 no tempo 0;00 e defina o quadro-chave para 360, 270, -890. Os valores Z negativos movem a camada Null 1, em direção ao observador, portanto agora, você pode ver apenas o canto superior esquerdo do objeto nulo.

6. Vá para o tempo 2;15 e mude Position para 360, 270, 0. Agora a camada Null 1 se distancia do observador do tempo 0;00, ao tempo 2;15 e permanece no mesmo ponto, no eixo Z das camadas de texto.

7. Ainda no tempo 2;15, adicione um quadro-chave a Orientation da camada nula e defina-o para 0.0, 300, 0.0. Observe como o objeto nulo agora se distancia em ângulo do observador, em ambas as exibições da composição.

8. Vá para o tempo 4;00 e adicione outro quadro-chave Position com o mesmo valor (360, 270, 0) do quadro-chave no tempo 2;15.

9. No tempo 4;00, mude a orientação para 0.0, 0.0, 0.0.

10. Vá para o tempo 4;29 e mude Position para 360, 270, -1020. Esse valor negativo para Z coloca o objeto nulo fora da visão atrás do observador.

11. Vá para o tempo 2;15 e bloqueie a camada nula.

12. Selecione todas as camadas, exceto a camada Null 1 e exiba a coluna Parent na linha do tempo.

13. Escolha Null 1 no menu Parent (Pai) vizinho a qualquer camada selecionada na linha do tempo, para definir o valor para todas as camadas selecionadas.

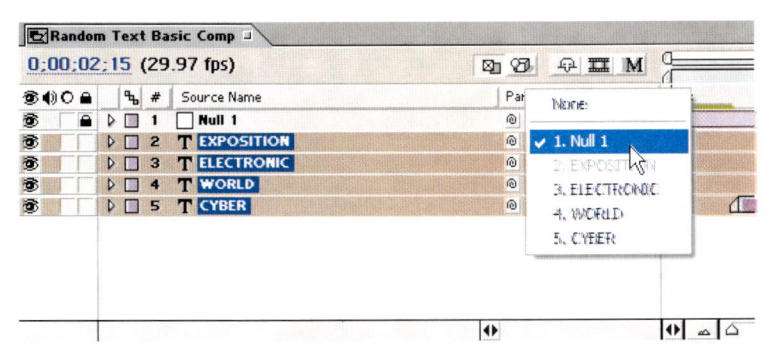

Como atribuir o objeto nulo como o pai das outras camadas

14. Com todas as camadas de texto ainda selecionadas no tempo 2;15, adicione um quadro-chave Position a cada uma delas.

15. Cancele a seleção das camadas, vá para o tempo 4;00 e mude os valores Position das camadas, como mostra a seguir:

   EXPOSITION: 0, 110, -200

   ELECTRONIC: 0, 50, -100

   WORLD: 0, 0, 0

   CYBER: 0, -70, 100

Antes de você ter mudado Positions das camadas, as camadas residiam no mesmo ponto nos eixos X e Z e diferiam apenas no valor Y. As alterações nos valores Position no tempo 4;0 criam profundidade entre as camadas, separando-as no eixo Z. Entretanto, as camadas giram quando imitam a orientação do objeto nulo.

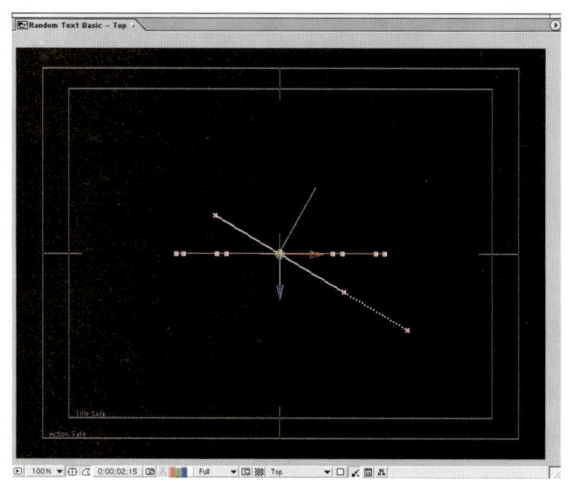

As camadas de texto exibidas de cima no tempo 2;15

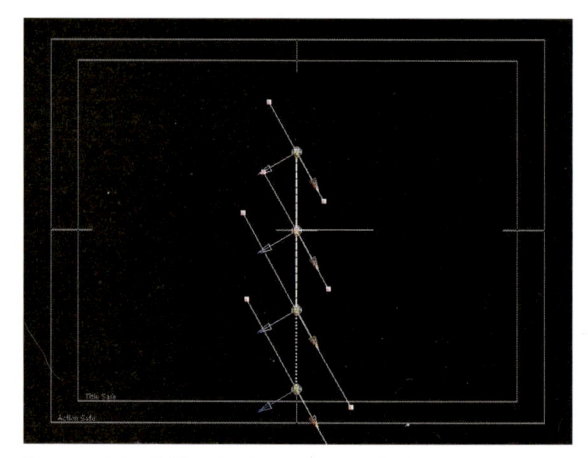

As camadas exibidas de cima no tempo 4;00

Selecione todas as suas camadas, extraia-as, bloqueie-as e grave o projeto. Se você exibir seu trabalho, as letras deverão se organizar quando voarem para a cena, ficar de frente para o observador organizadas, girar para esquerda em 30 graus e depois voar em direção e para além do observador.

Como Adicionar um Segundo Plano Atmosférico

Adicionar um segundo plano a este projeto dará ao observador um quadro de referência para o texto, que atualmente flutua solto no espaço em 3D. Felizmente, fornecemos a base para o segundo plano, oferecendo o filme **Background.mov**. Você só precisará adicionar-lhe algum acabamento:

1. Crie uma nova composição com as mesmas medidas da outra – NTSC D1 Square Pix, 720 x 540, com Duration de 5;00 – e nomeie-a como Random Master Comp.

2. Arraste a composição Random Text Basic da janela Project para a linha do tempo Random Master Comp, no tempo 0;00.

3. Para dar ao texto um preenchimento nebuloso, aplique Effect (Efeito) > Noise & Grain (Interferência e Granulado) > Fractal Noise (Interferência Fractal) na camada Random Text Basic. As definições defaults do efeito são boas.

4. Arraste o arquivo **Background.mov** da janela Project para a linha do tempo, no tempo 0.00, sob a camada Random Text Basic.

5. Mude Scale do filme Background para 115, 115% para compensar suas dimensões, que são menores que a composição. Como o segundo plano é um filme de pixel não quadrado e a composição usa pixels quadrados, haverá alguma distorção; mas neste caso, funcionará a seu favor, como um segundo plano com movimento.

6. Aplique Effect > Adjust (Ajustar) > Brightness & Contrast (Brilho e Contraste) no filme Background. Defina Brightness do efeito para –70 e Contrast para 45.

7. Adicione um efeito Box Blur com Blur Radius (Raio do Desfoque) definido para 15 e Blur Dimensions (Dimensões do Desfoque) definidas para Vertical.

Como Criar as Luzes do Texto

Nesta seção, você adicionará ao segundo plano, duplicando a camada de texto existente, animando a nova camada e mudando-a para uma sombra adicional. Poderá fazer isso facilmente, usando apenas alguns efeitos extras:

1. Duplique a camada Random Text Basic e renomeie a camada como 2 Fill Text.

2. Mude Scale da camada Fill Text para 150, 150%.

3. Aplique Effect > Blur & Sharpen (Desfoque e Nitidez) > Box Blur (Desfoque Retangular) e defina Blur Dimensions para Vertical e Iterations (Iterações) para 3.

4. Defina um quadro-chave para Blur Radius 0, no tempo 0;00.

5. Vá para o tempo 2.15 e mude Blur Radius para 55.

6. Expanda o efeito Fractal Noise da camada Fill Text e mude Blending Mode do efeito para Hue.

Agora Experimente Isto

Para adicionar os toques finais restantes, que completam a aparência do arquivo do filme **Ch10FinishedProject.mov** deste capítulo, faça o seguinte:

- Aplique Effect > Perspective (Perspectiva) > Drop Shadow (Sombra interna) na camada de texto superior (Random Text Basic) e defina Opacity do efeito para 85%, Direction para 282 graus, Distance para 80 e Softness para 20.

- Crie uma caixa retangular, algum conteúdo de suporte e um zoom de luz básico, em apenas algumas etapas:

1. No tempo 0.00, crie um sólido preto do tamanho da composição (720 x 540) e coloque-o entre a camada Random Text Basic e a camada Fill Text.

2. Use a ferramenta Rectangular Mask para desenhar sobre o centro do sólido e mude Mask Mode, da máscara para Subtract.

3. Para contornar a caixa retangular, aplique um efeito Stroke usando os valores defaults do efeito.

Capítulo 11

Como Fazer Chover Slogans

Desenhar animações de texto elaboradas no After Effects tornou-se fácil e muito divertido, quando os Animators de texto foram adicionados à aplicação. Na verdade, modifiquemos essa afirmação – animar o texto no After Effects tornou-se fácil e muito divertido *se* você descobriu como *usar* os Animators de texto. O Animator de texto e seu grupo de assistentes, os Selectors, não são *tão* difíceis de dominar, mas requerem alguma prática, quando você está acostumado a animar o texto da maneira antiga (dolorosamente lenta).

Se você não dominou o Animator de texto e seus Selectors ainda, então será bem-vindo, especialmente a quase 300 predefinições da animação de texto fornecidas na versão 6.5 do After Effects. Não só poderá usar as predefinições de animação de texto para produzir, instantaneamente, animações de texto sofisticadas, como também poderá usar os resultados de uma predefinição na linha do tempo, a fim de explorar como o Animator de texto e os Selectors funcionam. É porque as predefinições contam com uma certa combinação de Animators de texto, expressões e efeitos.

No projeto deste capítulo, você começará com várias predefinições de animação do texto e então trabalhará com os resultados para personalizar as predefinições.

Funciona Assim

Verifique o arquivo **Ch11Finished Project.mov** na pasta deste capítulo no DVD do livro. Os aspectos atraentes do filme foram criados, instantaneamente, com as predefinições de animação do texto; o resto é apenas o bom e velho trabalho pesado (não tão pesado, na verdade) feito na linha do tempo (Timeline).

As predefinições de animação do texto animam as letras para que elas se embaralhem e caiam

Você executará as seguintes técnicas:

1. Anime a escala do primeiro slogan.

2. Coloque e tire os slogans da cena usando as predefinições Raining Characters In e Raining Characters Out.

3. Anime o texto no espaço em 3D e crie um efeito de vôo de câmera para a transição, para a próxima mensagem.

4. Adicione profundidade a uma cena usando uma camada Adjustment.

As letras que caem se organizam no fim, para mostrar o texto original

5. Crie um efeito de veneziana para a seqüência do título de encerramento.

6. Faça voar o número de telefone da empresa para a tela, usando a predefinição de animação do texto Smooth Move In.

O texto voa atrás do observador para criar um efeito de vôo da câmera

Como Preparar o Trabalho

Este projeto consiste inteiramente no conteúdo criado no After Effects 6.5. A maioria das camadas de texto está contida em duas composições aninhadas. Você criará pastas em sua janela do projeto, para ajudar a organizar os elementos do projeto.

Para preparar este projeto, faça o seguinte:

1. Inicie um novo projeto e grave-o como Ch11TextPresets.

2. Crie uma pasta denominada **Comps**.

3. Crie uma nova composição denominada Base Text Comp usando NTSC D1 Square Pix, uma predefinição de 720 x 540, com Duration (Duração) de 8;00 segundos.

4. Ative o botão Title-Action Safe (Segurança da Ação do Título) da janela Composition e defina o menu móvel Magnification Ratio (Proporção da Grandeza) para 100%, para que possa ver melhor seu texto na próxima seção.

Como Criar o Primeiro Slogan

Primeiro, você irá configurar as camadas de texto que são a base para a parede de texto, que chove na cena. Trabalhará de modo inverso, dispondo a posição de pouso das camadas nesta seção, animando-as a partir de suas posições iniciais na próxima seção. Siga estas etapas:

1. Clique na ferramenta Horizontal Type na palheta Tools (Ferramentas) e defina as seguintes propriedades nas palhetas Character (Caractere) e Paragraph (Parágrafo):

    Text Size: 12 pixels

    Font Family: Arial Black

    Fill Color: branco (RGB: 255, 255, 255)

    Leading: Auto

    Horizontal Scale: 125%

    Alignment: Center Text

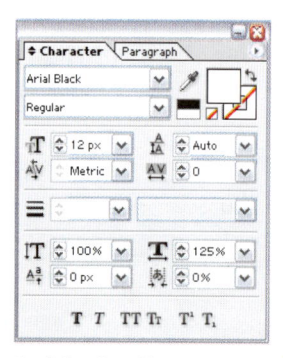

    As definições Character para a primeira camada de texto

2. Na janela Base Text Comp, digite o texto From Dreams to Ideas to Business Solutions como uma única linha de texto, no tempo 0;00 e pressione Enter no teclado numérico ou clique na ferramenta Selection para sair do modo de entrada do texto.

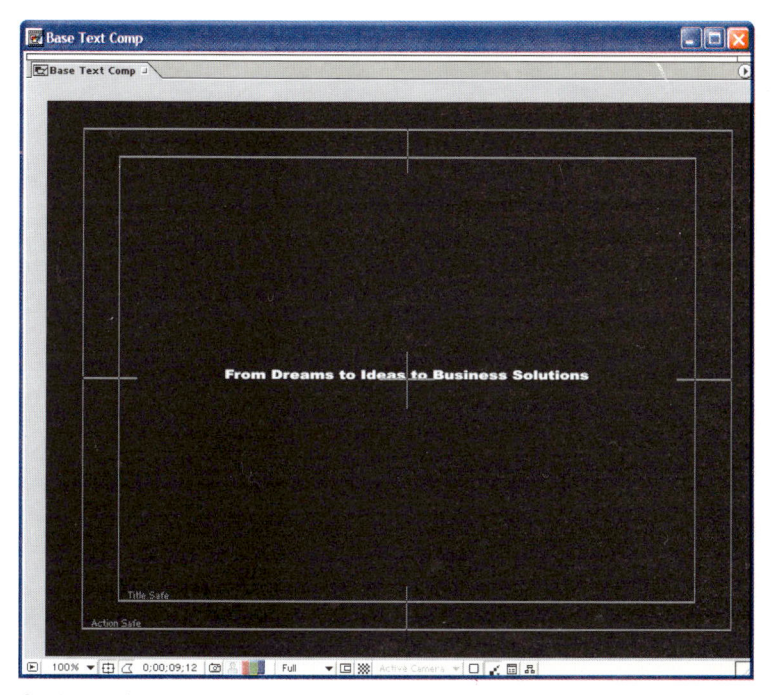

O primeiro slogan

3. Duplique a camada de texto oito vezes, para que tenha nove camadas no total.

4. Selecione todas as camadas, pressione P para exibir suas propriedades Position e mude o valor X de qualquer uma das camadas selecionadas para 360, para definir o valor para todas elas.

5. Cancele a seleção de todas as camadas e então clique no valor Y Position da primeira camada e defina-o para 100. Pressione Tab duas vezes para ir até o valor Y Position da próxima camada e mude Y Positions das camadas restantes, como mostra a seguir:

Layer 2: 360, 150

Layer 3: 360, 190

Layer 4: 360, 230

Layer 5: 360, 270

Layer 6: 360, 310

Layer 7: 360, 350

Layer 8: 360, 390

Layer 9: 360, 430

Os valores Position para as nove camadas de texto

As camadas deverão ser distribuídas igualmente entre a primeira e última camada, formando uma pilha vertical.

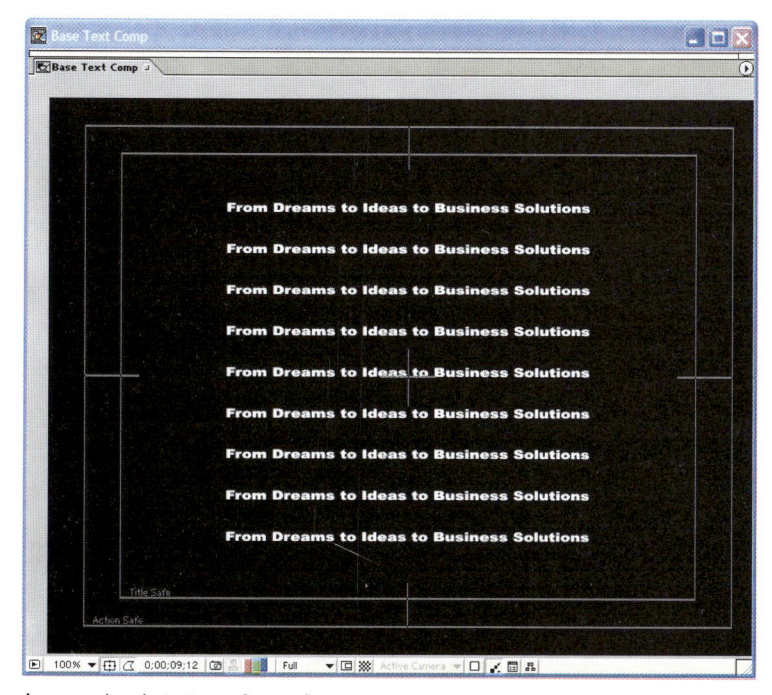

As camadas de texto em formação

Como Fazer Chover Letras no Lugar

É hora de criar instantaneamente um efeito de letras, caindo com as camadas de texto que você acabou de criar. Certamente, você mesmo poderá construir a animação, mas por que se preocupar, quando um desenhista de gráficos com movimento (um ótimo!) já fez o trabalho para você?

Para visualizar as predefinições da animação de texto à sua disposição, escolha Help (Ajuda) > Text Preset Gallery (Galeria de Predefinições do Texto). Agora, além de resmungar: "Tantos efeitos legais, tão pouco tempo...", quando trabalhar no After Effects, também irá resmungar: "Tantas predefinições brilhantes de animação do texto, tão pouco tempo...".

Prossiga como a seguir:

1. No tempo 0;00, selecione todas as camadas em Base Text Comp.

2. Na palheta Effects & Presets (Efeitos e Predefinições), expanda as pastas *Animation Presets, Text e Animate In e então clique duas vezes na predefinição Raining Characters In para aplicá-la em todas as camadas selecionadas.

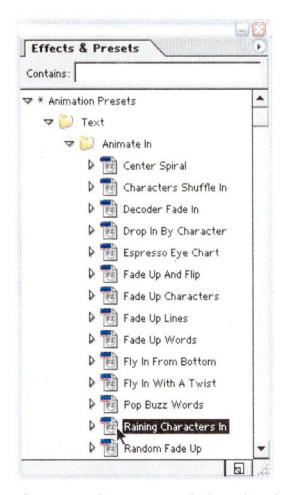

Como aplicar a predefinição da animação de texto Raining Characters In

Pressione U em seu teclado, para exibir apenas as propriedades que têm quadros-chaves; a linha do tempo exibirá Ranger Selector com quadros-chaves Offset. Range Selectors são a prova de que a predefinição Raining Characters In adicionou um Animator de texto a cada camada. Também notará que a animação começa em 1 segundo na linha do tempo, que você poderá mudar para personalizar a animação (mas faça isso quando lhe convier, depois de ter completado este projeto, gafanhoto).

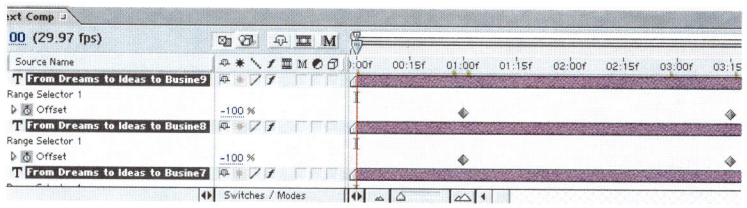

Os quadros-chaves criados pela predefinição Raining Characters In

Pressione UU para exibir todas as propriedades que foram modificadas pela predefinição, não apenas aquelas com quadros-chaves. Notará que a predefinição fez muito trabalho por você.

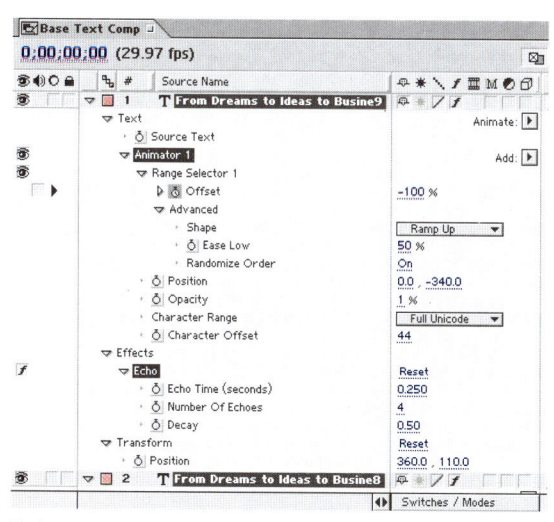

Todas as propriedades afetadas pela predefinição Raining Characters In

Clique o botão Ram Preview (Visualizar Ação) na palheta Time Controls (Controles do Tempo) para visualizar a animação. Exatamente como o nome da predefinição sugere, as letras em todas as nove camadas de texto caem a partir de cima da composição, como gotas de chuva aleatórias do tempo 1;00 ao 3;15. E mais, essa predefinição anima o texto-fonte das letras para que quando caírem, letras diferentes sejam exibidas até que as letras pousem e exibam os caracteres digitados, originalmente. Diferente dos capítulos anteriores, quando você animou o texto-fonte adicionando quadros-chaves Character Offset e Source Text, essa predefinição usa quadros-chaves Offset que funcionam em conjunto com o valor Character Offset atual.

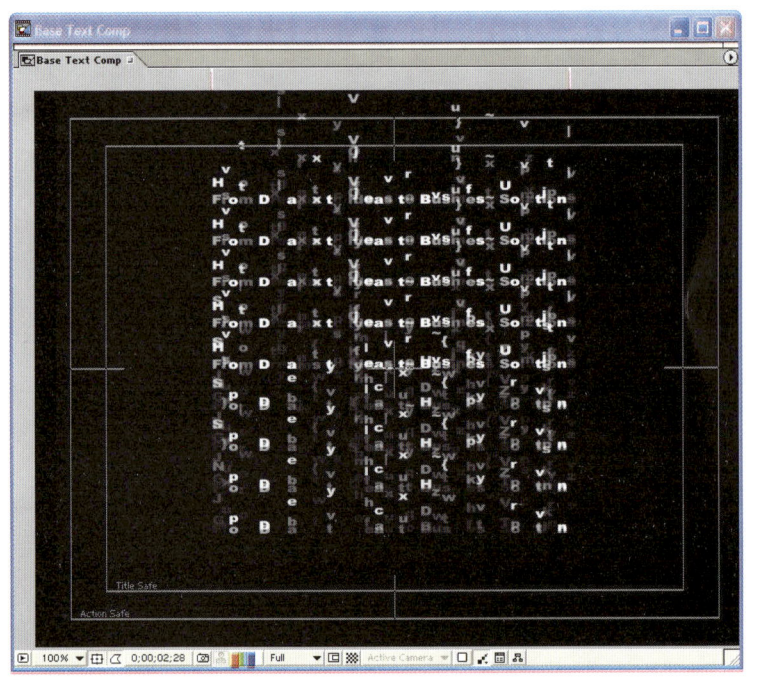

A animação no tempo 2;28

Como Voar Através do Texto no Espaço em 3D

Em seguida, você animará a parede de texto no espaço em 3D, para criar um efeito de vôo da câmera. Há mais de uma maneira de criar o efeito de vôo, mas você usará um dos métodos mais fáceis: animar uma camada Null Object e fazer com que se torne mãe de outras camadas. Eis as etapas:

1. Crie uma nova composição denominada Text Stack Comp, usando a mesma predefinição da composição de Base Text Comp: NTSC D1 Square Px, 720 x 540, com Duration de 8;00 segundos.

2. Coloque Base Text Comp na linha do tempo de Text Stack Comp, no tempo 0;00. Essas camadas serão usadas para coordenar o efeito no espaço em 3D e fornecer ao projeto, a profundidade necessária para o vôo.

3. Escolha Layer (Camada) > New (Novo) > Null Object (Objeto Nulo) para criar a camada que usará para animar a camada Base Text Comp.

4. Arraste o controle de seleção da camada de texto na coluna Parent, para a camada Null 1.

5. Ative a chave 3D para ambas as camadas na coluna Switches.

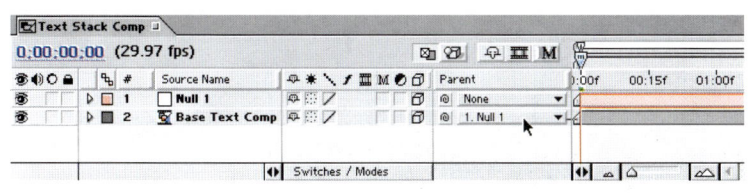

Como atribuir a camada Null Object como a mãe para a camada de texto

6. Duplique a camada Base Text Comp sete vezes para que tenha oito cópias dela.

7. Selecione todas as camadas Base Text Comp e pressione P para exibir suas propriedades Position. Cancele a seleção das camadas e então defina o valor Z Position da primeira camada Base Text Comp para 100. Mude o valor Z de cada uma das camadas Base Text Comp restantes, cada vez mais aumentando o valor em 100, em relação à anterior.

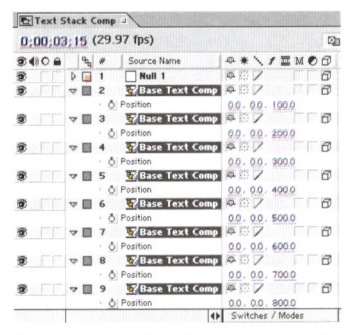

As novas posições Z para as camadas de texto

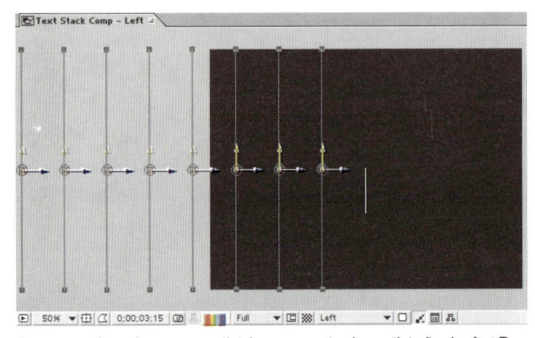

As camadas de texto exibidas a partir da exibição Left 3D

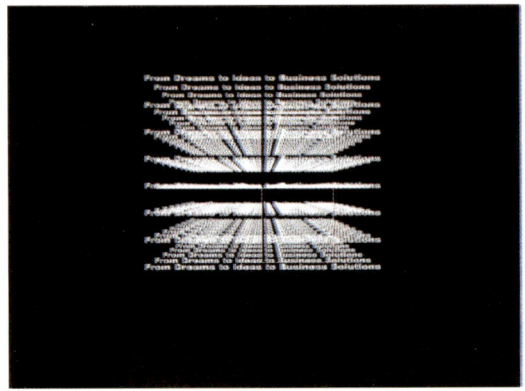

As camadas de texto exibidas a partir da exibição Active Camera

> **Dica:** Se você notar que seu sistema ficou lento, agora que ativou a chave 3D para toda camada, poderá melhorar o desempenho definindo Resolution da janela Composition para Half (Metade), sua opção Fast Previews (Visualizações Rápidas) para Adaptive (Adaptativo) e as chaves Quality das camadas de texto para Draft (Rascunho).

8. Para fazer com que as camadas de texto voem em direção e para trás do observador, adicione um quadro-chave Position à camada Null 1, com os valores 360, 275, -450.

9. Pressione End em seu teclado para ir até o tempo 7;29 e então mude o valor Z Position da camada Null 1 para –1800.

Como Clarear o Texto

Se você visualizar a animação neste ponto, notará que o texto é muito difícil de ler porque as letras parecem se mesclar, umas nas outras. Fará com que o observador se concentre na camada de texto mais superior e aumentará sua legibilidade aumentando a intensidade das camadas de texto atrás dele, mudando sua cor. Essa técnica também adicionará mais impacto, quando a camada de texto mais superior pousar no lugar:

1. Selecione as camadas Base Text Comp de 3 a 9 (deixando a camada Base Text Comp 2 não selecionada), pressione T e adicione um quadro-chave 0% Opacity no tempo 0;00.

2. Com as camadas de 3-9 ainda selecionadas, vá para o tempo 5;00 e mude seus valores Opacity para 30%. Então, vá para o tempo 6;00 e mude os valores para 70%.

3. Crie uma camada Adjustment (Layer > New > Adjustment Layer (Camada de Ajuste)) e coloque-a abaixo da camada Base Text Comp, mais superior na linha do tempo, no tempo 0;00.

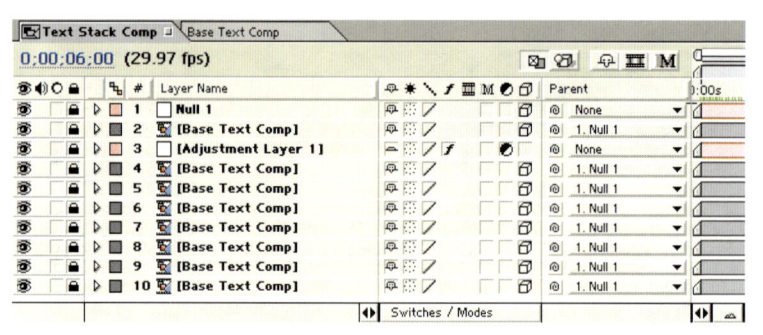

A linha do tempo Text Stack Comp completa

4. Aplique Effect (Efeito) > Image Control (Controle da Imagem) > Tint (Matizar) na camada Adjustment e defina a cor Map White To (Mapear Branco Para) do efeito para RGB: 130, 230, 254 e Amount of Tint (Quantidade de Matiz) para 100%.

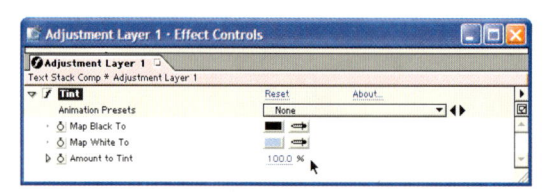

As definições do efeito Tint na janela Effect Controls

A camada Adjustment funciona exatamente como uma camada Photoshop Adjustment, portanto, as camadas abaixo da camada Adjustment na linha do tempo são afetadas por suas definições. Em seu projeto, todas as Base Text Layers, exceto a superior, deverão ser exibidas com a cor azul que você definiu na camada Adjustment.

A composição no tempo 3;00

Como Adicionar Slogans

Agora, você reunirá os elementos do projeto em uma composição-mestre. Animará um novo slogan com a predefinição Raining Characters Out e usará a animação resultante como um segundo plano desbotado:

1. Crie uma composição denominada Master Comp, usando NTSC D1 Square Pix, uma predefinição de 720 x 540, com Duration de 15;00 segundos.

2. Selecione a ferramenta Horizontal Type e defina o seguinte nas palhetas Character e Paragraph:

    Font Family: Arial Black

    Font Size: 24px

    Alignment: Center Text

3. No tempo 0;00, crie uma nova camada no meio da janela Composition escolhendo Layer > New > Text (Texto). Digite MANAGE THE FUTURE em uma linha, pressione Enter ou Return em seu teclado e digite OF YOUR BUSINESS na próxima linha.

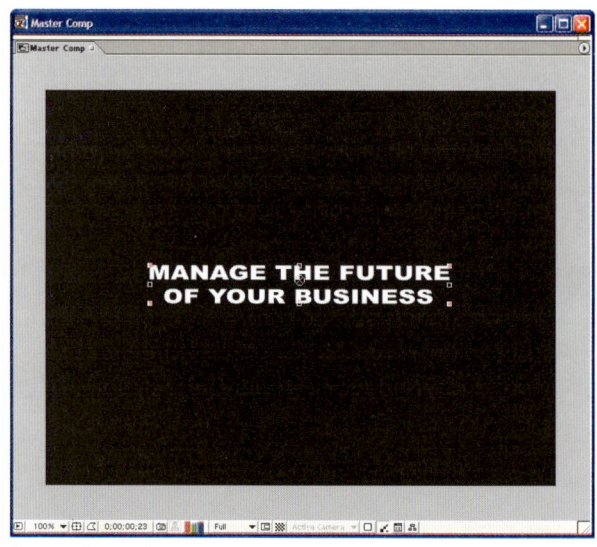

O novo slogan do texto

4. Ainda no tempo 0;00, aplique Animation (Animação) > Apply Animation Preset (Aplicar Predefinição da Animação) > Text > Animate Out (Para de Animar) > Raining Character Out (Parar de Chover Caracteres) na camada de texto.

Nota: Quando você escolher Animation > Apply Animation Preset, o After Effects deverá abrir a pasta **Presets**; senão, poderá localizar essa pasta navegando para **After Effects application folder** (Pasta da aplicação After Effects) > **Support Files** (Arquivos de Suporte) > **Presets** (Predefinições) > **Text**.

---

5. Vá para o tempo 0;00 e adicione um quadro-chave Scale 1000, 1000% e um quadro-chave 0% Opacity à camada de texto.

6. Vá para o tempo 1;00 e mude Scale para 100, 100% e Opacity para 100%.

    Esses quadros-chaves são sincronizados para aumentar a intensidade do slogan, exatamente quando a animação Text Stack Comp começa a chover as letras no texto *From Dreams to Ideas to Business Solutions.*

7. No tempo 4;00, pressione Alt +] (Windows) ou Option +] (Mac OS) para cortar o ponto Out (Fora) da camada.

8. Vá para o tempo 0;00 e adicione Text Stack Comp da janela Project à linha do tempo.

9. Vá para o tempo 7;00 e adicione Text Stack Comp à linha do tempo Master Comp novamente – mas abaixo da camada de texto MANAGE THE FUTURE. Agora, a linha do tempo tem uma Text Stack Comp começando no tempo 0;00 e outra cópia começando no tempo 7;00.

10. Defina Opacity da Text Stack Comp inferior (localizada no tempo 7;00) para 30% e não adicione um quadro-chave.

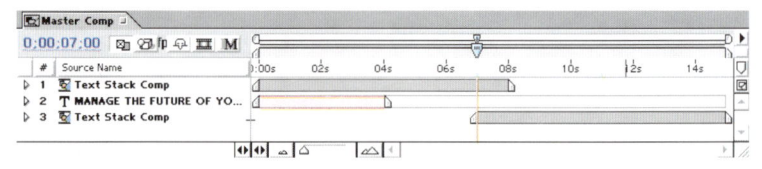

A linha do tempo Master Comp

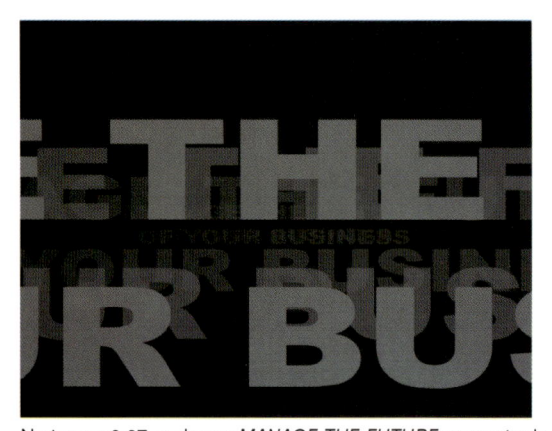

No tempo 0;07, o slogan *MANAGE THE FUTURE* aumenta de intensidade

No tempo 1;14, o texto *MANAGE*... sai da cena como chuva, quando o outro texto entra como chuva

Como Fazer Chover o Próximo Slogan

Você adicionará outro slogan ao projeto e irá animá-lo usando novamente a predefinição Raining Characters In. (As predefinições não fazem todo o trabalho necessário para você, mas são extremamente úteis, não são?). Mesmo que tenha usado a mesma predefinição para a parede de texto criada em uma seção anterior, os resultados parecerão únicos, depois de você dimensionar o texto e montar as seqüências:

1. Selecione a ferramenta Horizontal Type e certifique-se de que as propriedades nas palhetas Character e Paragraph ainda estejam definidas, como mostra a seguir:

    Text Size: 24px

    Font Family: Arial Black

    Alignment: Center Text

2. Vá para o tempo 6;00 e escolha Layer > New > Text para criar uma camada de texto no meio da janela Composition. Digite TURNING IDEAS em uma linha e INTO SUCCESS na próxima.

A camada de texto TURNING... no tempo 6;00

3. Com a nova camada de texto selecionada, escolha Animation > Recent Animation Presets (Predefinições da Animação Recente) > Raining Characters In (Fazer Chover Caracteres).

4. Adicione um quadro-chave Scale 40, 40% no tempo 6;00 e mude Scale para 100, 100% no tempo 8;00.

5. Com a camada de texto TURNING... selecionada, pressione U em seu teclado para exibir os quadros-chaves da camada. Mova o quadro-chave Offset da camada no tempo 7;00 para o tempo 6;00 e seu quadro-chave Offset no tempo 9;15 para o tempo 8;00.

Dica: Pressione Shift quando arrastar um quadro-chave, para movê-lo para um determinado ponto no tempo.

6. Mova a camada TURNING... na pilha de camadas da linha do tempo, para que seja a camada 2. Agora, a camada TURNING... fica abaixo do texto na Text Stack Comp mais superior, quando o texto da composição diminui de intensidade.

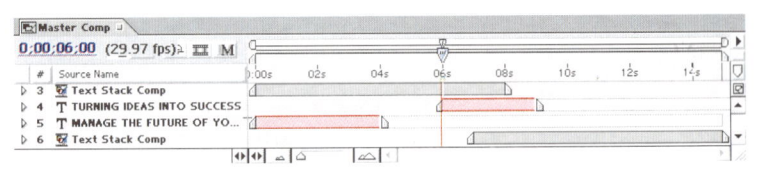

A linha do tempo Master Comp

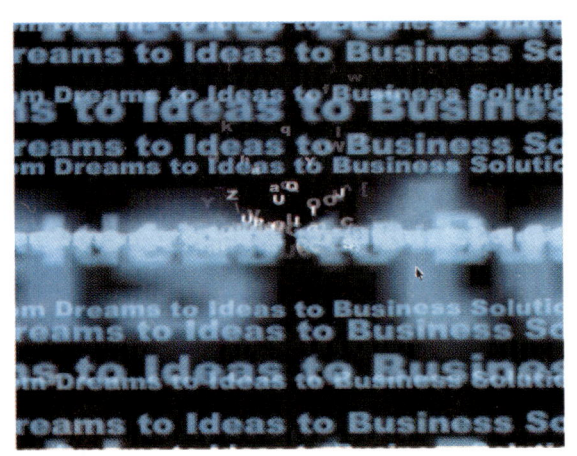

O texto branco da camada TURNING... começa a aparecer no tempo 7;00, atrás do texto azul

Como Mover as Venezianas

Você animará o texto TURNING... construindo um efeito de veneziana vertical falso, que move o texto para revelar o nome da empresa. Para conseguir esse movimento falso, você apertará e expandirá o texto, e modificará os Animators existentes do texto:

1. Expanda a camada de texto TURNING... na linha do tempo e expanda seu grupo Text.

2. Escolha Scale (Escala) no menu Animate (Animar) ao lado do grupo Text na coluna Switches, para adicionar um segundo Animator à camada.

3. Para ajudar a controlar o que é o quê na linha do tempo, clique no nome Animator 1, na linha do tempo, pressione Enter ou Return em seu teclado e então digite Raining In (uma vez que o Animator foi criado pela predefinição Raining Characters In). Clique no nome Animator 2, pressione Enter ou Return e digite Scale Animator.

4. Vá para o tempo 8;15 e adicione um quadro-chave 100, 100% Scale a Scale Animator. No tempo 9;00, mude Scale para 0, 100%. Agora, o texto TURNING... se apertará, passando despercebido do tempo 8;15 a 9;00.

5. Vá para o tempo 9;00 e pressione Alt +] (Windows) ou Option +] (Mac OS) para cortar o ponto Out da camada, no tempo atual.

6. Ainda no tempo 9;00, certifique-se de que as propriedades da ferramenta Horizontal Type estejam definidas, como mostra a seguir:

    Text Size: 24px

    Font Family: Arial Black

    Alignment: Center Text

    Escolha Layer > New > Text para criar uma camada de texto no meio da janela Composition.

7. Digite TIME HONORED em uma linha e CONSULTING, INC. na próxima.

Como adicionar o nome da empresa

8. Exiba o grupo Text para essa camada, pressionando UU e escolha Animate > Scale na linha do tempo.

9. Adicione um quadro-chave Animator Scale no tempo 9;00 com um valor 0, 100%, vá para o tempo 9;15 e mude o valor Scale para 100, 100%. Agora, o texto se expandirá na exibição, logo depois da camada de texto TURNING... se apertar para sair da exibição.

10. Escolha Property (Propriedade) > Tracking (Ajuste entre Letras) no menu Add (Adicionar) para Animator 1 e adicione um quadro-chave Tracking Amount 0 no tempo 9;15.

11. Vá para o tempo 14;29 e mude o valor Tracking para 3. Isso resultará nas letras se distanciando, uma das outras muito sutilmente, entre os dois quadros-chaves.

Se você visualizar a animação entre o tempo 8;15 e 9;15, deverá ver as letras na camada TURNING... se apertarem para sair da exibição e as letras na camada

TIME... se expandirem na exibição. Quando reproduzir a animação em tempo real, essa técnica criará a ilusão de girar venezianas verticais.

Como Deslizar o Número de Telefone

Restam apenas mais alguns elementos. Sua próxima etapa será trazer o número de telefone da empresa para a tela com – adivinhe? – outra predefinição da animação de texto. Ainda está se sentindo frustrado?

1. No tempo 10;00, certifique-se de que as propriedades da ferramenta Horizontal Type ainda estejam definidas, como mostra a seguir:

    Text Size: 24px

    Font Family: Arial Black

    Alignment: Center Text

    Então, digite: 800.555.1234.

2. Defina Position da camada para 360, 335. (Nenhum quadro-chave é necessário).

3. Na palheta Effects & Presets, expanda * Animation Presets (* Predefinições da Animação) > Text > Animate In (Animar) e clique duas vezes em Smooth Move In (Movimento Suave Em) para aplicá-lo na camada de texto 800...

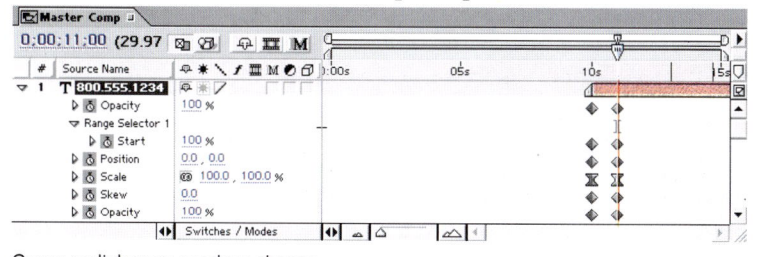

Como realinhar os quadros-chaves

4. Com a camada de texto selecionada, pressione U para exibir os quadros-chaves da camada, mova todos os quadros-chaves iniciais para o tempo 10;00 e todos os quadros-chaves finais para o tempo 11;00.

Se você visualizar a animação entre o tempo 10;00 e 11;00, o número de telefone cairá no lugar da esquerda para a direita.

Agora Experimente Isto

Você pode fazer o seguinte para adicionar os elementos restantes, que aparecem no filme do projeto final deste capítulo:

- Adicione uma linha branca horizontal entre o texto CONSULTING, INC e o número de telefone, e anime Scale de 0, 0% para 100, 100% para trazê-lo para a cena.

- Adicione um relógio ao segundo plano para repetir o nome da empresa, Time Honored Consulting. Poderá criar o relógio inteiro a partir do zero, em apenas alguns minutos, usando camadas sólidas. O que é mostrado no filme terminado, usa um sólido branco com o tamanho da composição com uma máscara elíptica definida para −10 Mask Expansion. As linhas são criadas com cinco camadas sólidas de 600 x 10, anguladas em aumentos de 30 graus para cada camada. Os ponteiros do relógio são sólidos, com quadros-chaves da rotação definidos no tempo 9;29 de 1 x 0 para o ponteiro do minuto e 12 x 0 para o ponteiro da hora.

Capítulo 12

Promoção da Sonic

Quando você importa, pela primeira vez, os arquivos em camadas para um projeto After Effects, tem que toma uma decisão importante Deseja manter as camadas ou quer nivelá-las? Até a Adobe ter lançado a versão 6.5 do After Effects, essa escolha era permanente; se você mudasse de idéia depois sobre o status em camada do arquivo, tinha que importar de novo o arquivo e usar o recurso Replace Footage.

Agora, ainda tem que decidi se é para manter as camadas de um arquivo quando o importa pela primeira vez mas a decisão não é mais permanente. Se decidir mais tarde, ou seja, que deseja acessar as camadas do arquivo, poderá fazer a mudança em uma etapa; terá que decidir se é para substituir todas as instâncias desse arquivo no projeto inteiro ou apenas uma única instância. Para substituir todas as instâncias, selecione o arquivo na janela Project e escolha File (Arquivo) > Replace Footage (Substituir Filme Completo) > With Layered Comp (Com Composição em Camadas); para converter uma única instância, você selecionará a camada em uma janela Timeline e escolherá Layer (Camada) > Convert To Layered Comp (Converter em Composição em Camadas). Fácil!

Neste capítulo, você desenhará um anúncio com camadas Illustrator, que fará saltar com a batida de algum áudio. O projeto inclui ainda um segundo plano de alto faltantes translúcidos, que vibram de acordo com o áudio e outro alto-falante virtual que substitui uma letra no título construído.

Funciona Assim

Verifique o arquivo do filme **Ch12 FinishedProject.mov** na pasta deste arquivo no DVD do livro, para ver os resultados do projeto deste capítulo. Este capítulo mostra como fazer com que uma composição ganhe vida com o ritmo, animando um arquivo Illustrator para o som e só então, animar os outros elementos que se sincronizam com a batida. O projeto que você construirá, usa as seguintes técnicas:

1. Crie quadros-chaves a partir de um arquivo de áudio e use expressões para animar as camadas com base nesses quadros-chaves.

2. Use o comando Sequence Layers para fazer um loop em uma camada no tempo.

3. Crie um segundo plano animado de círculos que pulsam.

4. Use Time Remapping para manipular as camadas no tempo.

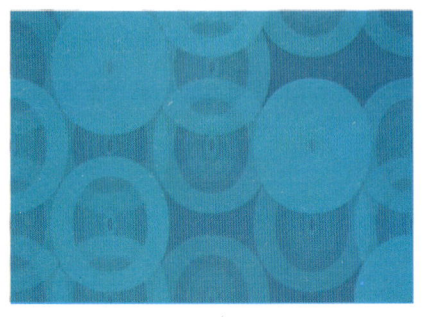

Um segundo plano de círculos pulsando com a batida

O título se dimensiona e gira no espaço

O logotipo é trazido como se fosse ondas de áudio

Como Preparar o Trabalho

Este projeto requer três arquivos Adobe Illustrator e um arquivo de áudio, tudo fornecido para você, no DVD deste livro. Quando você importar os arquivos Illustrator, o projeto deverá conter três composições novas (uma para cada arquivo) e uma pasta do filme completo, para cada composição.

Dica: Verifique a seção "Opções para importar como: Você realmente as compreende?", no Capítulo 1 ("Quadrados que giram"), para obter uma explicação completa das três opções, a fim de importar o filme completo.

Para preparar este projeto, faça o seguinte:

1. Inicie um novo projeto e grave-o como Ch12SonicPromo.

2. Escolha File (Arquivo) > Import Multiple Files (Importar Diversos Arquivo) e abra os três arquivos Illustrator (**sonic.ai**, **recordingBox.ai** e **sOnic Radar.ai**) na pasta deste capítulo, no DVD do livro. Defina a opção Import As (Importar Como) para Composition – Cropped Layers (Composição – Camadas Cortadas) para cada arquivo e então abra o arquivo de áudio **Sonic_track.aif** com Import As, definida para Footage (Filme Completo). Clique em Done (Terminado).

3. Crie uma nova composição denominada Sonic Promo, usando NTSC D1 Square Pix, uma predefinição da composição de 720 x 540, com Duration (Duração) de 15;00 segundos.

4. Defina Background Color da composição para HSB: 198, 100, 65.

5. Adicione o arquivo **Sonic_track.aif** à linha do tempo (Timeline) Sonic Promo, no tempo 0;00.

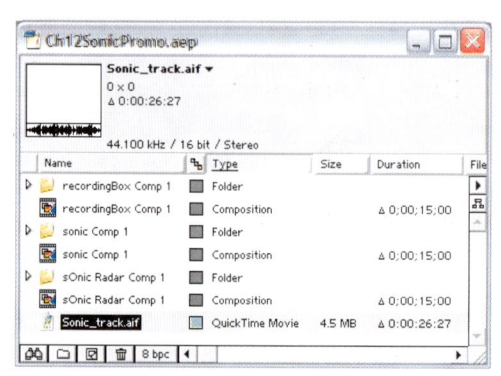

A janela Project com os itens importados e a composição Sonic Promo

Como Criar o Primeiro Alto-Falante

A composição sOnic Radar foi criada quando você importou o arquivo **sOnic Radar.ai,** como uma composição com camadas cortadas. Contém oito camadas que criam o que parece ser um círculo branco sólido, que é na verdade uma pilha de círculos pintados e não preenchidos. Você posicionará esses círculos no espaço em 3D, a fim de adicionar profundidade e criar um alto-falante virtual.

As dimensões do arquivo Illustrator original são de apenas 111 x 113, portanto, sua primeira tarefa será aumentar a composição:

1. Abra a composição sOnic Radar Comp 1 e mude suas definições (Composition (Composição) > Composition Settings (Definições da Composição)) para usar NTSC D1 Square Pix, uma predefinição de 720 x 540, com Duration de 1;16.

2. Selecione todas as camadas do círculo e ative suas chaves 3D na linha do tempo.

3. Com todas as camadas do círculo ainda selecionadas, pressione a tecla P para exibir suas propriedades Position. Cancele a seleção das camadas.

4. Começando com a camada do círculo 2, defina o valor Z de cada camada para ficar –5 graus distante da camada anterior. Como resultado, o valor do eixo Z do círculo 1 será 0, o valor para o círculo 2 será –5, o valor para o círculo 3 será –10, etc.

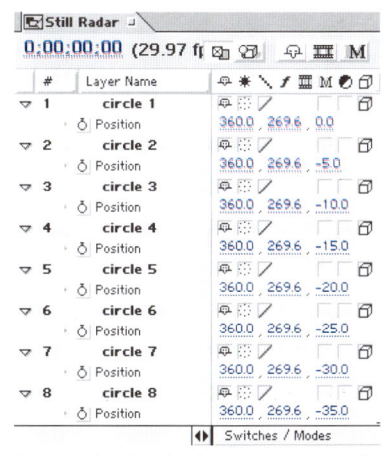

As camadas do círculo com os novos valores Position

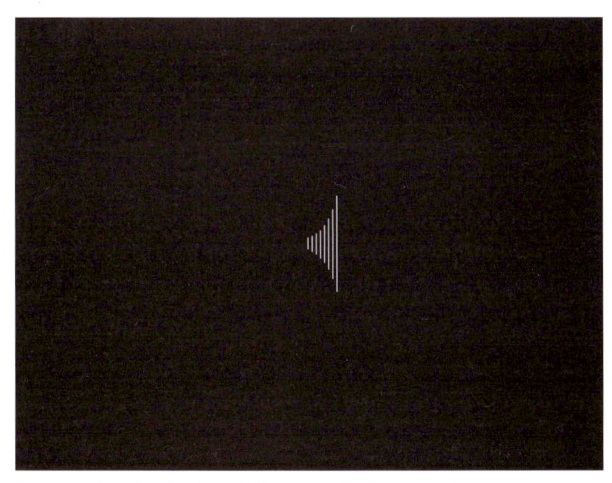

As camadas do círculo exibidas a partir da esquerda

5. Grave a composição. Duplique sOnic Radar Comp na janela Project e renomeie uma como Still Radar e a outra, como Radar Pulse.

Como Animar com o Áudio

Agora, você animará seu alto-falante de áudio virtual para que ele pareça vibrar com a batida de uma trilha de áudio. O alto-falante aumenta de intensidade na cena para substituir a letra *O* na palavra *SONIC,* no projeto final. Você também editará as expressões para intensificar os resultados. Se ainda não se sentir confortável em trabalhar com as expressões, este exemplo mostra como elas podem ser fáceis.

Siga estas etapas:

1. Abra a composição Radar Pulse. Arraste **Sonic_track.aif** da janela Project para a linha do tempo, no tempo 0;00 e coloque-a abaixo de todas as camadas do círculo.

2. Escolha Animation (Animação) > Keyframe Assistant (Assistente do Quadro-Chave) > Convert Audio to Keyframes (Converter Áudio em Quadros-Chaves). Uma nova camada denominada Audio Amplitude será adicionada, automaticamente, à parte superior da linha do tempo. Selecione a camada e pressione U em seu teclado para ver os quadros-chaves resultantes.

   Os quadros-chaves refletem a amplitude de todo o áudio na composição, em cada quadro. Usando expressões, você poderá fazer com que as propriedades das outras camadas se animem, de acordo com a amplitude do áudio nessa camada.

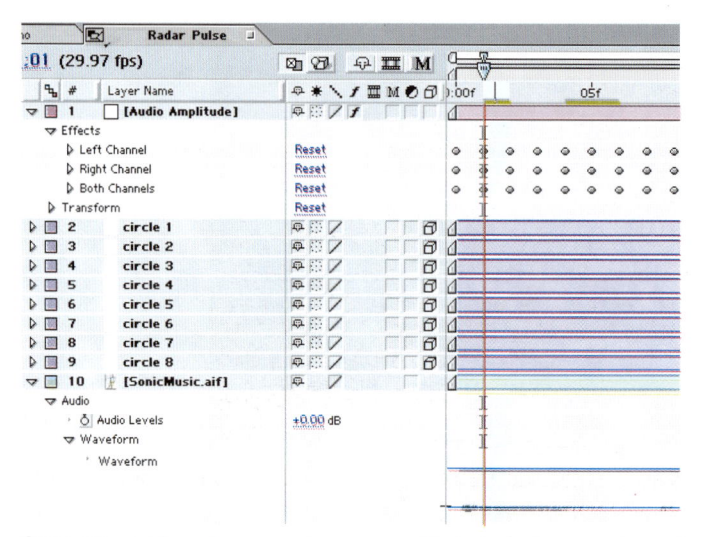

Como criar quadros-chaves com base na amplitude do áudio em cada quadro

3. Retorne para a linha do tempo sOnic Radar Comp 1, selecione todas as camadas do círculo e então pressione T para exibir suas propriedades Opacity.

4. Selecione a propriedade Opacity de todas as camadas do círculo 1 e escolha Animation > Add Expression (Adicionar Expressão). Expanda a propriedade Opacity de cada camada do círculo para exibir a nova propriedade, denominada Expression: Opacity. Também expanda a camada Audio Amplitude, seu grupo Effects, Left Channel, Right Channel e Both Channels. (Você não precisa expandir Sliders).

5. Arraste o controle de seleção para a propriedade Expression: Opacity de cada camada do círculo e escolha a opção Slider (Cursor) da camada Audio Amplitude para Left Channel, Right Channel ou Both Channels. Percorra o canal ao qual está ligado, para que cada camada seja ligada a um canal diferente, de suas camadas vizinhas.

As camadas do círculo 1, 4 e 7 devem ser ligadas a Left Channel; as camadas do círculo 2, 5 e 8 devem ser ligadas a Right Channel; e as camadas do círculo 3 e 6 devem ser ligadas a Both Channels. Os códigos são adicionados à propriedade Expression Opacity, de cada camada do círculo.

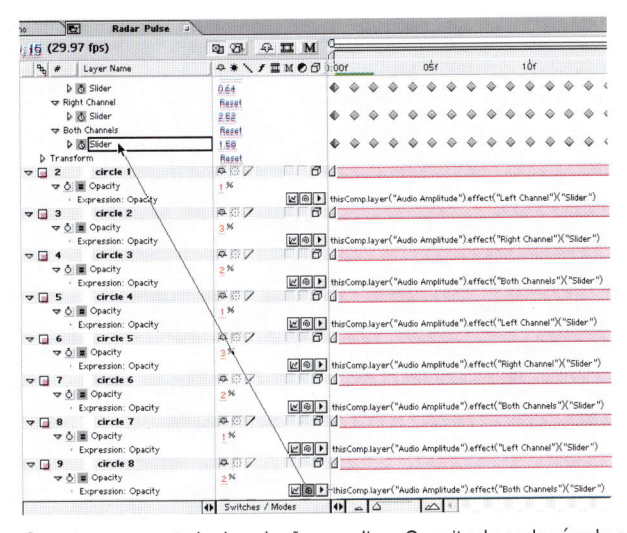

Como usar o controle de seleção para ligar Opacity de cada círculo a um canal de áudio

Atualmente, a amplitude do áudio é tão baixa, que os círculos não são visíveis na composição. Você corrigirá isso na próxima etapa, aumentando o efeito das expressões.

6. Clique no final do código, próximo ao círculo 1 e digite *20 para multiplicar o efeito por 20.

7. No final da linha da expressão da próxima camada, aumente *20 em 10 até atingir 50; repita, começando em 20.

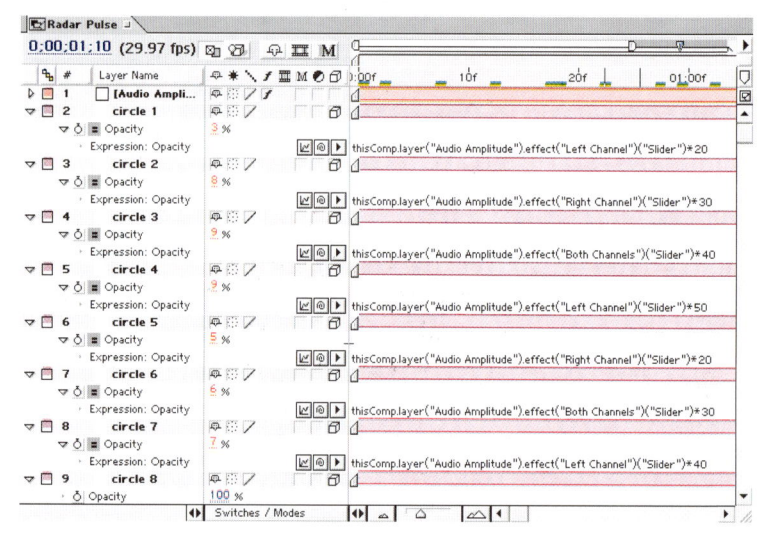

A linha do tempo Radar Pulse, depois de editar as expressões

8. Apague o arquivo de áudio **Sonic_track.aif** na linha do tempo e feche a composição sOnic Radar.

Agora, você pode ver os círculos na posição e seus níveis variados de transparência. Se visualizar a animação, verá os círculos pulsando com a batida.

Como Fazer um Loop na Pulsação

Em seguida, você criará uma composição-mãe, para a composição Radar Pulse e fará com que faça um loop no tempo:

1. Crie uma nova composição denominada Sonic Loop, usando NTSC D1 Square Pix, composição com 720 x 540, com Duration de 15;00 segundos.

2. Arraste a composição Radar Pulse para a linha do tempo Sonic Loop, no tempo 0;00 para centralizá-la, automaticamente, na janela Comp.

3. Duplique a camada Radar Pulse nove vezes, para que tenha dez camadas.

4. Selecione todas as camadas e escolha Animation > Keyframe Assistant > Sequence Layers (Camadas em Seqüência). Cancele a seleção de Overlap (Sobrepor) e clique em OK. Isso colocará, automaticamente, cada camada em sucessão no tempo.

5. Grave o projeto e feche a composição.

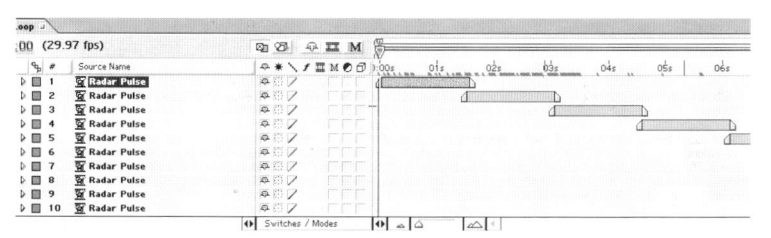

O comando Sequence Layers permite distribuir rapidamente as camadas no tempo

Como Criar um Segundo Plano Pulsante

Para criar a base do segundo plano animado deste projeto, você começará com a composição Sonic Loop, que também serve como a letra *O* pulsante no filme terminado:

1. Crie uma nova composição denominada Radar_background, usando NTSC D1 Square Pix, uma predefinição de 720 x 540, com Duration de 15;00 segundos.

2. Arraste a composição Sonic Loop para a linha do tempo Radar_background, no tempo 0;00 e mude Scale da camada para 200.0, 200.0.

3. Duplique a camada quatro vezes, para que tenha cinco camadas no total.

4. Vá para o tempo 0;10, selecione todas as camadas e pressione P. Defina os valores X Position das camadas para 0, 180, 360, 540, 720, para distribuir as camadas igualmente na largura inteira da composição.

Como distribuir as camadas no eixo X

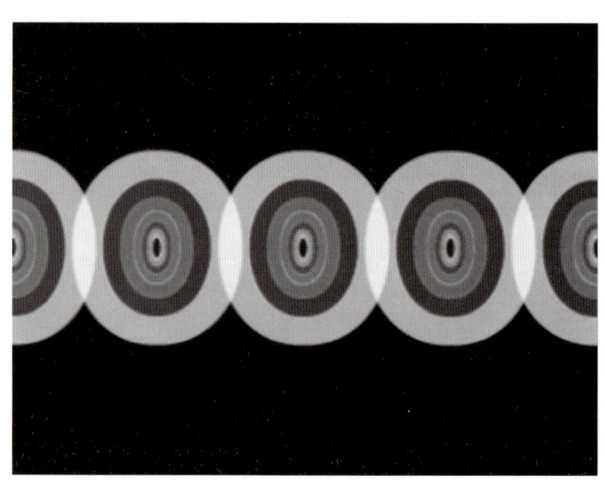

As camadas Sonic Loop em formação

5. Coordene os pontos In (Dentro) das camadas por cinco quadros do tempo 0;00 até o tempo 0;20, para que apareçam primeiro, em momentos diferentes. Por exemplo, definimos o ponto In da camada 1 para 0, da camada 2 para 0;10, da camada 3 para 0;05, da camada 4 para 0;20 e da camada 5 para 15.

6. Selecione todas as camadas e componha-as previamente (Layer > Pre-Compose (Compor Previamente). Nomeie a composição como radar_5across.

7. Duplique a camada radar_5across quatro vezes, para ter um total de cinco camadas.

8. Selecione todas as camadas e pressione P. Defina os valores Y Position das camadas para 0, 135, 270, 405, 540, a fim de distribuir as camadas, igualmente, na altura inteira da composição.

9. Coordene os pontos In das camadas por cinco quadros do tempo 0;00 até o tempo 0;20 para que apareçam primeiro em momentos diferentes. Por exemplo, definimos o ponto In da camada 1 para 0, da camada 2 para 0;10, da camada 3 para 0;05, da camada 4 para 0;20 e da camada 5 para 15.

   Se você visualizar a animação, deverá ver os círculos pulsantes aparecerem em pontos diferentes no tempo. Eles preenchem a composição inteira e continuam a pulsar.

10. Feche a composição Radar_background e abra a composição Sonic Promo.

11. Arraste a composição Radar_background para a linha do tempo no tempo 0;00 e defina Opacity da camada para 25%.

Como Animar as Camadas Illustrator

Quando você importou o arquivo **sonic.ai** para seu projeto, no início deste capítulo, uma nova composição foi criada, automaticamente, com uma camada para camada no arquivo Illustrator original. A composição contém a palavra *sonic*, com duas camadas para cada letra: uma versão pintada e uma versão preenchida da letra.

As definições defaults da composição são baseadas nas dimensões do arquivo original, portanto, sua primeira tarefa será mudar isso para caber no projeto atual. Então, animará o texto na tela:

1. Abra sonic Comp 1, mude suas definições da composição para usarem NTSC D1 Square Pix, uma predefinição de 720 x 540 e defina Duration para 4;26. A composição contém dez camadas.

2. Selecione todas as camadas e então ative a chave 3D de cada camada na linha do tempo.

3. Cancele apenas a seleção das camadas c4 e c1, pressionando Ctrl (Windows) ou Command (Mac OS) quando clicá-las. Ative a chave Shy, ao lado de todas as outras camadas selecionadas e então, ative o botão Shy (Recuar) na parte superior da linha do tempo, para exibir apenas as camadas c4 e c1.

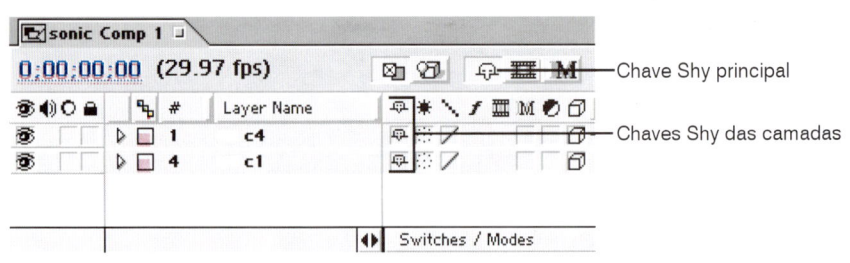

Como ocultar todas as camadas, exceto duas, usando a chave Shy

4. Crie um quadro-chave Position para a camada c4 no tempo 0;00 segundo, com os valores: 415, 274, -700. O valor Z negativo move a camada para mais perto do observador, para que pareça muito maior do que as outras letras.

5. Vá para o tempo 0;10 e mude a posição para 542, 282, 0.

6. No tempo 1;00, mude Position da camada para 669, 282, 700. Se percorrer a linha do tempo, do tempo 0;00 até 1;00, verá um contorno da letra C começar em um tamanho realmente grande, e se dimensionar para um tamanho menor.

7. No tempo 0;15, adicione um quadro-chave 100% Opacity à camada c4 e vá para o tempo 1;00, e mude Opacity da camada para 0%.

8. Vá para o tempo 0;14 e adicione um quadro-chave Opacity 0% à camada c1. Avance um quatro até o tempo 0;15 e mude Opacity da camada c1 para 100%.

9. Desative o botão Shy da linha do tempo para exibir todas as camadas.

10. No tempo 0;00, adicione um quadro-chave Position a cada uma das seguintes camadas, com os valores listados:

    i4: 392, 263, -700

    n4: 369, 282, -700

o4: 336, 273.2, -700

s4: 304, 274, -700

Agora, os contornos da letra parecem muito grandes na composição, com as letras preenchidas sob eles, com seu tamanho original.

11. Para animar a escala dos contornos da letra, vá para o tempo 0;10 e mude o valor Position para cada uma das seguintes camadas:

    i4: 468, 263, 0

    n4: 392, 282, 0

    o4: 281, 282, 0

    s4: 175, 282, 0

12. Para tornar os contornos da letra ainda menores, vá para o tempo 1;00 e mude Positions das camadas, como mostra a seguir:

    i4: 544, 263, 700

    n4: 409, 282, 700

    o4: 226, 291.2, 700

    s4: 44, 282, 700

13. Selecione o nome da propriedade Opacity da camada c4 e então escolha Edit (Editar) > Copy (Copiar) para copiar todos os quadros-chaves da propriedade.

14. Vá para o tempo 0;15, selecione as camadas i4, n4, o4 e s4 e então cole os quadros-chaves copiados na etapa anterior.

15. Selecione a propriedade Opacity da camada c1 e copie os quadros-chaves da propriedade.

16. Vá para o tempo 0;14, selecione as camadas i1, n1, o1 e s1 e cole os quadros-chaves.

17. Componha previamente (Layer > Pre-Compose) cada par de camadas que compartilham a mesma letra em seu nome, e nomeie-as como *letra*_precomp (c_precomp, i_precomp etc).

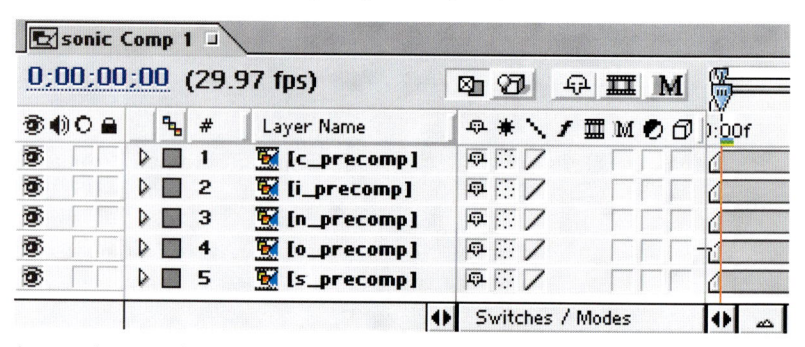

As camadas sonic Comp 1, depois de compô-las previamente

18. Para aumentar a intensidade das letras na cena, selecione todas as cinco camadas e pressione T para exibir Opacity. Para cada camada, adicione um quadro-chave 0% Opacity no tempo 0;00 e um quadro-chave 100% Opacity no tempo 0;07.

19. Para diminuir a intensidade das letras *s*, *n*, *i* e *c*, vá para o tempo 4;10 e adicione um quadro-chave 100% Opacity a todas as camadas, exceto o_precomp. Vá para o tempo 4;25 e adicione um quadro-chave 0% Opacity a todas as camadas, exceto o_precomp.

20. Para diminuir a intensidade da camada o_precomp, vá para o tempo 1;15 e adicione um quadro-chave 100% Opacity; depois vá para o tempo 1;20 e mude Opacity da camada para 0. Você diminuiu a intensidade da letra *o* mais cedo do que as outras, porque ela será substituída pelo alto-falante pulsante, que acrescentará nas etapas posteriores.

A linha do tempo sonic Comp 1, com todos os enfraquecimentos adicionados

Se você visualizar sonic Comp 1, deverá ver os contornos da letra se dimensionando, de grande para pequeno, e as letras preenchidas aparecendo no meio da seqüência.

Como Reunir as Batidas

Agora é hora de montar todas as partes construídas até então, em uma composição Sonic Promo mestre:

1. Abra a composição Sonic Promo, vá para o tempo 2;00 e adicione sonic Comp 1 e Sonic Loop à linha do tempo de Sonic Promo.

2. Ative a chave 3D para as camadas sonic Comp 1 e Sonic Loop na linha do tempo.

3. Defina Position da camada Sonic Loop para –30, 63, 0 e Scale para 90, 90, 90%.

4. Vá para o tempo 3;15 e adicione um quadro-chave 0% Opacity à camada Sonic Loop. Vá para o tempo 3;20 e mude Opacity da camada para 100%.

5. Vá para o tempo 6;10 e adicione outro quadro-chave 100% Opacity. Vá para o tempo 6;15 e mude Opacity para 0.

6. Crie uma nova composição denominada Still Radar Long, usando NTSC D1 Square Pix, uma predefinição de 720 x 540, com Duration 15;00.

7. Adicione a composição Still Radar à linha do tempo Still Radar Long, no tempo 0;00.

8. Selecione a camada e escolha Layer > Enable Time Remapping (Ativar Remapeamento do Tempo).

9. Vá para o tempo 14.29, pressione Alt (Windows) ou Option (Mac OS) e pressione a tecla], para estender a camada na duração inteira da composição.

10. Clique com o botão direito no segundo quadro-chave Time Remap, no tempo 1;16 e escolha Edit Value (Editar Valor). Forneça 1;15 e clique em OK.

11. Vá para o tempo 14;29 e adicione um quadro-chave Time Remap. Clique com o botão direito nesse quadro-chave, escolha Edit Value e depois forneça 1;15.

12. Abra a composição Still Radar e adicione um quadro-chave 0% Opacity à camada do círculo 1. Vá para o tempo 0;05 e mude Opacity da camada para 100%.

13. Copie ambos os quadros-chaves Opacity do círculo 1 e cole-os na próxima camada do círculo, no tempo 0;05. Repita essa etapa para cada camada sucessiva, avançando no tempo em cinco quadros, antes de colar.

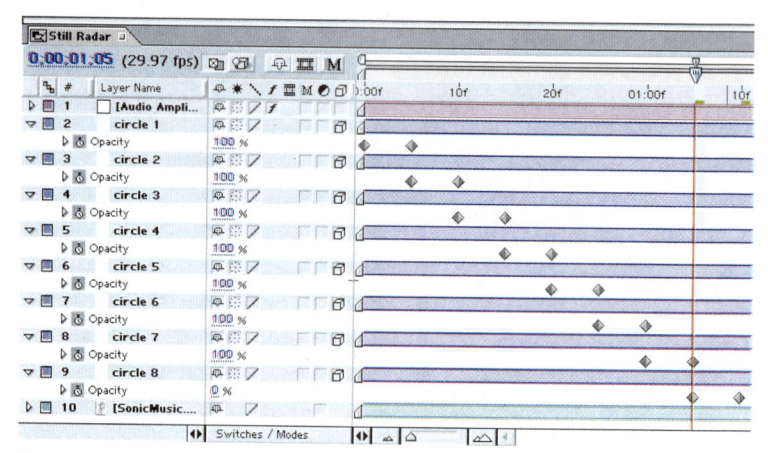

Como aumentar a intensidade dos círculos em sucessão

Se você visualizar a animação Still Radar neste ponto, os contornos do círculo deverão aumentar de intensidade, do círculo menor até o maior.

14. Feche a composição Still Radar, grave seu projeto e então abra a composição Sonic Promo.

15. Vá para o tempo 6;10 e adicione a composição Still Radar Long à linha do tempo acima de Sonic Loop.

16. Ative a chave 3D de Still Radar Long e defina Position para 50, 50, 0.

17. Vá para o tempo 2;00 e adicione uma camada Null Object. Ative a chave 3D da camada na linha do tempo e defina Anchor Point da camada para 50, 50, 0.

18. Selecione as camadas sonic Comp 1, Sonic Loop e Still Radar Long e escolha Null 1 na coluna Parent. Agora, você poderá rotacionar a camada Null 1 para rodar as camadas descendentes e usar Null 1 para manter tudo alinhado.

19. Vá para o tempo 2;15 e crie um quadro-chave Orientation 0, 0, 0 para a camada Null 1.

20. Vá para o tempo 6;10 e mude o eixo Y de Orientation para 296.

21. Vá para o tempo 6;25 e defina Orientation para 0, 280, 0. Como resultado, a camada Null 1 e as camadas descendentes irão girar em torno do eixo Y e se distanciar do observador entre os dois quadros-chaves.

Se você visualizar a animação neste ponto, os círculos na camada Radar_background deverão aumentar de intensidade. Então, as letras na camada sonic Comp 1 se dimensionarão e irão se distanciar do observador. Em seguida, os círculos pulsantes na camada Sonic Loop aumentarão de intensidade quando a letra *O* diminuir de intensidade, a partir da camada sonic Comp 1.

É isso; você terminou! Apresente a animação e balance sua cabeça com a batida maravilhosa.

Agora Experimente Isto

Você pode usar as seguintes técnicas para adicionar os títulos e exercitar suas novas habilidades, ao sincronizar o áudio:

- Para adicionar cor ao segundo plano, crie um sólido com uma cor escolhida e então use o comando Convert Audio to Keyframes e expressões para animar a cor do sólido, em sincronia com a música.

- Use as novas predefinições de animação do texto After Effects para animar o número de telefone e endereço do site Web na cena. Se você não tiver explorado ainda o Capítulo 11, "Como fazer chover slogans", verifique-o; ele mostra como trabalhar com diferentes predefinições de animação do texto.

- Abra recordingBox Comp 1 (criado quando você importou o arquivo **recordingBox.ai**) e defina Track Matte da camada BOX para Alpha Inverted Matte "RECORDING", para fazer com que o texto corte a caixa para que o observador veja o segundo plano nas letras. Crie um Track Matte para a composição recordingBox criando uma nova composição que contenha diversas cópias da composição Sonic Promo, dispostas na horizontal. Anime Opacity das camadas em seqüência, da camada mais à direita até a esquerda.

Capítulo 13

Tempestade de Ficção Científica

Tijolo, tecido, fogo, granito, chuva, réptil, pedra, neve, faíscas, mármore raiado, tecelagem, veio da madeira e tábuas de madeira. O que estas coisas têm em comum? São todas superfícies reais e muito maleáveis que você pode criar e animar instantaneamente com apenas uma camada sólida no After Effects. Sim, apenas uma camada sólida no After Effects – ah e também precisará de um grupo de efeitos fornecidos pela Boris FX e sua coleção Continuum Complete.

Os efeitos que geram imagens e texturas, como os efeitos Boris FX listados aqui e alguns dos efeitos Render no After Effects, são divertidos de trabalhar porque permitem criar realmente um mundo inteiro, com muito pouco esforço. Este capítulo mostra como criar um planeta misterioso e tempestuoso, uma caixa de aço com uma combinação de efeitos que são nativos no After Effects e os efeitos fornecidos pela Boris FX.

Funciona Assim

Para ver o que você criará com este projeto, verifique o arquivo do filme **Ch13FinishedProject.mov** na pasta deste capítulo, no DVD do livro. O projeto consiste em várias camadas que são integradas no espaço em 3D. As formas formam uma esfera de nuvens dentro de uma caixa em 3D.

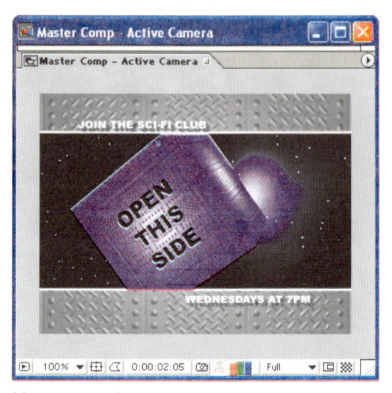

Você usará estas técnicas:

Uma caixa de aço voa no espaço

1. Crie um céu tempestuoso a partir de uma camada sólida, usando os efeitos Fractal Noise e Advanced Lighting.

2. Converta o céu tempestuoso em um globo tempestuoso, usando o efeito BCC Sphere da Boris FX e anime o globo para que ele gire.

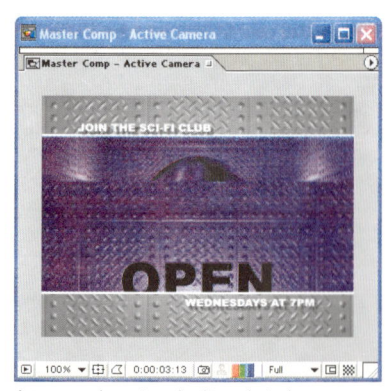

3. Crie um título que se move em órbita no globo tempestuoso, usando o efeito BCC Sphere.

A tampa da caixa desliza abrindo-se

4. Crie uma caixa de aço para conter o globo giratório aplicando o efeito BCC Steel Plate nas camadas sólidas.

5. Anime a caixa de aço e sua etiqueta de texto usando uma camada Null Object no espaço em 3D.

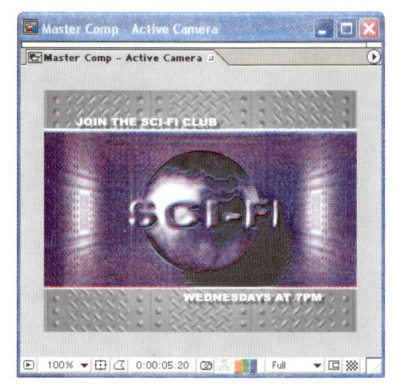

Um globo tempestuoso gira quando o título se move em órbita, em torno dele

Capítulo 13 – TEMPESTADE DE FICÇÃO CIENTÍFICA | **249**

Como Preparar o Trabalho

De modo surpreendente, este projeto com aparência industrial não requer nenhum filme completo; tudo é criado com o After Effects e a coleção Continuum Complete de efeitos da Boris FX, que você tem que comprar e instalar no After Effects. Mas, claro, você já possui essa coleção, certo? Não? Então instale a versão experimental fornecida no DVD deste livro ou no site Web Boris FX (**www.borisfx.com**) e então termine este capítulo dentro dos próximos 14 dias, antes que seu período experimental expire! (na verdade, assim que o período experimental terminar, você poderá ainda acompanhar o capítulo, mas qualquer camada que usar um efeito da versão experimental, aparecerá com um X preto).

Assim que os efeitos Boris FX estiverem instalados no After Effects, tudo o que você precisará fazer é criar um novo projeto e a composição-mestre, antes de fazer o trabalho real.

Para preparar este projeto, faça o seguinte:

1. Se não tiver ainda a coleção Boris FX Continuum Complete de efeitos instalada com o After Effects, poderá instalar uma versão experimental no DVD do livro ou no site Web Boris FX em **www.borisfx.com**. Assim que estiver instalada, deverá ver vários submenus identificados como BCC no menu Effect (Efeito) no After Effects.

2. Inicie um novo projeto e grave-o como Ch13Sci-FiClub.

3. Crie uma nova composição denominada Ch13 Sci-Fi Club Logo, usando Medium, uma predefinição da composição de 320 x 240, com Duration (Duração) de 10;00 segundos.

Como Criar Nuvens

Sua primeira tarefa é gerar algumas nuvens para o céu tempestuoso que cobrirá seu globo giratório. O efeito Fractal Noise na versão Professional do After Effects é ótimo para gerar e animar nuvens, entre outras coisas fluidas (como água corrente), a partir do zero e não requer nenhum filme completo.

Nota: O efeito Fractal Noise está disponível apenas na versão Professional do Adobe After Effects ou Adobe Vídeo Collection. Se você tiver a versão Standard de qualquer um dos produtos, poderá instalar uma versão demo da versão Professional do After Effects, no DVD deste livro.

Siga estas etapas:

1. Vá para o tempo 3;00 na linha do tempo Ch 13 Sci-Fi Club Logo e crie uma camada sólida com o tamanho da composição denominada Sphere (320 x 240) usando qualquer cor. (A cor do sólido não importa, pois o efeito aplicado irá anulá-la).

2. Para criar nuvens a partir do sólido, aplique o efeito Effect > Noise & Grain (Interferência e Granulado) > Fractal Noise (Interferência Fractal) na camada e defina Contrast (Contraste) do efeito para 150.

3. Ainda no tempo 3;00, adicione um quadro-chave Evolution ao efeito, com um valor 0 x 0.0.

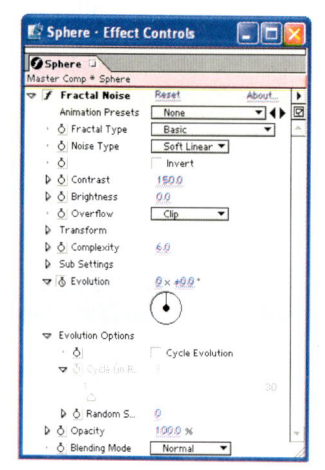

As definições do efeito Fractal Noise

Capítulo 13 – TEMPESTADE DE FICÇÃO CIENTÍFICA | **251**

4. Pressione End para ir para o tempo 9;29 e mude Evolution para 3 x 0.0.

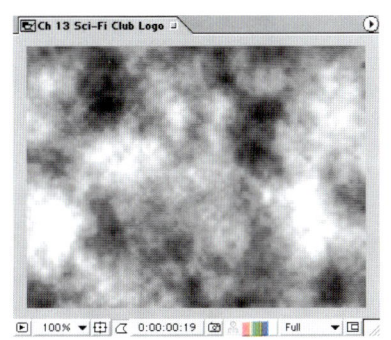

A camada Sphere usando o efeito Fractal Noise

5. Para adicionar cor às suas nuvens, aplique Effect > Adjust (Ajustar) > Hue/Saturation (Matiz/Saturação) na camada Sphere. Ative a opção Colorize (Colorir) (abaixo de Master Lightness (Luminosidade-Mestre)) e então defina Colorize Hue (Matiz da Cor) para 0 x +220, Colorize Saturation (Saturação da Cor) para 45, e Colorize Lightness (Luminosidade da Cor) para –30. Isso criará um céu azul-escuro e melancólico.

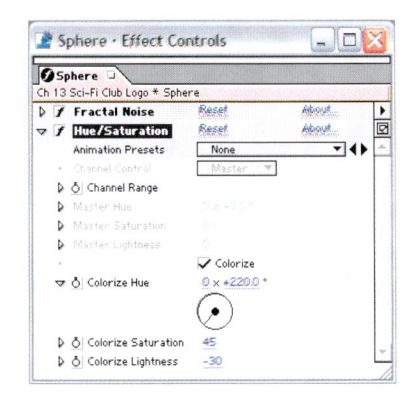

As definições do efeito Hue/Saturation na janela Effect Controls

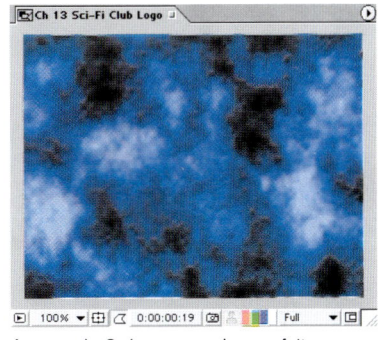

A camada Sphere usando os efeitos Fractal Noise e Hue/Saturation

Como Criar uma Tempestade com Raios

Você criou um céu nebuloso; agora, precisará adicionar-lhe uma tempestade com raios. Felizmente, há um efeito dedicado exatamente a isso. É um dos efeitos que você pode ajustar por horas e ainda conseguir resultados novos e interessantes:

1. Aplique Effect > Render (Apresentar) > Advanced Lightning (Iluminação Avançada) na camada Sphere e use as seguintes definições para o efeito:

    Origin: 0.0, 120

    Direction: 320, 120

    Glow Radius: 35

    Glow Opacity: 50%

    Glow Color: #FFD200

    Decay Main Core: marcado

    Composite on Original: marcado

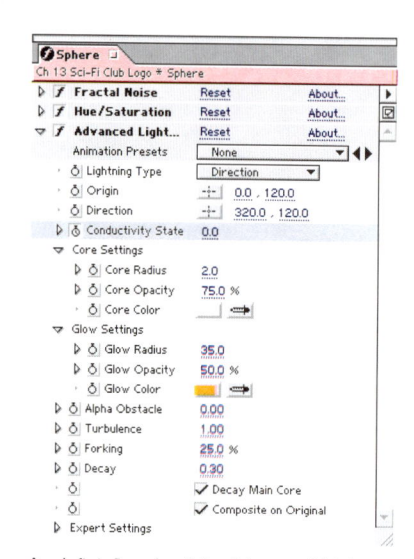

As definições do efeito Advanced Lighting no tempo 0;00

2. Ainda no tempo 9;29, adicione um quadro-chave Conductivity State ao efeito, com um valor 15.

3. Vá para o tempo 3;00 e mude o valor Conductivity State para 0.

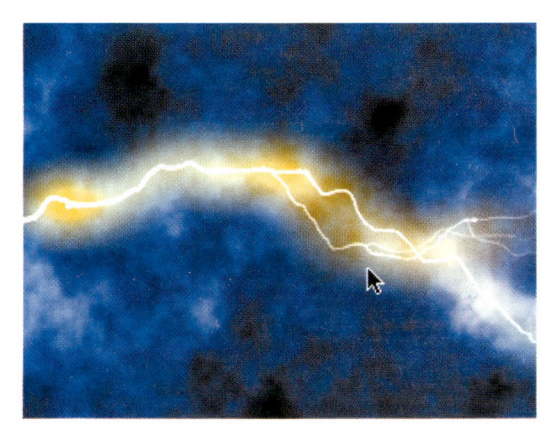

A camada Sphere usando os efeitos Advanced Lightning, Hue/Saturation e Fractal Noise

Atualmente, sua conhecida camada Sphere não se parece com uma esfera e apenas preenche a janela da composição em 2D. Você fará com que a camada corresponda ao seu nome na próxima seção.

Como Criar um Planeta

O elemento principal deste projeto é um planeta tempestuoso, girando no espaço. Há várias maneiras de criar uma esfera convincente no After Effects, sem nenhuma extensão, mas esses métodos são bem laboriosos. Ao contrário, você usará um efeito Boris FX dedicado a criar esferas; ele dará mais controle sobre os atributos de sua esfera, do que você precisará, inclusive diversas maneiras de aplicar textura e animar o globo.

Nota: Esta seção requer o efeito BCC Sphere da coleção Boris FX Continuum Complete de efeitos. Se você não tiver essa coleção instalada, poderá instalar uma versão experimental dela, no DVD deste livro.

Siga estas etapas:

1. Selecione a camada Sphere, escolha Layer (Camada) > Pre-Compose (Compor Previamente), selecione a opção Move All Attributes (Mover Todos os Atributos) e clique em OK. Você irá compor, previamente, sua camada Sphere para que o efeito Sphere mapeie a imagem do sólido, depois dos três outros efeitos terem sido aplicados no sólido.

2. Selecione a camada Sphere Comp 1 e escolha Effect > BCC3 Distortion & Perspective (Distorção e Perspectiva BCC3) > BCC Sphere (Esfera BCC). Os valores defaults deste efeito funcionam muito bem para começar.

A camada Sphere Comp 1 usando o efeito BCC Sphere

As definições do efeito BCC Sphere na janela Effect Controls

Capítulo 13 – TEMPESTADE DE FICÇÃO CIENTÍFICA | 255

3. Vá para o tempo 3;00, adicione um quadro-chave Spin ao grupo Geometry do efeito e defina-o para 0 x 0.0.

4. Pressione End para ir para o tempo 9;29 e mude o valor Spin para 1 x 0.0. Esses quadros-chaves fazem com que a esfera gire uma volta completa.

   No tempo 7;00, você pode ver a parte de trás da esfera onde as bordas esquerda e direita, da camada sólida se encontram, criando uma marca indesejável na superfície da esfera. Você corrigirá isso na próxima etapa.

A marca da esfera destrói a ilusão

5. Expanda o grupo Faces do efeito e mude o valor da propriedade Wrap para Back And Forth Repeat (Repetir).

A propriedade Wrap do efeito deixa a esfera sem marcas

Como Criar o Título Que se Move em Órbita

Fazer o texto se mover em órbita em seu planeta tempestuoso é bem simples; você usará o mesmo efeito utilizado, para tornar a camada sólida uma esfera, e então, ajustará as definições do efeito para fazer com que o texto pareça flutuar ou se mover em órbita sobre o planeta. Eis as etapas:

1. Selecione a ferramenta Horizontal Type e defina as seguintes propriedades nas palhetas Character (Caractere) e Paragraph (Parágrafo):

    Font Family: Arial Black

    Text Size: 36 pixels

    Alignment: Center Text

    A cor de preenchimento do texto é irrelevante, pois os efeitos aplicados na camada irão anular a cor original da camada.

2. Digite SCI-FI CLUB com letras maiúsculas e defina Position da camada de texto para 160, 135.

Como criar o título

3. Aplique Effect > BCC3 Distortion & Perspective > BCC Sphere na camada SCI-FI CLUB.

4. Ative a propriedade Drop Shadow On do efeito e defina Shadow Direction (Direção da Sombra) para 10. Expanda o grupo Faces do efeito e defina o valor Faces para Front.

Capítulo 13 – TEMPESTADE DE FICÇÃO CIENTÍFICA | **257**

5. No tempo 3;00, adicione um quadro-chave Spin ao grupo Geometry do efeito, com um valor 0 x –180. Isso posiciona as primeiras letras na camada de texto no lado direito da esfera, para que o título possa ser lido da esquerda para a direita, quando o globo girar.

6. Pressione End para ir para o tempo 9.29 e mude o valor Spin para 0 x 135.0.

7. Defina a propriedade Scale no grupo Geometry para 130. Isso tornará a esfera com texto integrado maior que a esfera com sólido integrado, portanto, o tipo parecerá flutuar acima da órbita tempestuosa. A distância dará à cena geral, uma sensação maior de profundidade.

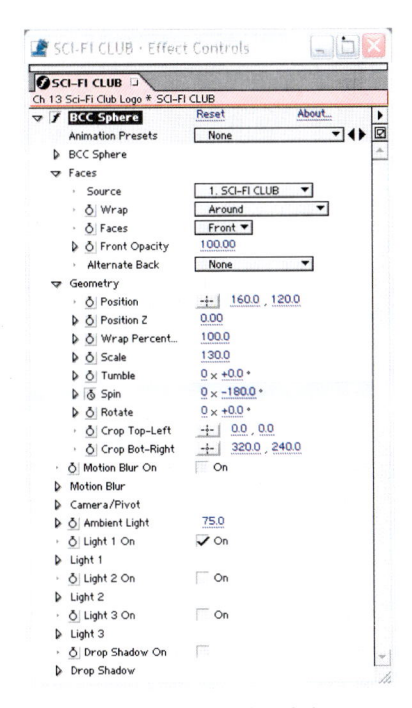

As definições do efeito BCC3 Sphere

Como Adicionar Estilo ao Título Que se Move em Órbita

Agora, você usará os efeitos Ramp e Bevel Alpha para adicionar uma graduação colorida e solidez ao tipo:

1. Aplique Effect > Render > Ramp (Variar) na camada SCI-FI CLUB.

2. Para dividir igualmente a graduação colorida do efeito entre as metades superior e inferior das letras, aplique estas definições:

Start of Ramp: 160, 116

End of Ramp: 160, 137

Start Color: Azul real (#1301FF)

End Color: Amarelo brilhante (#ECFB02)

Ramp Shape: Linear Ramp

Defina as duas propriedades restantes do efeito para 0.

3. Para adicionar alguma profundidade às letras, aplique Effect > Perspective (Perspectiva) > Bevel Alpha (Alfa com Bisel) na camada SCI-FI CLUB com estas definições:

   Edge Thickness: 3.3

   Light Intensity: 1.0

   Light Angle: 0 x –60

   Light Color: #FFFFFF

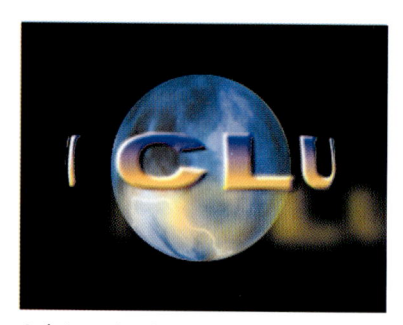

O título estilizado

Como Montar uma Caixa de Aço

Você fará com que as camadas sólidas pareçam metálicas, aplicando uma textura de aço com o efeito Boris FX, devidamente nomeado como Steel Plate. Então, formará uma caixa a partir de suas chapas de aço no espaço em 3D, para envolver seu globo tempestuoso.

Faça o seguinte:

1. Vá para o tempo 0;00 e crie um sólido denominado Floor, com as dimensões 300 x 300, usando qualquer cor. O efeito aplicado no sólido anulará a cor do sólido.

2. Aplique Effect > BCC3 Generators (Geradores BCC3) > BCC Steel Plate (Chapa de Aço BCC) na camada Floor.

3. Para clarear o destaque do efeito, mude o valor Specular Intensity (Intensidade do Espelho) do efeito para 45, no grupo Lighting. Você melhorará esses destaques nas próximas etapas com outros efeitos.

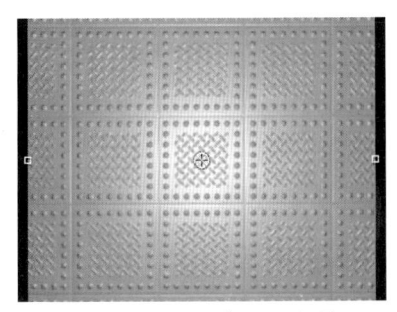

Como adicionar textura à camada Floor

4. Ative a chave 3D na linha do tempo, para todas as camadas.

5. Duplique a camada Floor cinco vezes, para que tenham seis camadas no total. Renomeie as novas camadas Floor como: Front, Back, Right, Left e Top.

6. Selecione as seis camadas sólidas e pressione P para exibir suas propriedades Position. Defina os valores como especificado aqui:

   Front: 160, 120, -150

   Back: 160, 120, 150

   Right: 310.0, 120, 0.0

   Left: 10.0, 120, 0

   Top: 160, -30, 0.0

   Floor: 160, 270, 0.0

7. Pressione R para exibir as propriedades Rotation das camadas e defina seus valores Orientation, como especificado aqui:

   Front: 0.0, 0.0, 0.0

   Back: 0.0, 0.0, 0.0

   Right: 0.0, 90.0, 0.0

   Left: 0.0, 90.0, 0.0

   Top: 90.0, 0.0, 0.0

   Floor: 90.0, 0.0, 0.0

8. Selecione a ferramenta Horizontal Type e aplique estas definições:

   Font Family: Arial Black

   Text Size: 48px

   Fill Color: Black (#000000)

   Alignment: Center Text

   Digite OPEN THIS SIDE com letras maiúsculas, com uma palavra por linha.

9. Ative a chave 3D para a nova camada de texto e defina Position da camada para 160, 80, -150 para que o texto apareça acima da camada Front.

10. Na coluna Parent da linha do tempo, escolha a camada Front para a camada OPEN THIS SIDE. Assim, quando a camada Front se mover, o texto parecerá estar anexado à camada Front.

Como criar a etiqueta da caixa

Como Animar a Caixa de Aço

Para simplificar a animação da caixa de aço e sua etiqueta de texto, você animará uma camada Null Object e ligará a ela, as outras camadas como sendo a mãe. Você poderá considerar uma camada Null Object como um sólido invisível; quando ela serve como uma mãe para as outras camadas, as outras camadas imitam cada movimento seu. Como resultado, sua caixa voará no espaço e o lado identificado com *OPEN THIS SIDE* deslizará, abrindo-se para revelar o globo giratório:

1. Escolha Layer > New (Novo) > Null Object (Objeto Nulo).

2. Atribua a camada Null 1 como a mãe de todas as camadas, exceto a camada de texto OPEN THIS SIDE.

3. Ative a chave 3D da camada Null 1 e defina Position da camada para 160, 120, 120.

4. Vá para o tempo 3;00, adicione um quadro-chave Position a Null Object e à camada Front.

5. Ainda no tempo 3;00, adicione um quadro-chave Orientation à camada Null, com um valor 0.0, 0.0, 0.0.

6. Vá para o tempo 4;00 e mude Position da camada Front para 0.0, 270, -150, para abrir a porta.

7. Vá para o tempo 0;00 e mude Position da camada Null 1 para 0.0, 120, 2000 e Orientation para 50.0, 220, 300.

Clique o botão Ram Preview (Visualizar Ação) para ver os resultados.

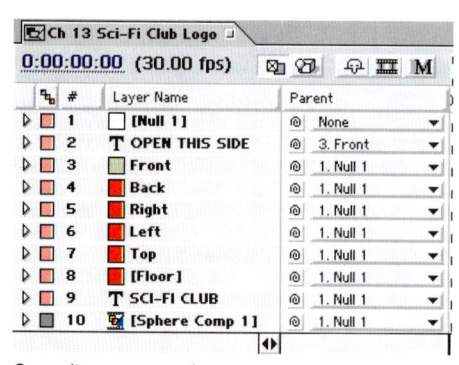

Como ligar as camadas

Agora Experimente Isto

Os elementos restantes do projeto incluem um céu estrelado e uma galáxia, a partir dos quais a caixa de aço emerge. Você poderá gerar esses itens, rapidamente, com os efeitos nomeados de modo competente, fornecidos pela Boris FX. Outros toques finais incluem intensificar as cores e fornecer a vários elementos, uma aparência mais monocromática:

- Crie uma nova camada sólida e use os efeitos do grupo Boris FX BCC3 Generators para gerar estrelas e galáxias para o segundo plano.
- Crie uma camada Adjustment e aplique o efeito Hue & Saturation (Matiz e Saturação) para colorir a animação inteira e fornecer-lhe uma cor e intensidade uniforme.
- Adicione informações extras como horas da exibição e datas aéreas.
- Crie outra camada sólida com o tamanho da composição, que usa o efeito BCC Steel Plate, e crie uma caixa retangular a partir dela, mascarando a área central.

Capítulo 14

ID da Estação

Se alguém já lhe perguntou sobre como adicionar mais profundidade a uma cena, no After Effects, você poderia repetir de memória, o nome de vários efeitos, como qualquer um dos efeitos Perspective ou Distort, ou ainda vários efeitos Emboss. Eles funcionam bem para dar profundidade aos elementos individuais em uma cena. No entanto, para fornecer mais profundidade à cena inteira, você poderá adicionar elementos ao primeiro plano ou emoldurar a cena para criar a ilusão.

O projeto deste capítulo usa uma combinação de ambos os métodos para criar uma cena "profunda". Para que tenha uma vantagem, o DVD do livro fornece algum filme completo de vídeo de uma paisagem urbana, sobre a qual você poderá construir seu projeto. Criará uma íris animada ou abertura para emoldurar a cena e usará efeitos para dar à abertura, o seu estilo e alguma solidez. Finalmente, usará o efeito 3D Invigorator da Zaxwerks para deslocar e animar um desenho em 3D.

Funciona Assim

Verifique o arquivo **Ch14 Finished Project.mov** na pasta deste capítulo, no DVD do livro, para ver os resultados finais do projeto. Este projeto é criado, usando apenas uma composição e algumas camadas, contudo, os resultados contém muita profundidade e interesse visual.

O canal de TV gira lentamente, no centro da cena

Você usará as seguintes técnicas:

1. Forneça ao filme completo de uma paisagem urbana, uma aparência noturna estilizada, com alguns efeitos.

2. Adicione uma camada de texto paginado ao segundo plano.

3. Crie uma abertura animada que emoldure a vista da cidade.

4. Crie um objeto em 3D, com o efeito 3D Invigorator, um sólido e um arquivo Adobe Illustrator.

Quando os canais giram, o texto se pagina para cima

O texto se pagina para fora da tela, depois do canal ficar na posição

Como Preparar o Trabalho

Você precisará importar um arquivo e assegurar que um efeito de terceiro, esteja instalado no After Effects, para completar o projeto deste capítulo. O projeto usa algum filme completo de vídeo, fornecido no DVD do livro, para criar o segundo plano. Para criar o número 2 do canal em 3D, você usará um arquivo Illustrator e o efeito 3D Invigorator da Zaxwerks. Não precisará importar o arquivo Illustrator para seu projeto, uma vez que o efeito 3D Invigorator pede que você abra o arquivo Illustrator a partir de seu local real, no seu computador.

Para preparar este projeto, faça o seguinte:

1. Inicie um novo projeto e grave-o como Ch14StationID.

2. Importe o arquivo **City_Background.mov** como o filme completo na pasta deste capítulo, no DVD do livro.

3. Crie uma nova composição denominada Master usando NTSC DV, uma predefinição da composição com 720 x 480, com Duration (Duração) de 5;00 segundos.

Como Criar o Segundo Plano

Você criará o segundo plano com três etapas fáceis, importando seu arquivo do filme e aplicando-lhe dois efeitos. O efeito Hue/Saturation ajuda a fornecer ao filme completo uma aparência uniforme e o efeito Glow estiliza mais o imaginário:

1. Adicione o arquivo **City_Background.mov** à linha do tempo (Timeline) Máster, no tempo 0;00.

2. Para fornecer à camada City_Background.mov uma tonalidade azul, aplique Effect (Efeito) > Adjust (Ajustar) > Hue/Saturation (Matiz/Saturação) na camada. Use estas definições do efeito:

    Colorize (em Master Lightness): Ativado

    Colorize Hue: 0 x 220

    Colorize Saturation: 45

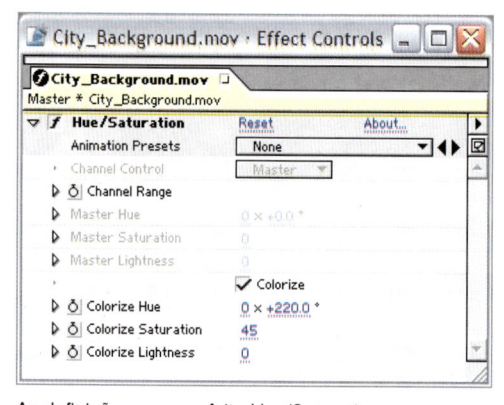

As definições para o efeito Hue/Saturation

3. Para adicionar algum brilho ao segundo plano da cidade, aplique Effect > Stylize (Estilizar) > Glow (Brilho) na camada. Use estas definições do efeito:

   Glow Threshold: 27%

   Glow Radius: 18

   Glow Intensity: 3

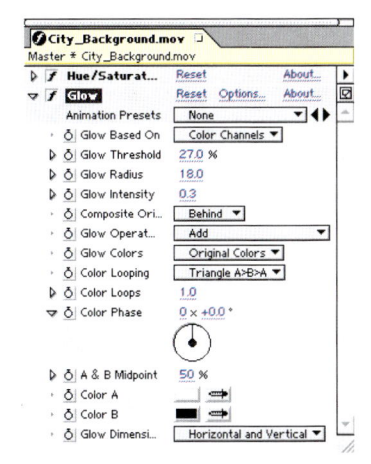

As definições para o efeito Glow

A camada City_Background.mov com os efeitos Hue/Saturation e Glow

Como Adicionar o Texto Que se Pagina

Uma camada de texto que exibe os nomes de 11 cidades (presumivelmente, a área de radiodifusão da estação de notícias) pagina-se para cima, sobre a cidade. Para criar esse efeito, você animará a propriedade Position de sua camada de texto. Assim que tiver terminado este projeto, tentará usar qualquer predefinição de animação do texto Multi-Line (Diversas Linhas) (na palheta Effects & Presets (Efeitos e Predefinições)) para animar a camada.

Siga estas etapas:

1. Use estas definições para a ferramenta Horizontal Type:

    Alignment: Center Text

    Font Family: Arial

    Text Size: 34px

    Leading: 72

    Tracking: 300

    Fill Color: White (RGB: 255, 255, 255)

    Stroke Color: None

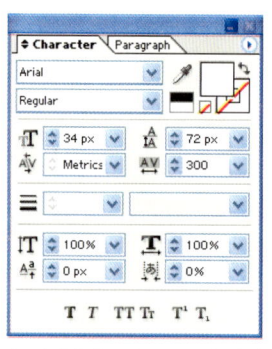

    As definições da camada de texto

2. Digite os nomes das 11 cidades, com um nome da cidade por linha, em uma única camada de texto.

3. Para definir a posição inicial da camada de texto, adicione um quadro-chave Position 360, 505 no tempo 0;00. Esse quadro-chave inicia a primeira linha de texto, exatamente fora da borda inferior da composição e centralizada na largura da composição.

4. Pressione a tecla End do seu teclado para ir até o tempo 4;29. Mude Position da camada de texto para 360, -725, para posicionar a camada acima da borda esquerda da janela Composition.

O caminho com movimento do texto começa abaixo da composição e termina bem acima

Grave seu projeto e então visualize seus resultados. A camada de texto deverá agora iniciar fora da tela na parte inferior da composição e se paginar para cima, até que cada linha de texto esteja fora da exibição.

Como Criar uma Abertura

O segundo plano da cidade é exibido através de uma abertura que você criará mascarando duas camadas sólidas. Você tem muita liberdade para tornar sua abertura única, quando desenhar e posicionar suas máscaras; use nossas ilustrações e instruções de mascaramento, como um guia geral. A aparência dos sólidos é criada com os efeitos Ramp e Bevel Alpha:

1. No tempo 0;00, crie uma camada Solid com o tamanho da composição denominada Border 2, com qualquer cor. Certifique-se de que a camada Solid esteja acima das outras camadas na linha do tempo.

2. Use a ferramenta Elliptical Mask na camada Solid para desenhar uma forma oval que englobe, cerca de dois terços da composição. O lado direito da máscara no filme final deste capítulo está dentro da composição e o lado esquerdo está fora da exibição, à esquerda da composição. Use a ilustração da primeira íris como um guia.

3. Defina Mode de Mask para Subtract para que possa ver a cidade através da forma oval.

Dica: Escolha Layer (Camada) > Mask (Máscara) > Free Transform Points (Pontos de Transformação Livres) depois de selecionar sua máscara na linha do tempo para mover, girar e remodelar mais facilmente sua máscara.

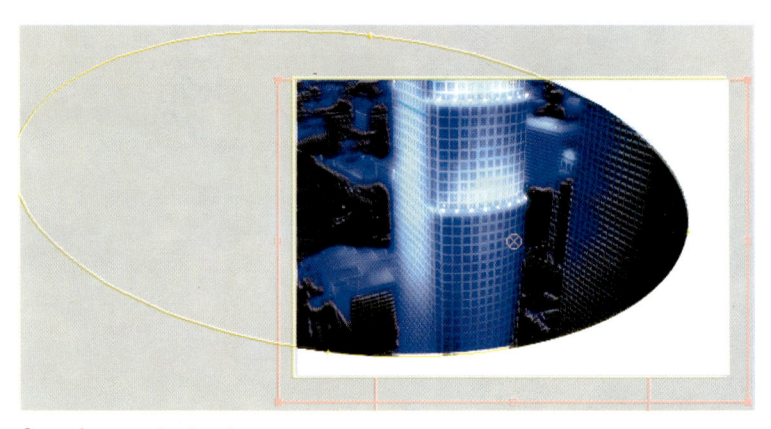

Como fazer a primeira abertura

4. Ainda no tempo 0;00, adicione um quadro-chave Mask Shape à máscara da camada Border 2.

5. Pressione End em seu teclado para ir para o tempo 4;29. Gire e mova a forma da máscara para cima ou para baixo, para um novo local perto do local atual da máscara, para criar um movimento lento e sutil.

Nota: Mova apenas a máscara e não a camada Solid.

6. Para criar a segunda metade da íris, duplique a camada Border 2 e renomeie a nova camada como Border 1.

7. No tempo 0;00, mova a máscara Border 1 para que englobe a área oposta da máscara da camada Border 2. No filme final deste capítulo, a borda esquerda da máscara está dentro da composição e a borda direita está fora da exibição, no lado direito.

8. No tempo 4;29, gire e mova a máscara Border 1 para cima ou para baixo na direção oposta da máscara de Border 2.

Os sólidos mascarados criam uma moldura básica sobre a cena da cidade

Como Adicionar Estilo à Abertura

Atualmente, seus sólidos parecem muitos nivelados e suas formas parecem se mesclar umas com as outras (se você usou a mesma cor de preenchimento com cada uma). Usará o efeito Ramp, com definições exclusivas para cada sólido para que suas cores sejam distintas entre si e então, usará o efeito Bevel Alpha para fornecer ao sólido algum volume:

1. Selecione ambas as camadas Border e aplique Effect > Render > Ramp (Variar) nas duas.
2. Para complementar a tonalidade azul no segundo plano da cidade, defina Start Color do efeito para uma cor amarela e End Color para uma cor azul, para uma camada Border. Inverta as cores no efeito da outra camada Border.
3. Selecione ambas as camadas Border e aplique Effect > Perspective (Perspectiva) > Bevel Alpha (Alfa com Bisel). Defina as propriedades do efeito como mostra a seguir:

    Edge Thickness: 15

    Light Color: White (RGB: 255, 255, 255)

    Light Intensity: 0.70

4. Defina Light Angle (Ângulo da Luz) do efeito Bevel Alpha para 90, para o efeito em Border 1 e para 0, em Border 2.

As camadas Border usando os efeitos Ramp e Bevel Alpha

Como Adicionar o Canal de Notícias

Nesta seção, você criará um número de canal da TV em 3D, deslocando a forma de um arquivo Illustrator, a partir de uma camada Solid. Atribuirá as texturas da superfície e a luz predefinidas ao objeto para criar, rapidamente, a aparência do número. Para fazer com que o número gire no espaço, animará uma câmera virtual, ao invés do número em si.

Nota: Se você ainda não tiver o efeito 3D Invigorator instalado no After Effects, saia do After Effects e então instale uma versão experimental do efeito no DVD do livro.

Siga estas etapas:

1. No tempo 0;00, crie uma nova camada Solid com o tamanho da composição denominada 2, usando qualquer cor.

2. Aplique Effect > Zaxwerks > 3D Invigorator no novo sólido, marque Move Objects to Center (Mover Objetos para o Centro) no prompt da caixa de diálogos e abra o arquivo **2.ai** na pasta deste capítulo, no DVD do livro.

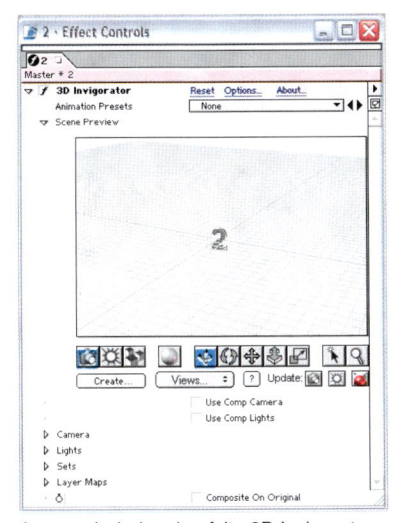

As propriedades do efeito 3D Invigorator na janela Effect Controls

3. Para atribuir uma textura ao número, clique em Options (Opções) no canto superior direito da janela Effect Controls. Arraste um estilo de objeto para o objeto na área Scene Preview (Visualizar Cena) da caixa de diálogos e clique em OK.

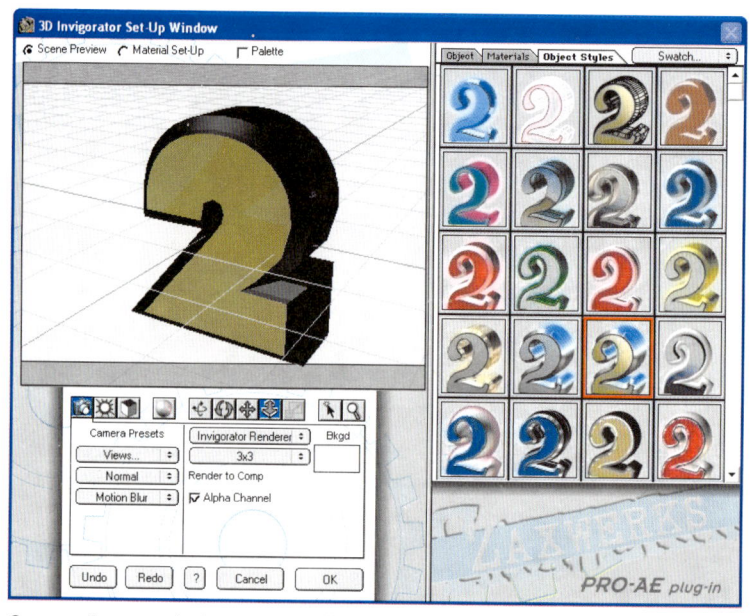

Como aplicar o estilo do objeto no número

4. Expanda o triângulo ao lado do grupo Câmera do efeito na janela Effect Controls, adicione um quadro-chave a cada propriedade no grupo e defina as propriedades da câmera, como mostra a seguir:

> Eye X: 300
>
> Eye Y: 500
>
> Eye Z: 500
>
> Target X: 0
>
> Target Y: 0
>
> Target Z: -15
>
> Distance: 907

Tumble Left: 116.29

Tumble Up: 22.21

Roll: 0

Ortho Size: 500

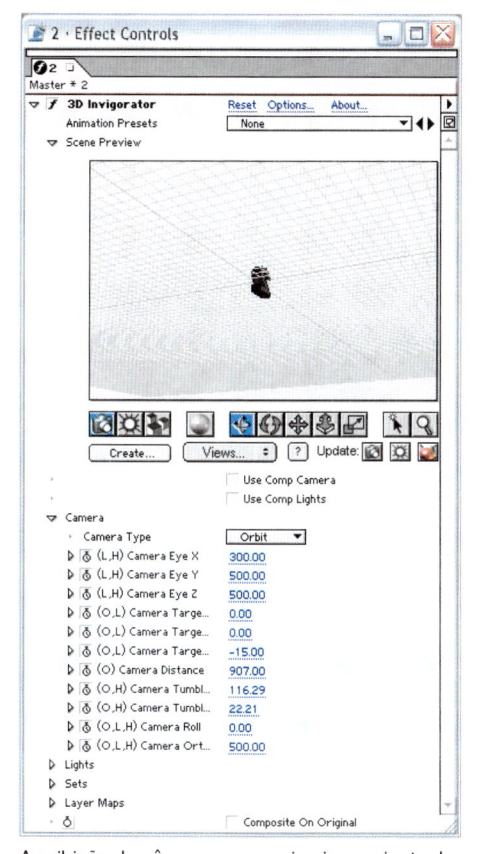

A exibição da câmera com o primeiro conjunto de quadros-chaves da camada 2

5. Vá para o tempo 3;00 e mude as propriedades da câmera do efeito, como mostra a seguir:

Target Z: -10

Distance: 143.73

Tumble Left: -31.54

Tumble Up: 33.27

Ortho Size: 97.67

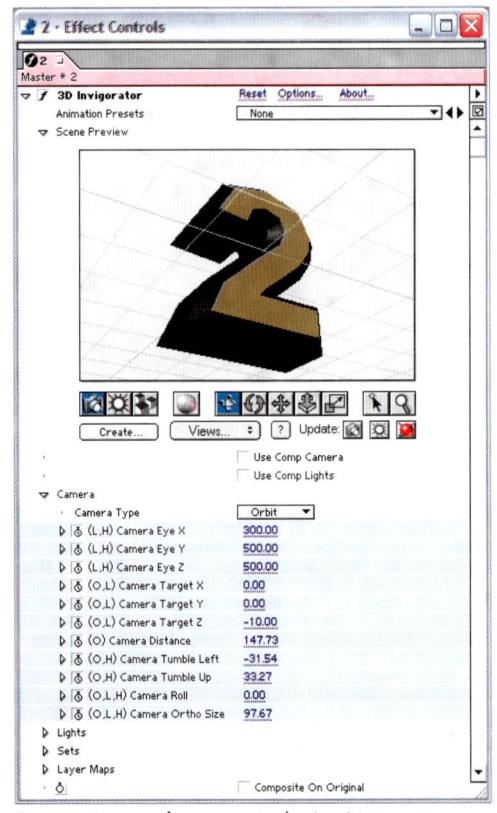

Como animar a câmera, ao invés do objeto

Capítulo 14 – ID DA ESTAÇÃO | **279**

6. Para atribuir um estilo de luz ao número, clique em Options no canto superior direito da janela Effect Controls. Clique o botão Light (Luz) (ao lado do botão Câmera (Câmera)) e então, clique na ficha Lighting Styles (Estilos de Iluminação) no painel direito da caixa de diálogos. Arraste um estilo de iluminação da lista, para o número na área de visualização da cena da caixa de diálogos e clique em OK.

7. Aplique Effect > Perspective > Drop Shadow (Sombra interna) na camada denominada 2. Defina Distance (Distância) do efeito para 70 e Softness (Suavidade) para 50.

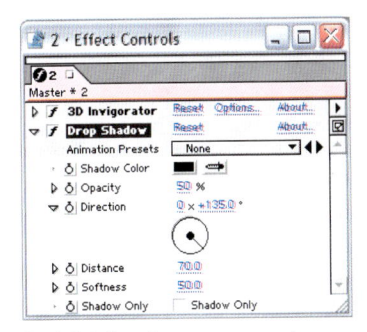

As definições da pequena sombra

Grave seu projeto e então visualize seus resultados. O número 2 deverá aparecer pequeno inicialmente, e com sua parte de trás voltada para o observador, então irá rotacionar lentamente para a esquerda, quando ficar mais próximo do observador.

Como Adicionar Texto ao Canal

O toque final restante é adicionar a frase *ON TUESDAY* na frente do número do canal, quando o número pára no tempo 3;00:

1. Vá para o tempo 3;00 e crie uma camada de texto que exiba *ON TUESDAY* acima da camada 2, na linha do tempo. Use estas definições para a nova camada de texto:

   Font Family: Arial Black

   Text Size: 18px

   Tracking: 300

   Fill Color: White (RGB: 255, 255, 255)

   Stroke Color: Red (RGB: 255, 0, 0)

   Stroke Width: 2px

   Stroke Style: Fill Over Stroke

2. Ative a chave 3D da nova camada de texto e ajuste os valores Position e Orientation até que o texto fique na frente da pintura inferior do caractere e pareça alinhado com a frente do número.

Como adicionar uma frase ao número do canal

Se você visualizar sua animação, as palavras *ON TUESDAY* deverão aparecer no tempo 3;00.

Agora Experimente Isto

Neste ponto, sua animação deverá estar muito parecida com o filme final na pasta deste capítulo, no DVD do livro, embora sua animação possa ter cores e estilos diferentes, e a abertura possa parecer diferente. Eis algumas sugestões que você poderá executar para aprimorar ainda mais este projeto:

- Selecione as camadas Border individuais e anime Light Angles do efeito Bevel Alpha para fornecer às bordas da abertura animada, mais interesse visual.
- Mude o texto do segundo plano para que os nomes das cidades se animem em direções alternadas na tela – alguns da direita para a esquerda e outros, da esquerda para a direita.
- Para realmente tornar interessante o texto que se pagina, remova os quadros-chaves Position da camada e aplique uma predefinição de animação do texto da categoria Multi-Line, na palheta Effects & Presets na camada. Você poderá aprimorar a animação resultante, ajustando as definições da predefinição em sua linha do tempo. Pressione UU para exibir todas as propriedades que foram modificadas pela predefinição.

Capítulo 15

A Névoa do Texto

Este capítulo foi, de fato, inspirado pelo acidente de duplicar uma camada de texto, mais vezes do que o necessário. Ao invés de remover as camadas extras, comecei a lidar com elas e animá-las a partir de vários locais na tela. É um efeito que você poderá usar de muitas maneiras: como o recurso principal de um projeto, como um segundo plano para preencher o espaço, etc.

Neste capítulo, você criará uma névoa virtual composta por palavras, que se dimensionam e se movem no espaço em 3D, até se fixarem em linhas uniformes. A figura de uma mulher caminha através da névoa de palavras, revelada apenas por palavras que caem sobre sua forma.

Funciona Assim

Verifique o arquivo **Ch15 Finished Project.mov** na pasta deste capítulo, no DVD do livro, para ver os resultados finais. Com a exceção do filme completo de uma figura que anda, o projeto inteiro é criado no After Effects, usando apenas camadas de texto e um efeito. Eis as etapas principais:

1. Crie várias camadas de texto e anime Scale e Positions das camadas no espaço em 3D.

2. Torne aleatórios Scale e Positions das camadas no espaço.

3. Use o efeito Displacement Map, para fazer com que uma figura animada pareça andar invisível, através de camadas de texto. Desative o segundo plano em torno da figura e inverta o controle do fosco.

4. Anime o efeito Tint para mudar a cor do texto do segundo plano.

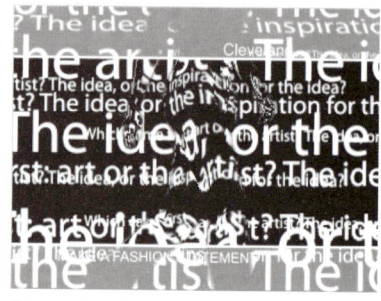

Os arquivos de texto na cena

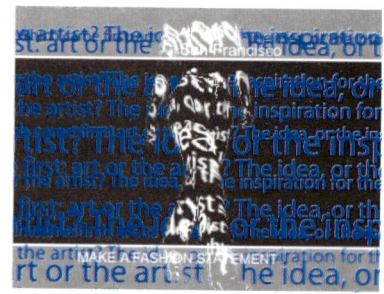

O texto que sobrepõe a figura que anda, parece distorcido

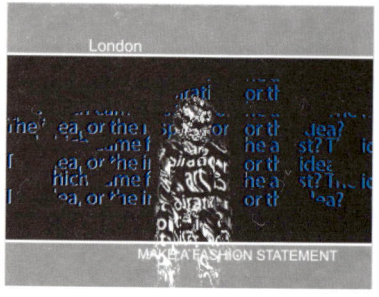

O texto com diversas camadas parece estampado por uma palavra e a figura

Como Preparar o Trabalho

Este projeto funciona bem em qualquer predefinição da composição, mas você usará uma predefinição relativamente pequena, que requer menos recursos do sistema e menos tempo para apresentar ou visualizar seu trabalho.

Para preparar este projeto, faça o seguinte:

1. Inicie um novo projeto e grave-o como Ch15FogofText.

2. Importe o arquivo **Woman_Walking.mov** como um filme completo na pasta deste capítulo, no DVD do livro.

3. Crie uma nova composição denominada Text Tracks 1, com as dimensões 320 x 240, Pixel Aspect Ratio (Proporção entre os Eixos do Pixel) de Square Pixels (Pixels Quadrados), Frame Rate (Velocidade de Projeção) 30 e Duration (Duração) de 10;00 segundos. Torne a cor do segundo plano da composição, preta (RGB: 0, 0, 0).

Como Criar Camadas de Texto

Sua primeira tarefa será criar e posicionar as camadas de texto que animará na cena, na próxima seção. Seu principal objetivo é criar uma linha de texto que se estenda na largura da composição; portanto, poderá digitar qualquer palavra desejada ou digitar o texto que especificamos na etapa 2.

Siga estas etapas:

1. Selecione a ferramenta Horizontal Type e defina suas propriedades nas palhetas Character (Caractere) e Paragraph (Parágrafo):

    Font Family: Arial

    Text Size: 18

Fill Color: branco (RGB: 255, 255, 255)

Alignment: Center Text

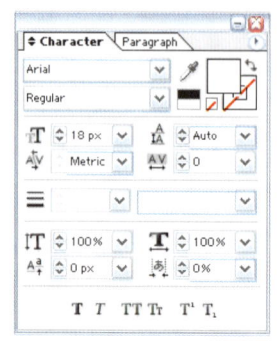

As definições da ferramenta Horizontal Type

2. Digite Which came first: `art or the artist? The idea, or the inspiration for the idea?` ou outro texto que cubra a largura inteira da composição, assim que for posicionado na próxima etapa.

3. Defina Position da camada de texto para 5, 20, para que a linha de texto comece no canto superior esquerdo da janela Composition.

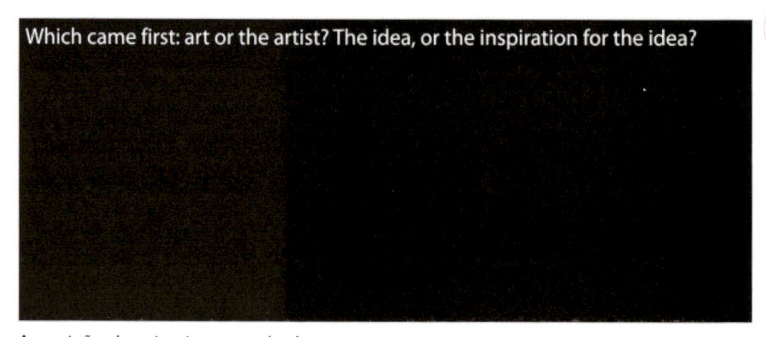

A posição da primeira camada de texto

4. Duplique a camada de texto sete vezes, para que tenha um total de oito camadas. Defina suas propriedades Position, como listado aqui:

    Layer 1: 5, 20

    Layer 2: 5, 50

    Layer 3: 5, 80

    Layer 4: 5, 110

    Layer 5: 5, 140

    Layer 6: 5, 170

    Layer 7: 5, 200

    Layer 8: 5, 230

As posições das camadas de texto

Como Animar o Texto

Você animará aleatoriamente Scale e Position de suas camadas de texto no eixo Z nesta seção, para que as camadas pareçam espalhadas no espaço. Não há nenhuma ciência nesta parte; você irá sugerir suas próprias definições repassando aleatoriamente os valores:

1. Ative a chave 3D para cada camada de texto na coluna Switches, da linha do tempo.

2. Vá para o tempo 4;00 e adicione um quadro-chave Position e um quadro-chave Scale a cada camada.

3. Vá para o tempo 0;00, mude o valor Z Position de cada camada (apenas o valor Z!) e o valor Scale para que nenhuma camada tenha o mesmo valor Z Position ou Scale da outra. Torne metade dos valores Z Position negativos e metade positivos, para que algumas camadas fiquem mais próximas do observador (o valor Z negativo) e outras pareçam distantes (valor Z positivo).

Não desejará distorcer o texto quando modificar Scale de uma camada, portanto, deixe ativado o botão Constrain Proportions (Limitar Proporções) à esquerda de cada conjunto de valores Scale.

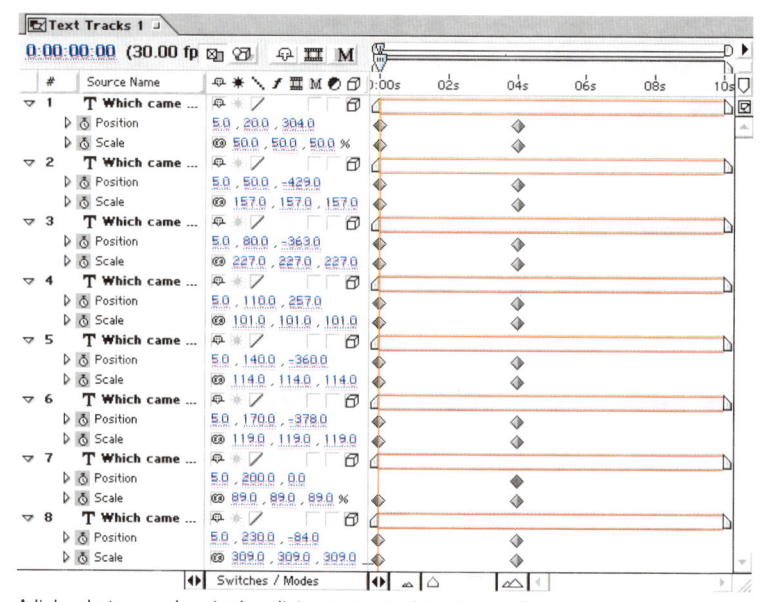

A linha do tempo depois de adicionar os quadros-chaves Position e Scale

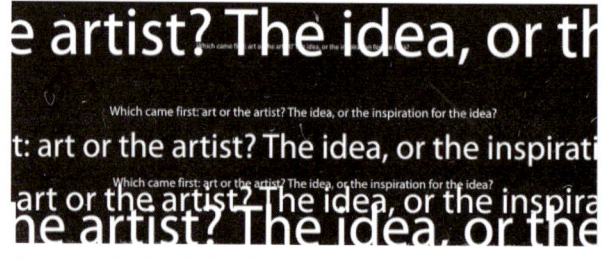

A composição depois de adicionar os quadros-chaves Position e Scale

Como Animar Mais o Texto

Até então, você criou apenas metade das camadas de texto das quais precisa, para este projeto. Sua próxima tarefa será criar mais linhas de texto animado, duplicando a composição já criada e modificando os quadros-chaves. As camadas de texto na nova composição irão aparecer entre as linhas de texto na composição original. Eis as etapas:

1. Feche a composição Text Track e duplique-a na janela Project.

2. Abra a composição Text Tracks 2 e vá para o tempo 4;00.

3. Aumente o valor Y Position de cada camada em 15 pixels. Isso moverá cada camada na vertical, para que quando você combinar as duas composições Text Tracks em uma, as camadas de texto não se sobreponham. O valor Y Position da camada superior será 35, 65 da segunda camada, etc.

4. Vá para o tempo 0;00, anime aleatoriamente Scale de cada camada (com as proporções limitadas) e mude o valor Z Position de cada camada para seu valor negativo ou positivo oposto. (Por exemplo, mude um valor Z Position de −304 para 304). Certifique-se de que tenha alterado apenas o valor Z para Position de cada camada.

Como Completar a Parede de Texto

Sua próxima tarefa será combinar as duas composições de texto em uma nova composição e modificar Position de uma camada, para que as linhas de texto pareçam coordenadas:

1. Crie uma nova composição denominada Master, usando Medium, uma predefinição da composição de 320 x 240, com Duration de 10;00 segundos.

2. Adicione as composições Text Tracks e Text Tracks 2 à linha do tempo, no tempo 0;00.

3. Ainda no tempo 0;00, adicione um quadro-chave Position a cada camada e defina Position de cada camada para 300, 120.

4. Pressione End para ir até o tempo 9;29 e então defina Position de cada camada para 20, 120.

5. Clique no nome da propriedade Position da camada Text Tracks 2 para selecionar todos os seus quadros-chaves. Escolha Animation (Animação) > Keyframe Assistant (Assistente do Quadro-Chave) > Time-Reverse Keyframes (Inverter Tempo dos Quadros-Chaves) para mudar os quadros-chaves Position da camada no tempo.

As camadas de texto em suas posições finais

Como Tornar uma Mulher Invisível

A parede de texto está completa. Finalmente é hora de adicionar uma figura misteriosa: o arquivo **Woman_Walking.mov** importado no início deste projeto. A animação da mulher que anda é um modelo em 3D animado de uma loira vestindo camiseta e calça comprida, mas os observadores nunca a verão realmente. Ao contrário, verão seu contorno quando ela andar através das camadas de texto no espaço e empurrar as palavras para fora do lugar. Qual é o seu segredo? O efeito Displacement Map que você aplicará nas camadas de texto.

O efeito Displacement Map move os pixels da camada Text Tracks em uma quantidade determinada pelos valores da cor da camada Woman_Walking e as quantidades Maximum Displacement (Deslocamento Máximo) especificadas para o efeito. Como a mulher animada é cercada de preto, que não tem nenhum valor da cor, a camada Text Tracks Master é afetada apenas pela figura e suas cores.

Capítulo 15 – A NÉVOA DO TEXTO | **291**

Nota: O efeito Displacement Map está disponível apenas na versão Professional do After Effects. Você poderá instalar uma versão experimental do After Effects Professional no DVD deste livro ou no site da Adobe em: **www.adobe.com**.

Siga estas etapas:

1. Selecione as camadas Text Tracks na linha do tempo da composição Master e escolha Layer (Camada) > Pre-Compose (Compor Previamente) para combinar as camadas, em uma nova composição. Nomeie a composição prévia como Text Tracks Master.

2. Arraste o arquivo **Woman_Walking.mov** da janela Project para a linha do tempo Master no tempo 0;00, acima da outra camada.

3. Desative a visibilidade da chave para a camada Woman_Walking na coluna A/V Features.

4. Aplique Effect (Efeito) > Distort (Distorcer) > Displacement Map (Mapa do Deslocamento) na camada Text Tracks Master. Use estas definições para o efeito:

    Max Horizontal Displacement: 10

    Max Vertical Displacement: 10

    Displacement Layer: camada Woman_Walking

Se você visualizar a animação, deverá ver o contorno de uma mulher andando, criado pelo texto, que parece flutuar sobre sua figura quando ela se move.

O efeito Displacement Map no tempo 0;00

Como Inverter a Mulher Invisível

Sua tarefa final será fazer com que a mulher que anda, pareça se separar do segundo plano de texto e animar a cor do texto do segundo plano. Como a animação Woman_Walking contém um segundo plano preto, poderá desativar facilmente o segundo plano, a fim de isolar a figura da mulher. Siga estas etapas:

1. Ative a chave Visibility ao lado da camada Woman_Walking, para que possa selecionar uma cor na camada, na próxima etapa.

2. Aplique Effect > Keying (Ajustar) > Color Key (Tom da Cor) na camada Woman_Walking. Clique o botão de conta-gotas Key Color do efeito e clique em qualquer lugar na área preta, que contorna a figura da mulher na janela Composition. Desative a chave Visibility da camada Woman_Walking, assim que tiver definido Key Color do efeito.

3. Como a cor preta que contorna a mulher contém cores pretas diferentes, defina Color Tolerance (Tolerância da Cor) do efeito para 7. Defina Edge Thin (Borda Fina) do efeito para 1 e Edge Feather (Disfarce da Borda) para 3.

4. Selecione as camadas Woman_Walking e Text Tracks, escolha Layer > Pre-Compose e nomeie a composição como Walking Woman Matte 1.

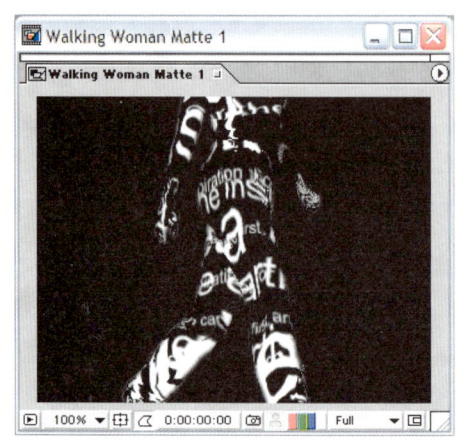

A composição Walking Woman Matte 1, no tempo 0;00

5. Selecione a camada Walking Woman Matte 1 e duplique-a.

6. Renomeie a camada Walking Woman Matte mais inferior, como Walking Woman Matte 2.

7. Abra a linha do tempo da composição Walking Woman Matte 2 e mude Track Matte de Text Track Master, para Alpha Inverted "Woman_Walking.mov".

A composição Walking Woman Matte 2, no final da linha do tempo

8. Volte para a composição Master e aplique Effect > Image (Imagem) > Tint (Matizar) na camada Walking Woman Matte 2. Defina a propriedade Map Black To do efeito para preto (RGB: 0, 0, 0) e a propriedade Map White To para azul (RGB: 45, 45, 254).

9. Adicione um quadro-chave Amount To Tint ao efeito no tempo 2;0, com um valor 0% e mude o valor da propriedade para 100, no tempo 3;00.

A composição Master no tempo 3;00

Agora Experimente Isto

Para fornecer a seu projeto o contexto promocional e adicionar alguma estrutura visual à cena, acrescente os elementos restantes, vistos no filme final deste capítulo:

- Crie uma caixa retangular adicionando uma camada sólida cinza e mascarando a área central. Aplique o efeito Stroke ao sólido, para contornar a área mascarada.

- Adicione os títulos *Los Angeles* e *Dream of Fashion* dentro da caixa retangular e anime-os para que deslizem na horizontal, para o lugar.

- Adicione uma camada de texto no tempo 3;00, acima da camada Walking Woman Matte 2, que exiba a palavra *inspiration* com Text Size definido para 150 pixels. Defina Blending Mode da camada para Stencil Alpha e anime o valor X Position da camada, para que a palavra se pagine, lentamente, no segundo plano.

Capítulo 16

Iluminação Rápida e Fácil

Um dos aspectos mais interessantes da luz é como ela interage com os objetos, fazendo com que eles projetem sombras e criando uma sensação de espaço. Os programas de iluminação mais eficientes são, geralmente, aplicações de modelagem em 3D de ponta, mas este capítulo mostrará como obter resultados dramáticos usando o After Effects e alguns efeitos de terceiros.

Neste capítulo, você desenvolverá um filme promocional para um filme independente, denominado *Alvarez & Cruz*. Usará um clipe do filme como um segundo plano para servir como uma textura de fundo e dar ao observador uma visão rápida do filme. Você irá acentuar a tela com luz e sombras, enquanto o título em 3D voa a partir de trás do observador.

Funciona Assim

Verifique o arquivo **Ch16 Finished Project.mov** na pasta deste capítulo, no DVD do livro, para ver os resultados do projeto completo. Neste projeto, você verá como aproveitar a capacidade das camadas Light do After Effects e os efeitos, para criar uma iluminação dramática. As etapas principais são como a seguir:

Um foco de luz se move em torno do filme completo do vídeo

1. Use um clipe do filme e vários efeitos para criar um segundo plano atmosférico, que se move.

2. Crie um texto em 3D, deslocado a partir de um arquivo em 2D, para o título principal, usando o efeito 3D Invigorator da Zaxwerks.

O título em 3D voa para a cena

3. Anime o título na cena.

4. Crie um caminho com movimento suave quase instantaneamente para sua camada de luz, usando uma máscara.

As sombras animadas acentuam a forma do título em 3D

Como Preparar o Trabalho

Este projeto requer uma composição, algum filme completo do vídeo (fornecido), um arquivo Adobe Illustrator (fornecido) e algumas camadas sólidas. Você criará um título em 3D, deslocando o arquivo Illustrator com o efeito 3D Invigorator da Zaxwerks. O efeito de iluminação primária será criado usando os recursos nativos do After Effects; você poderá aperfeiçoar mais os resultados com os efeitos fornecidos pela empresa Trapcode.

Para preparar este projeto, faça o seguinte:

1. Se ainda não tiver o efeito 3D Invigorator da Zaxwerks (versão Classic 3.0.9) instalado no After Effects, poderá instalá-lo com o CD fornecido com as versões Professional do After Effects ou a Adobe Video Collection. Se tiver a versão Standard de qualquer um dos projetos, poderá instalar uma versão experimental do 3D Invigorator no DVD deste livro ou no site da empresa em: www.zaxwerks.com. Assim que o efeito estiver instalado, um submenu Zaxwerks aparecerá no menu Effect (Efeito), no After Effects.

2. Inicie um novo projeto e grave-o como Ch16Lighting.

3. Importe o arquivo **Alvarez&Cruz.mov** como um filme completo na pasta deste capítulo, no DVD do livro.

4. Crie uma nova composição denominada A&C Master usando Medium, uma predefinição da composição de 320 x 240, com Duration (Duração) de 10;00 segundos.

Como Criar o Segundo Plano com Movimento

Você usará o filme completo, importado do DVD do livro, para estabelecer a base do segundo plano do seu anúncio:

1. No tempo 0;00, crie um sólido branco (RGB: 255, 255, 255) com o tamanho da composição denominado Background, com Pixel Aspect Ratio (Proporção do Eixo do Pixel) definido para Square Pixels (Pixels Quadrados).

2. Coloque o arquivo **Alvarez&Cruz.mov** na linha do tempo, começando no tempo 0;00, acima da camada Background.

3. Para colocar o filme no tamanho da composição, defina Scale da camada Alvarez&Cruz para 50, 50%.

4. Para fazer com que o filme completo aumente de intensidade na cena, adicione um quadro-chave 0% Opacity no tempo 1;00; então, vá para o tempo 2;00 e mude Opacity para 100%.

5. Para fazer com que o filme completo diminua de intensidade na cena, adicione um quadro-chave 100% Opacity, no tempo 5;00 e um quadro-chave 0% Opacity, no tempo 7;00.

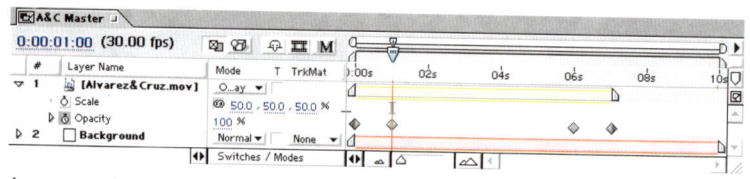

A composição A&C no tempo 1;00

Como Ajustar o Vídeo

O clipe do filme precisa ser ajustado para ajudar a colocar o clipe no segundo plano, para que o foco do anúncio fique nos elementos do primeiro plano. Para tanto, você irá colorir, manchar e modificar os níveis da camada:

1. Para dar ao filme completo do vídeo uma tonalidade azul, aplique Effect > Adjust (Ajustar) > Hue/Saturation (Matiz/Saturação) na camada Alvarez&Cruz. Use estas definições do efeito:

    Colorize (abaixa da opção Master Lightness (Iluminação-Mestre)): Ativado

    Colorize Hue: 0 x –120

    Colorize Saturation: 50

    Colorize Lightness: 0

2. Para manchar o filme completo do vídeo, para que tenha menos ponto focal em cada quadro, aplique Effect > Blur & Sharpen (Desfoque e Nitidez) > Fast Blur (Desfoque Rápida) na camada Alvarez&Cruz. Use estas definições para o efeito:

   Blurriness: 20

   Blur Dimensions: Horizontal and Vertical

   Repeat Edge Pixels: Ativado

3. Aplique Effect > Adjust > Levels (Níveis) na camada Alvarez&Cruz. Use estas definições:

   Input Black: 20

   Input White: 90

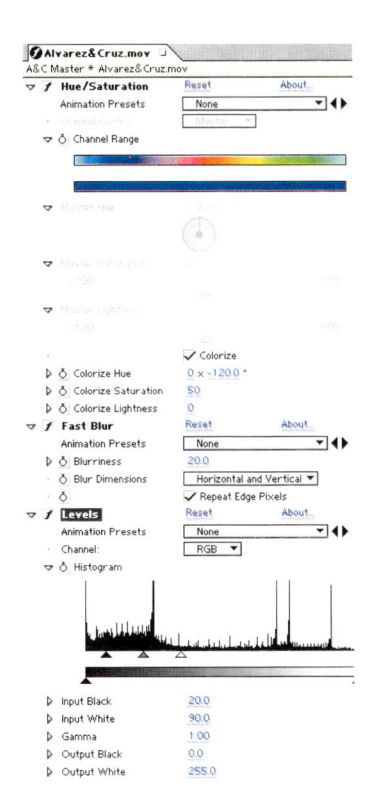

As definições para o clipe do filme na janela Effect Controls

Como Deslocar o Título Principal

Para criar o título principal, você usará o efeito 3D Invigorator da Zaxwerks, que gera objetos tridimensionais a partir dos arquivos bidimensionais Adobe Illustrator. Assim que você gerar o objeto em 3D, poderá animá-lo no espaço em 3D e exibi-lo a partir de qualquer ângulo. Siga estas etapas:

1. Vá para o tempo 1;00 e crie uma camada Solid com o tamanho da composição denominada A&C Title, com qualquer cor. Certifique-se de que o sólido esteja acima das outras camadas na linha do tempo.

2. Aplique Effect > Zaxwerks > 3D Invigorator na camada A&C Title e abra o arquivo **A&C.ai** na pasta deste arquivo, no DVD do livro.

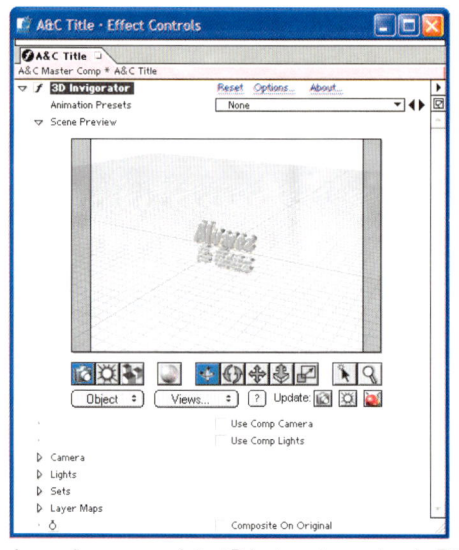

As opções para o efeito 3D Invigorator, na janela Effect Controls

Capítulo 16 – ILUMINAÇÃO RÁPIDA E FÁCIL | **303**

3. Para atribuir um estilo ao título, clique em Options (Opções) ao lado do nome 3D Invigorator, na janela Effect Controls, para abrir a caixa de diálogos 3D Invigorator Set-Up Window (Janela de Configuração do 3D Invigorator). Na ficha Object Styles (Estilos de Objeto), selecione um estilo que fará com que o título complemente o filme completo do vídeo; arraste o estilo para o texto na área Scene Preview (Visualizar Cena) da caixa de diálogos e clique em OK.

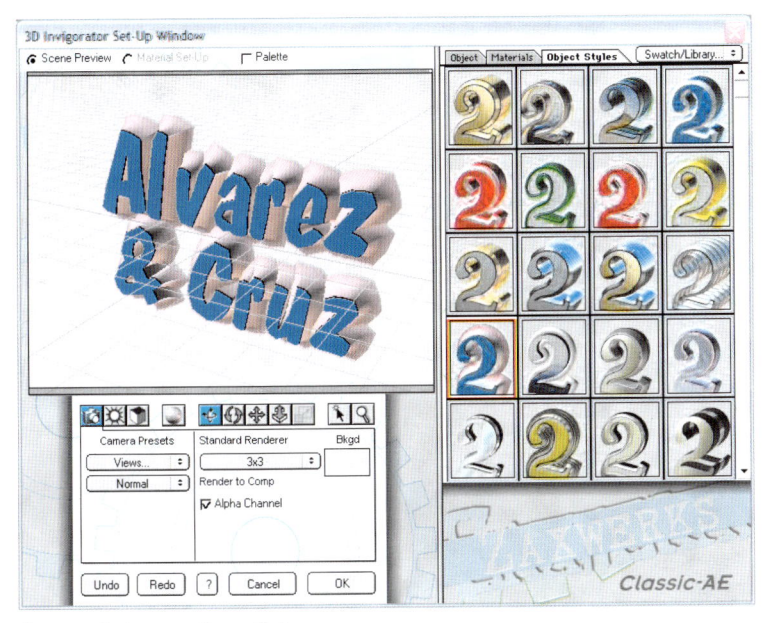

Como atribuir um estilo ao título

4. Na janela Effect Controls, expanda o grupo Camera (Câmera) do efeito 3D Invigorator e adicione um quadro-chave no tempo 1;00 a cada propriedade no grupo.

5. Para definir o título a fim de começar praticamente fora da tela, defina as propriedades do efeito, como listado aqui:

   Camera Eye X: 300

   Camera Eye Y: 500

Camera Eye Z: 500

Camera Target X: 0.62

Camera Target Y: 3.51

Camera Target Z: 8.51

Camera Distance: 9.37

Camera Tumble Left: 1.24

Camera Tumble Up: 81.51

Camera Roll: 0.00

Camera Ortho Size: 5.16

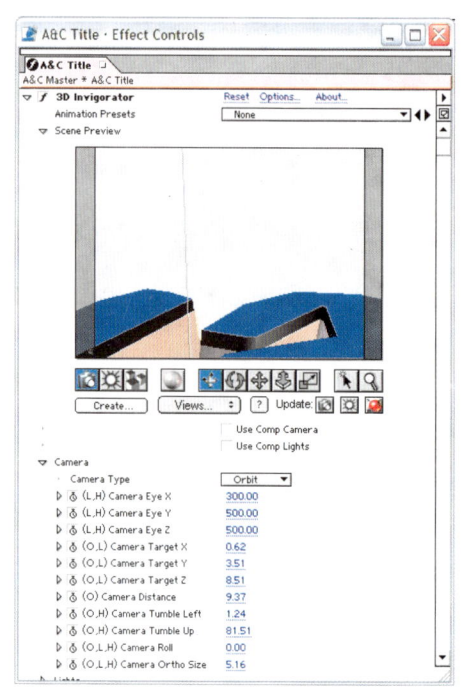

As definições para o primeiro quadro-chave do efeito 3D Invigorator

6. Vá para o tempo 3;00 e mude as propriedades do efeito 3D Invigorator, para o seguinte:

    Camera Distance: 554.29

    Camera Tumble Left: -2.78

    Camera Tumble Up: 17.19

    Camera Ortho Size: 305.56

7. Expanda o grupo Material Options de A&C Title na linha do tempo e ative a opção Casts Shadows (Sombras Projetadas). Isso permitirá à camada, projetar as sombras causadas pelas luzes, que você adicionará na próxima seção.

Se você visualizar a animação agora, deverá ver o título voar na cena, como se viesse de trás do observador e pousar de frente para ele.

Como Criar um Foco de Luz

Finalmente é hora de começar a seção de iluminação. Há diversas maneiras de animar as camadas Light do After Effects, que são em 3D por default. Uma técnica é criar manualmente o caminho de movimento da luz, animando a propriedade Position da luz: Você adiciona um quadro-chave Position em um ponto no tempo e então reposiciona a luz em outros pontos no tempo. Isso geralmente requer trabalhar com sua composição em diversas exibições e depois aprimorar o caminho usando a ferramenta Pen. Esse método fornece um ótimo controle sobre a animação da luz, mas pode requerer muita manipulação e tempo.

Ao invés dessa abordagem, você criará o caminho de movimento de sua luz, desenhando o caminho com a ferramenta Elliptical Mask, copiando e colando seus quadros-chaves. Se quiser aprimorar depois o caminho, poderá fazer isso com esse método, usando a ferramenta Pen. Rápido e fácil.

Eis as etapas:

1. Ative a chave 3D de cada camada na coluna Switches da linha do tempo.
2. Para criar um foco de luz, vá para o tempo 0;00, escolha Layer > New (Nova) > Light (Luz) e use os seguintes valores na caixa de diálogos Light Settings (Definições da Luz):

    Light Type: Spot

    Intensity: 130

    Cone Angle: 55

    Cone Feather: 15

    Color: branco (RGB: 255, 255, 255)

    Casts Shadows: marcado

    Shadow Darkness: 55

    Shadow Diffusion: 20

3. Certifique-se de que a camada de luz esteja acima das outras camadas, na linha do tempo.
4. Use a ferramenta Elliptical Mask para criar uma máscara circular na camada Alvarez&Cruz, que circule a área da composição. Não importa em qual ponto do tempo você está na linha do tempo.

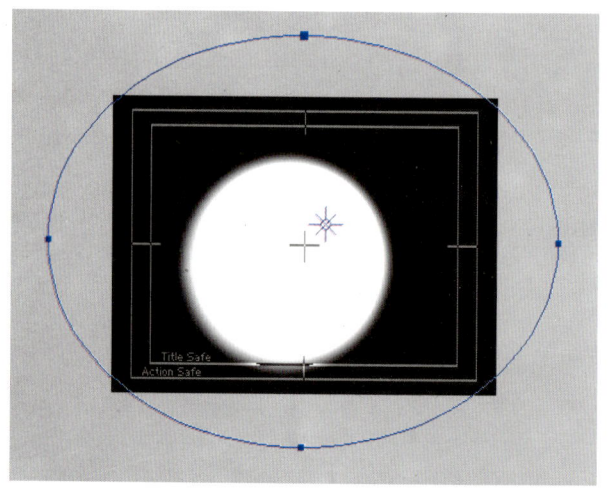

Como criar um caminho com movimento, com uma ferramenta da máscara

5. Selecione a camada Alvarez&Cruz e pressione M para exibir a propriedade Mask Shape da máscara. Clique no nome da propriedade Mask Shape para selecioná-la e então escolha Edit (Editar) > Copiar (Copiar) para copiá-la.

6. Selecione a propriedade Position da camada Light na linha do tempo e escolha Edit > Paste (Colar) para colar a máscara. Você acabou de criar um caminho com movimento oval perfeito e suave para sua luz.

   Bem, quase perfeito. Precisará fazer alguns ajustes. Atualmente, a luz não tem nenhuma distância real a partir do seu eixo Z, portanto, não parece apontar para nada. Porém, isso será fácil de corrigir nas próximas etapas.

7. Como você não precisa mais mascarar a camada Alvarez&Cruz, expanda a camada na linha do tempo e apague sua máscara.

8. No tempo 0;00, defina o valor Z do quadro-chave Position da camada Light para –100.

9. Para cada um dos quadros-chaves Position restantes da camada Light, defina o valor Z para –300. Pressione a tecla K para ir até o próximo quadro-chave ou J para ir até o quadro-chave anterior na camada.

   Essa técnica cria um efeito no qual o círculo da luz está próximo do título no início da animação e distancia-se do título quando o título é animado na exibição. Como resultado, a luz é suavizada.

10. Para distribuir os quadros-chaves na duração inteira da composição, clique na propriedade Position da camada Light para selecionar todos os seus quadros-chaves, pressione a tecla Alt (Windows) ou a tecla Option (Mac) e arraste o último quadro-chave para o tempo 9;29.

Se você visualizar sua animação neste ponto, deverá ver o foco de luz em uma cena vazia; assim, o título voará para a cena central.

Agora Experimente Isto

Para adicionar os elementos restantes do desenho para este projeto, faça as duas tarefas a seguir:

- Crie uma caixa retangular 16:9 falsa com um sólido preto (RGB: 0, 0, 0), do tamanho da composição, cortando o centro do sólido com a ferramenta Rectangular Mask, no modo Subtract. Aplique um efeito Stroke no sólido para contornar a caixa retangular.

- Adicione a linha de texto *An Urban Drama* à esquerda superior e *tonight at 11pm* à direita inferior da camada Letterbox. Considere os limites Title e Action Safe na composição ao criar sua caixa retangular.

Para continuar a experimentar as luzes After Effects, explore o efeito Lux fornecido por Trapcode:

- Visualize sua fonte de luz aplicando o efeito Lux da empresa Trapcode, em uma camada sólida. Se você não tiver esse efeito, poderá carregar uma versão demo no site da empresa em: **www.trapcode.com**. O efeito Lux funciona uniformemente com as propriedades das luzes existentes em sua composição. Com base nessas definições, o efeito Lux cria uma representação visual da luz. Se sua luz estiver posicionada fora da tela, então você não verá o efeito (obviamente).

- Para adicionar raios de luz que parecem se projetar em torno da camada do título, a partir de uma luz atrás do título, aplique o efeito Shine da empresa Trapcode em uma cópia duplicada da camada A&C Title. Defina a opção Colorize (Colorir) do efeito para One Color (Uma Cor), colorido de preto (RGB: 0, 0,0). Selecione a propriedade Source Point do efeito Shine na linha do tempo e escolha Animation (Animação) > Add Expression (Adicionar Expressão). Arraste Pick Whip (Controle de Seleção) de Expression para o parâmetro Position da camada Light 1.

Capítulo 17

Comercial de Carro com Batimento Cardíaco

A idéia original para o batimento cardíaco que você irá visualizar com o projeto deste capítulo, foi inspirada por um projeto no qual eu defini uma onda do osciloscópio, dentro de um logotipo. Eu realmente gostei da idéia e comecei a experimentá-la como um meio de expressar a euforia que alguém pode sentir, na primeira vez em que dirige um carro Saleen S7.

Neste projeto, você aprenderá a usar vários efeitos e uma máscara para criar, e animar o batimento cardíaco. Também usará efeitos para construir o monitor do coração, a fim de conter o batimento cardíaco e emoldurar algum filme completo do vídeo. As lições que aprenderá quando animar o caminho do batimento cardíaco poderão ser aplicadas em outros projetos nos quais deseja animar linhas e contornos.

Funciona Assim

Verifique o arquivo **Ch17 Saleen Heartbeat.mov** na pasta deste capítulo no DVD do livro, para exibir os resultados finais do projeto deste capítulo. O filme completo do vídeo apresentando um automóvel Saleen serve como o segundo plano para a estrela real deste anúncio: um batimento cardíaco animado. Você aprenderá a usar combinações de efeitos e modos de mistura para criar a aparência em camadas do projeto final.

O filme completo do vídeo se reproduz quando o batimento cardíaco atravessa a tela

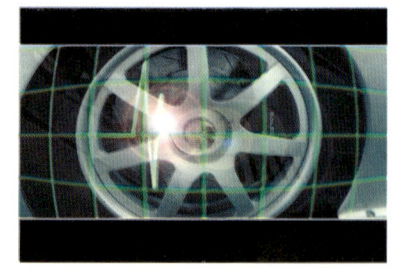

Uma bola de luz conduz o caminho do batimento cardíaco na tela

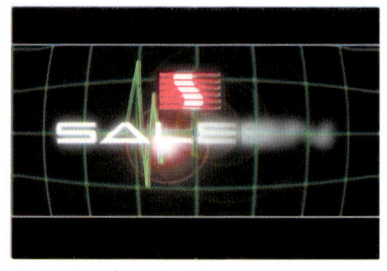

O logotipo é manchado na cena

Você usará as seguintes técnicas:

1. Desenhe o caminho de um batimento cardíaco com a ferramenta Pen e pinte o caminho com cor.

2. Anime o caminho do batimento cardíaco animando os efeitos Stroke e Lens Flare.

3. Diminua a intensidade do caminho do batimento cardíaco animando o efeito Ramp e atribuindo Track Matte à camada do batimento cardíaco.

4. Construa um monitor para o caminho do batimento cardíaco usando o efeito Grid e uma camada Adjustment.

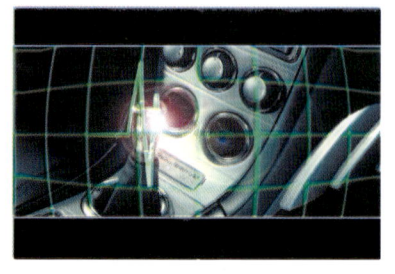

Capítulo 17 – COMERCIAL DE CARRO COM BATIMENTO CARDÍACO | 311

Como Preparar o Trabalho

Este projeto requer três arquivos do filme, um arquivo de áudio e uma imagem parada gráfica, tudo fornecido no DVD do livro. Você precisará importar estes itens para seu projeto e criar sua primeira composição, antes do trabalho real começar.

Para preparar este projeto, faça o seguinte:

1. Inicie um novo projeto e grave-o como Ch17HeartbeatCar.

2. Importe as pastas denominadas **Audio**, **Footage** e **Stills** na pasta deste capítulo, no DVD do livro. A pasta **Footage** contém dois arquivos AVI e um arquivo MOV, a pasta **Stills** contém um arquivo PSD e a pasta **Audio** contém um arquivo WAV.

3. Crie uma nova composição denominada Heartbeat usando NTSC DV, uma predefinição da composição de 720 x 480, com Duration (Duração) de 1;00 segundo.

4. Para manter sua janela Project organizada, crie uma nova pasta denominada **Comps** e adicione a composição Heartbeat e todas as composições subseqüentes neste capítulo.

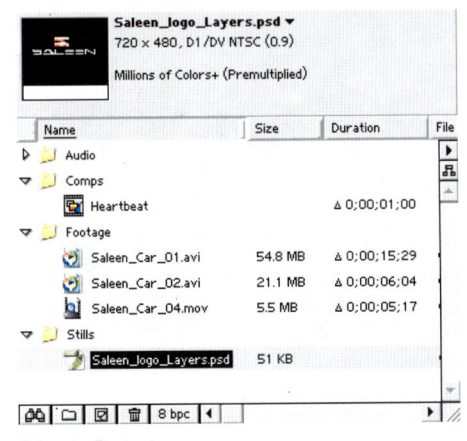

A janela Project

Como Criar o Batimento Cardíaco

Você desenhará o caminho do batimento cardíaco com a ferramenta Pen, usando a técnica do olho – ou seja, desenhará o caminho, manualmente, usando a forma de onda de uma camada de áudio, como seu guia visual. Como resultado, seu caminho do batimento cardíaco poderá não se parecer exatamente com o caminho nas ilustrações ou com o filme final deste capítulo; tudo bem.

Siga estas etapas:

1. Adicione o arquivo **heartbeat.wav** à linha do tempo (Timeline) e pressione a tecla L do seu teclado, duas vezes, para exibir a trilha de áudio da camada na linha do tempo. Você usará o som como um guia visual ao desenhar o caminho para a linha no monitor cardíaco.

2. Crie uma nova camada Solid com o tamanho da composição (720 x 480) denominada Heartbeat, colorida de preto (RGB: 0, 0, 0).

3. Use a ferramenta Pen para desenhar uma forma na camada Heartbeat, que lembre a onda na camada de áudio.

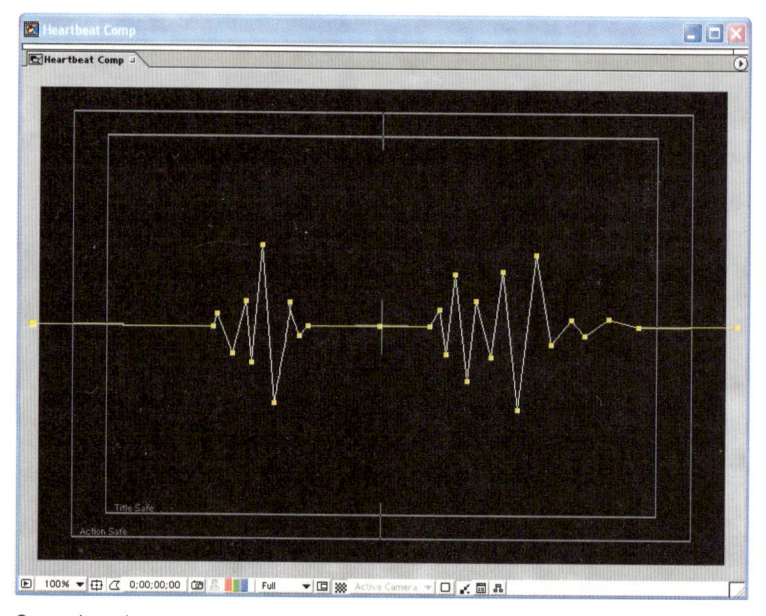

Como desenhar o caminho de um batimento cardíaco

Capítulo 17 – COMERCIAL DE CARRO COM BATIMENTO CARDÍACO | **313**

4. Aplique Effect (Efeito) > Render (Apresentar) > Stroke (Pintar) na camada Heartbeat para delinear o caminho. Defina Color (Cor) do efeito para um verde brilhante (RGB: 0, 255, 0) e Brush Size (Tamanho do Pincel) para 3.0.

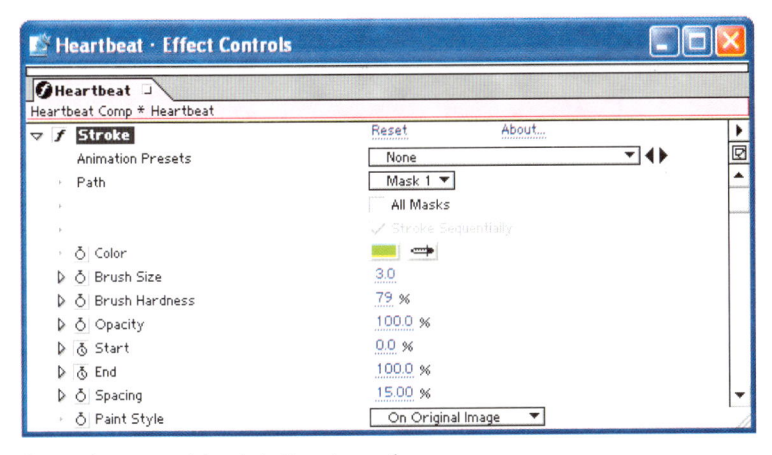

Como pintar o caminho do batimento cardíaco

Como Animar o Batimento Cardíaco

O efeito Stroke tem as propriedades Start e End, que permitem controlar as áreas de uma máscara ou o caminho que é afetado. Se Start estiver definida para 0% e End definido para 100% (ou vice-versa), então o caminho inteiro aparecerá pintado. Se ambas as propriedades estiverem definidas para o mesmo valor, então nada será pintado. Para animar a pincelada do batimento cardíaco, para que se mova da esquerda para a direita, você animará a propriedade End do efeito Stroke, nas etapas seguintes; poderá animar, de modo igualmente fácil, a propriedade Start com End, definido para 0%, a fim de obter os mesmos resultados. Usará a técnica do olho, novamente, para conseguir os valores certos para cada quadro-chave:

1. Vá para o tempo 0;00, adicione um quadro-chave à propriedade End do efeito e mude o valor da propriedade para 0%.

2. Vá para o ponto no tempo, que está antes do primeiro pico, no caminho Waveform da camada de áudio e arraste o valor End do efeito Stroke para cima, até que a pincelada verde esteja antes dos picos, no caminho de sua máscara.

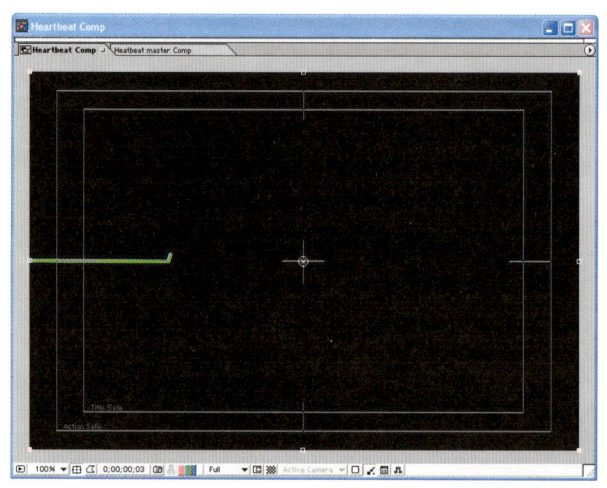

Depois de adicionar o segundo quadro-chave End do efeito Stroke

3. Vá para o ponto no tempo, que está no final do primeiro grupo de picos, no caminho Waveform da camada de áudio e aumente o valor da propriedade End, até que a pincelada esteja no final do grupo de picos na máscara.

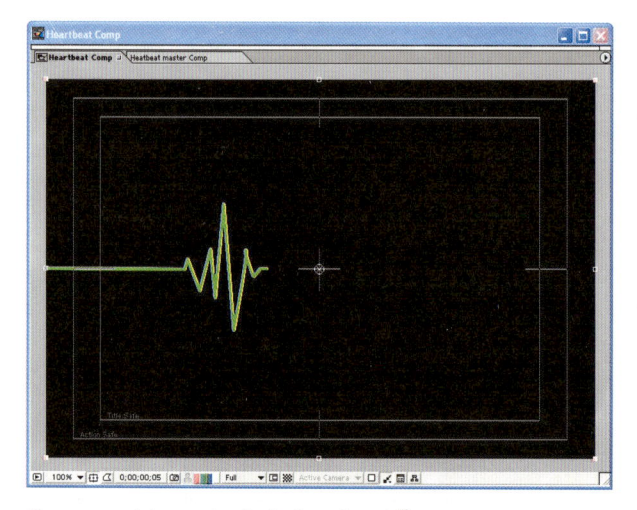

Como completar o primeiro batimento cardíaco

Capítulo 17 – COMERCIAL DE CARRO COM BATIMENTO CARDÍACO | **315**

4. Repita as etapas 2 e 3 para os picos restantes nos caminhos de Waveform da camada de áudio e sua máscara.

5. Vá para o final da linha do tempo e defina a propriedade End para 100%.

6. Para dar ao caminho algum brilho, aplique Effect > Stylize (Estilizar) > Glow (Brilho) na camada Heartbeat. Use estas definições do efeito:

   Glow Threshold: 40%

   Glow Intensity: 2.0

   Color A (a cor interna): Amarelo brilhante (RGB: 255, 255, 0)

   Color B (a cor externa): Verde brilhante (RGB: 0, 255, 0)

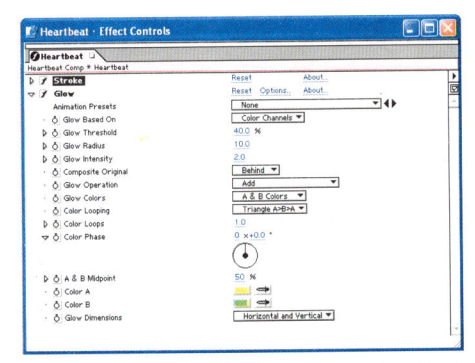

As definições do efeito Glow na janela Effect Controls

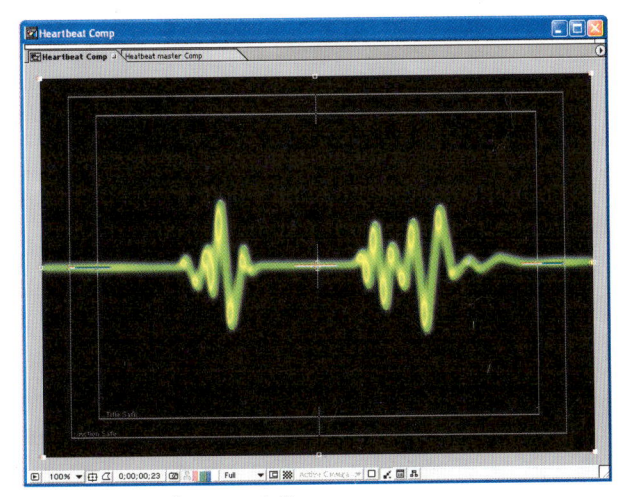

O batimento cardíaco com brilho

Como Diminuir a Intensidade do Batimento Cardíaco

Nesta seção, você usará uma técnica fácil para diminuir a intensidade da extremidade do caminho pintado do batimento cardíaco, quando ele se move da esquerda para a direita, para que seja mais real. Você animará uma graduação colorida criada com o efeito Ramp e usará a camada como um Track Matte, para a camada do batimento cardíaco:

1. No tempo 0;00, crie uma nova camada Solid com o tamanho da composição denominada Ramp, com qualquer cor. Coloque a camada acima das outras na linha do tempo Heartbeat. (A cor do sólido será anulada pelo efeito Ramp).

2. Aplique Effect > Render > Ramp (Variar) na camada Ramp para criar as graduações necessárias. Defina Start of Ramp do efeito para 0, 240 e End of Ramp para 185, 240. Esses valores preencherão grande parte da composição com a cor branca, que muda gradativamente para o preto na borda esquerda.

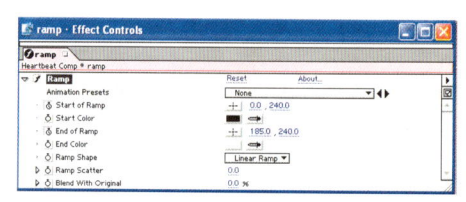

As definições do efeito Ramp

Os resultados do efeito Ramp e suas definições no tempo 0;00

Capítulo 17 – COMERCIAL DE CARRO COM BATIMENTO CARDÍACO | **317**

3. Defina Track Matte da camada Heartbeat para Luma Matte "Ramp" e pressione U em seu teclado para exibir os quadros-chaves da camada.

4. Vá para o ponto no tempo onde está o segundo quadro-chave da camada Heartbeat e adicione os quadros-chaves Start of Ramp e End of Ramp ao efeito Ramp, na camada Ramp. Ajuste o valor X da propriedade End of Ramp até que o marcador End of Ramp (um sinal de mais circulado) fique à esquerda do ponto mais à direita, da pincelada verde visível.

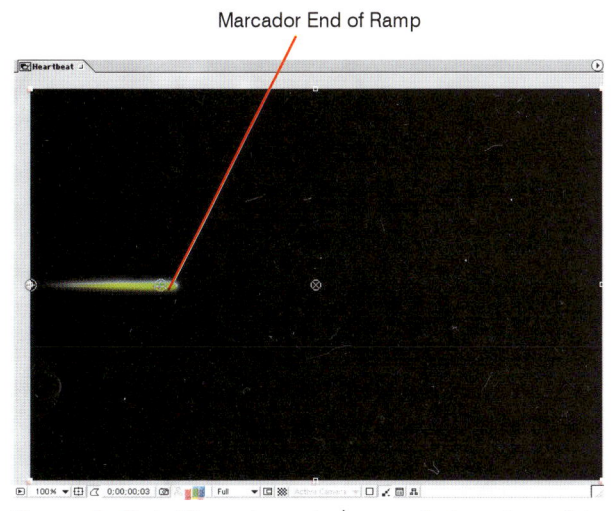

O marcador End of Ramp deve estar à esquerda do ponto condutor da pincelada

5. Vá para o ponto no tempo onde está o próximo quadro-chave do efeito Stroke e aumente o valor X da propriedade End of Ramp do efeito Ramp, até que ele fique à esquerda do ponto condutor da pincelada, portanto, o ponto mais à direita é totalmente exibido e o resto dele diminui de intensidade.

6. No mesmo ponto no tempo do quarto quadro-chave do efeito Stroke, repita a etapa anterior; mas desta vez, também aumente o valor X da propriedade Start of Ramp, para que não possa ver grande parte do primeiro batimento cardíaco.

7. No mesmo ponto no tempo do quinto quadro-chave do efeito Stroke, aumente o valor X da propriedade End of Ramp do efeito Ramp, até que ele fique à esquerda do ponto condutor da pincelada. Também aumente a propriedade Start of Ramp até ver apenas a última metade do segundo batimento cardíaco.

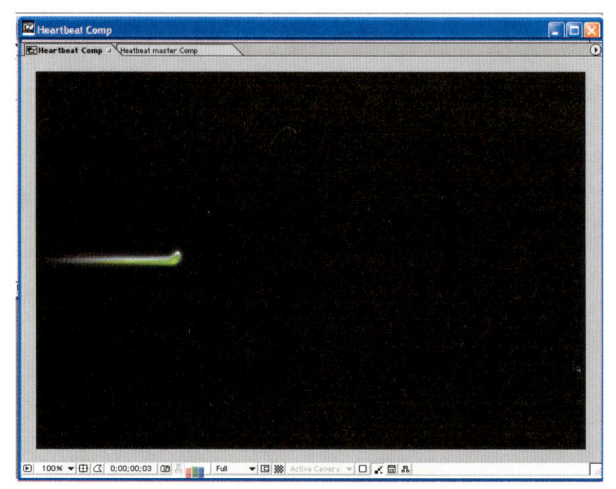

Como diminuir a intensidade da pincelada do primeiro batimento cardíaco

8. Pressione End para ir até o final da composição e então aumente os valores X das propriedades Start of Ramp e End of Ramp, até que não possa ver a pincelada do batimento cardíaco.

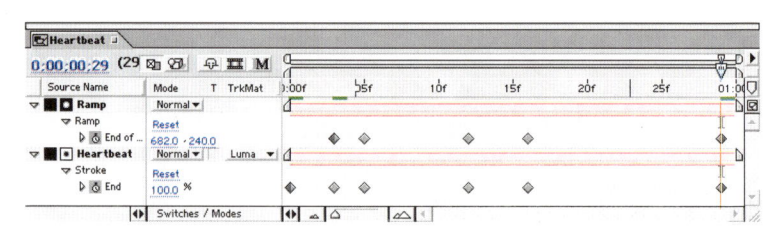

A linha do tempo Heartbeat

Como Adicionar uma Bola de Luz

Em seguida, você usará o efeito Lens Flare para criar e animar uma bola de luz branca, que conduz o caminho pintado na tela. Siga estas etapas:

1. No tempo 0;0, adicione uma nova camada Solid com o tamanho da composição denominada White Dot colorida de preto (RGB: 0, 0, 0).
2. Aplique Effect > Render > Lens Flare (Brilho na Lente) na camada White Dot e defina Flare Bightness (Brilho da Luz) do efeito para 70%.
3. Adicione um quadro-chave Flare Center ao efeito e defina-o para –50, 240. Isso inicia a luz fora da tela.

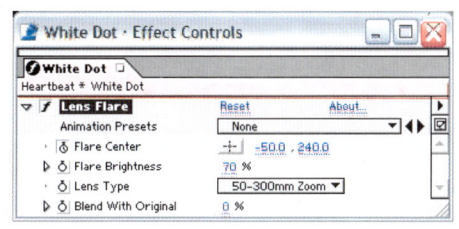

As definições para o efeito Lens Flare no tempo 0;00

4. Defina Blending Mode da camada White Dot para Screen na coluna Modes da linha do tempo. Isso permitirá ao observador ver a pincelada e o brilho na lente.
5. Vá para o ponto no tempo onde está o segundo quadro-chave da camada Heartbeat e aumente o valor X da propriedade Flare Center até que a bola de luz fique na ponta da pincelada da linha.

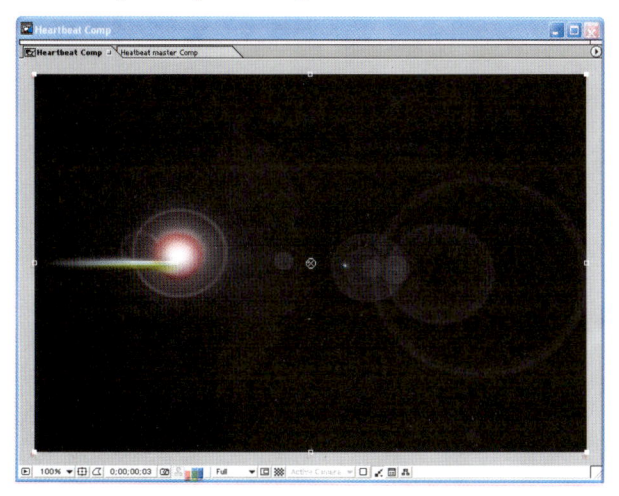

Como alinhar Lens Flare com o ponto condutor da pincelada

6. Continue a mover na linha do tempo, um quadro de cada vez, e ajuste a posição da propriedade Flare Center para que sempre apareça na ponta condutora do caminho pintado.

Para posicionar a propriedade Flare Center, clique o botão que aparece à esquerda dos valores da propriedade na janela Effect Controls e clique na janela Composition, onde você deseja Flare Center. As duas linhas brancas seguirão o ponteiro do seu mouse para mostrar onde estará o novo ponto: onde as linhas se cruzam. Como alternativa, você poderá arrastar o ícone Flare Center na janela Composition, para cada nova posição. Poderá usar as teclas Page Up e Page Down para navegar no tempo, quando fizer os ajustes.

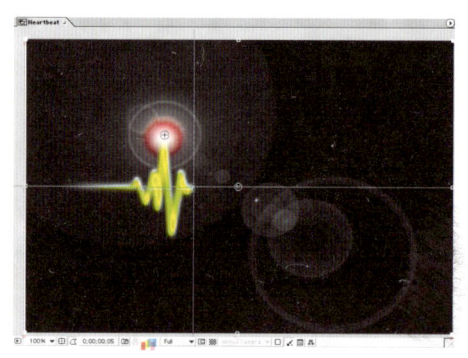

O lugar onde as duas linhas brancas se cruzam, define a nova posição para o brilho da luz

Como Construir o Monitor Cardíaco

O estilo da caixa do monitor que você construirá para conter o caminho do batimento cardíaco é como uma relíquia dos primeiros dias de tais dispositivos. Antes de construir o monitor, você criará uma seqüência de sua animação do batimento cardíaco, para que faça um loop contínuo no segundo plano. Eis as etapas:

1. Crie uma nova composição denominada Heart Monitor na pasta **Comps** de sua janela Project, usando NTSC DV, uma predefinição da composição de 720 x 480, com Duration de 10;00 segundos.

2. Adicione a composição Heartbeat à linha do tempo Heart Monitor no tempo 0;00.

3. Duplique a camada Heartbeat nove vezes, para que tenha um total de dez camadas.

4. Selecione todas as camadas Heartbeat e escolha Animation (Animação) > Keyframe Assistant (Assistente do Quadro-Chave) > Sequence Layers (Camadas em Seqüência). Certifique-se de que a opção Overlap (Sobrepor) esteja desmarcada e Transition (Transição) esteja definida para Dissolve Front Layer (Dissolver Camada da Frente).

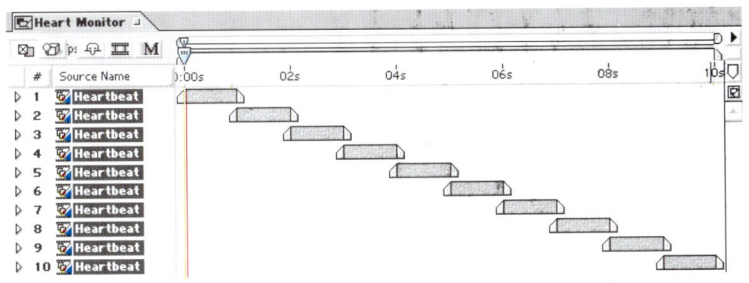

A linha do tempo Heartbeat, depois de colocar as camadas em seqüência

5. Crie uma nova camada Solid com o tamanho da composição denominada Grid, com qualquer cor. Certifique-se de que a camada esteja acima de todas as outras camadas na linha do tempo.

6. Aplique Effect > Render > Grid (Grade) na camada Grid e defina a propriedade Border (tamanho da linha cinza) do efeito para 2.5. Mude a cor para verde.

7. Para suavizar as linhas da grade, aplique Effect > Blur & Sharpen (Desfoque e Nitidez) > Fast Blur (Desfoque Rápida) na camada Grid e defina a propriedade Blurriness do efeito para 2.

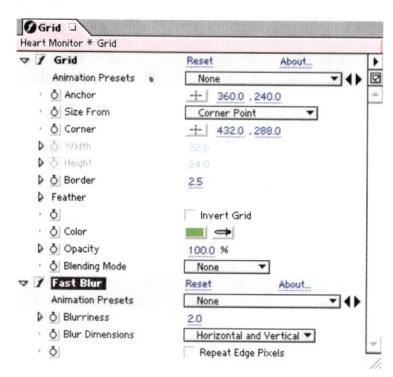

As definições para os efeitos da camada Grid

8. Para criar um abaulamento no vidro virtual do seu monitor, escolha Layer > New (Nova) > Adjustment Layer (Camada de Ajuste) e nomeie a camada como Bulge. Como uma camada Adjustment funciona apenas nas camadas abaixo dela, certifique-se de que esteja na parte superior da linha do tempo.

9. Aplique Effect > Distort (Distorcer) > Bulge (Abaular) na camada Bulge. Use estas definições do efeito:

   Horizontal Radius: 320

   Vertical Radius: 320

   Bulge Height: 0.7

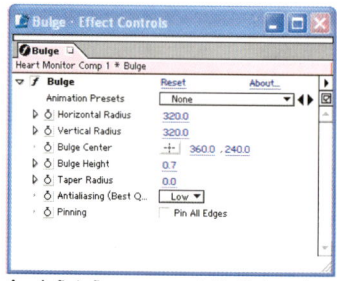

As definições para o efeito Bulge da camada de ajuste

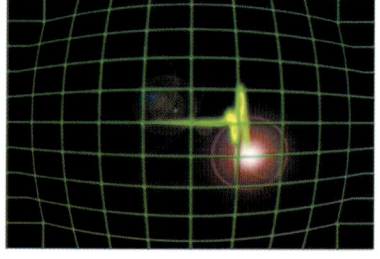

A composição Heart Monitor

Capítulo 17 – COMERCIAL DE CARRO COM BATIMENTO CARDÍACO | **323**

Como Construir a Seqüência do Filme

Finalmente, é hora de usar o filme completo importado no início deste projeto. Tudo que precisará fazer é colocar os filmes em seqüência, um depois do outro, e adicionar-lhe as transições. Você usará o comando Sequence Layers novamente, mas com opções diferentes. Siga estas etapas:

1. Crie uma nova composição denominada Car Movie na pasta **Comps**, usando NTSC DV, uma predefinição da composição de 720 x 480, com Duration de 6;00 segundos.
2. Adicione os arquivos **Saleen_Car_02.avi**, **Saleen_Car_01.avi** e **SaleenCar_04.mov** à linha do tempo em 0;00. Saleen_Car_02 deve ser a camada 1, Saleen_Car_01 deve ser a camada 2 e Saleen_Car_04 deve ser a camada 3.
3. Vá para o tempo 3;00, selecione todas as três camadas e pressione Alt-] (Windows) ou Option-] (Mac OS) para cortar os pontos Out (Fora) das camadas no tempo atual.

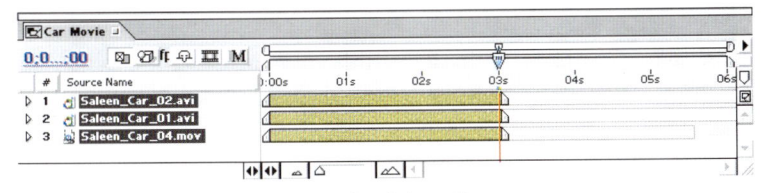

Como cortar os pontos Out das camadas Saleen_Car

4. Com as três camadas ainda selecionadas, escolha Animation > Keyframe Assistant > Sequence Layers. Use estas definições do efeito:

    Overlap: Ativado

    Duration: 1;15

    Transition: Dissolve Front Layer

    Pressione U em seu teclado para exibir os quadros-chaves Opacity criados por esse comando.

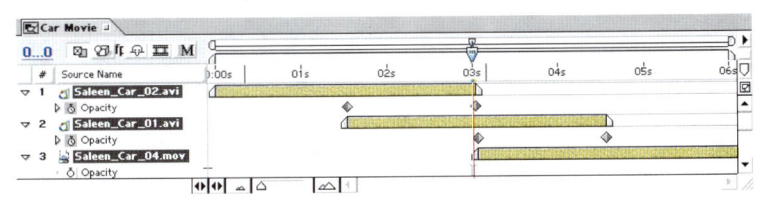

Como exibir as camadas em seqüência

Como Reunir Tudo

Agora que todos os componentes maiores estão terminados, você poderá montá-los em uma composição-mestre:

1. Crie uma nova composição denominada Heartbeat Master em sua pasta **Comps**, usando NTSC DV, uma predefinição da composição de 720 x 480, com Duration de 10;00 segundos.

2. Adicione a composição Heart Monitor à linha do tempo Heartbeat Master, no tempo 0;00.

3. Para aumentar a intensidade da camada Heart Monitor, adicione um quadro-chave 0% Opacity, no tempo 0;00 e um quadro-chave 100% Opacity, no tempo 0;15.

4. Para diminuir a intensidade da camada Heart Monitor, adicione um quadro-chave 100% Opacity, no tempo 8;15 e um quadro-chave 0% Opacity, no tempo 9;29.

5. Adicione a composição Car Movie à linha do tempo Heartbeat Master, no tempo 0;00, acima da camada Heart Monitor.

6. Para aumentar e diminuir a intensidade da camada Car Movie, copie os quadros-chaves Opacity da camada Heart Monitor, cole-os na camada Car Movie, no tempo 0;00, mova o terceiro quadro-chave Opacity para o tempo 5;00 e o quarto quadro-chave para o tempo 6;00.

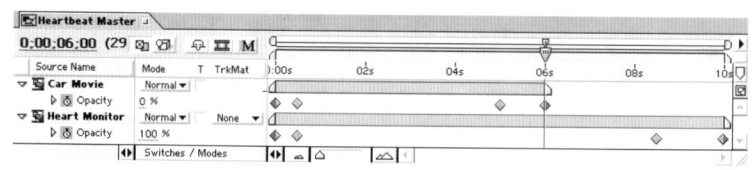

Como adicionar quadros-chaves Opacity para aumentar e diminuir a intensidade das camadas

Capítulo 17 – COMERCIAL DE CARRO COM BATIMENTO CARDÍACO | 325

7. Defina Blending Mode da camada Car Movie para Add na coluna Modes da linha do tempo. Esse modo combina a cor na camada com aquelas abaixo dela.

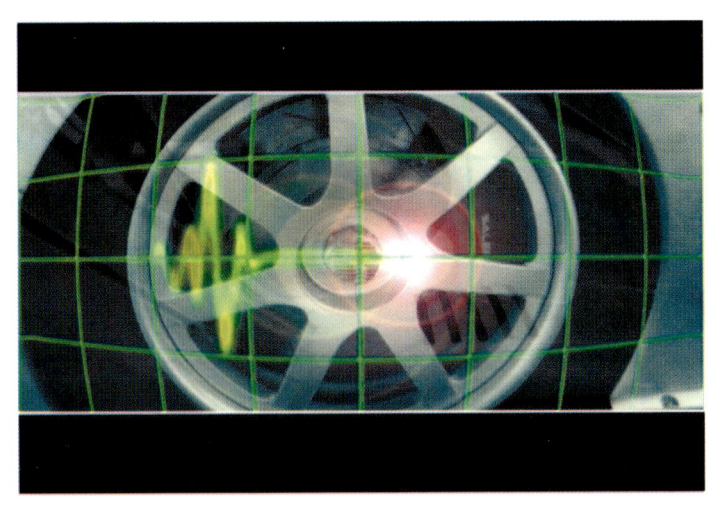

A grade e o batimento cardíaco aparecem dentro da camada Car Movie

Agora Experimente Isto

Para adicionar os toques finais deste projeto, crie os seguintes elementos restantes:

- Para desfocar o logotipo Saleen na cena, arraste o arquivo **Saleen_logo_Layers** para a linha do tempo Heartbeat Master, no tempo 6;00 e duplique a camada. Mova uma das camadas Saleen_logo para iniciar, no tempo 7;00. Aplique o efeito Fast Blur na camada Saleen_logo, que inicia no tempo 6;00.

- Adicione uma caixa retangular à cena, acrescentando uma nova camada Solid com o tamanho da composição no tempo 0;00, preta (RGB: 0, 0, 0). Use a ferramenta Rectangular Mask para contornar a área do meio da caixa retangular e defina Mask Mode para Subtract. Aplique Effect > Render > Stroke na camada Solid para contornar a área subtraída com a cor e defina Color do efeito para branco (RGB: 255, 255, 255).

- Adicione uma camada de texto que exiba *THE DRIVE OF YOUR LIFE* e posicione-a para que apareça abaixo do logotipo SALEEN, na janela da composição. Aumente de intensidade desta camada de texto, para que apareça depois da camada de texto *THE DRIVE...*, que está totalmente no foco.

Capítulo 18

Um Esboço de Carro Exótico

Sou um grande fã de carros esportivos, portanto, fui facilmente inspirado quando, finalmente, coloquei minhas mãos em um Saleen S7. Levar esse carro para dar uma volta foi a experiência certa, tirada de muitos comerciais que provavelmente você viu, nos quais dirigir parece uma experiência extra corpórea, quando o motorista parte em velocidade pelo país. Comecei a pensar sobre o quanto deve ser divertido desenhar um carro assim – não as partes difíceis, como a aerodinâmica, a eletromecânica, etc, mas desenhar o carro e vê-lo ganhar vida. Foi quando o Capítulo 18 nasceu.

Neste capítulo, você usará um efeito de terceiros, da Boris FX, que torna muito simples, desenhar a imagem de um carro como o Saleen S7. Não só o efeito cria um desenho do carro, como também anima, automaticamente, o desenho quando o filme completo do carro rotacionando é reproduzido. E mais, você aprenderá como fazer com que o desenho pareça se desenhar na tela, usando um efeito diferente fornecido no After Effects.

Funciona Assim

Verifique o arquivo **Ch18Finished Project .mov** na pasta deste capítulo, no DVD do livro. Para conseguir esses resultados, você fará o seguinte:

1. Use o efeito Cartooner para criar esboços animados a partir do filme completo do vídeo.

2. Crie uma imagem parada de um quadro, do seu filme completo.

3. Use o efeito Vector Paint para tornar fosco o esboço do carro e anime o fosco, para que o esboço pareça ser desenhado na tela.

4. Crie rapidamente algumas máscaras que irão emoldurar os vídeos com cores pintadas.

5. Crie um segundo plano gradeado.

6. Use um método rápido para isolar o carro do seu segundo plano preto.

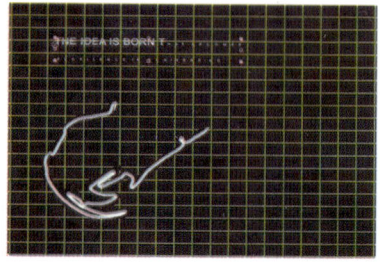

Um esboço do carro se desenha na tela quando o primeiro slogan se dimensiona

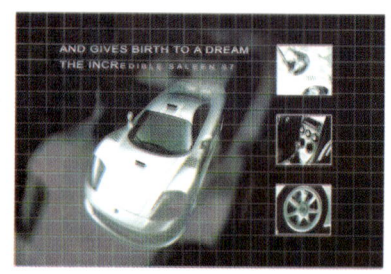

O carro se mostra quando outro filme completo é reproduzido

O filme completo do carro vai para o lugar quando o logotipo se revela

Como Preparar o Trabalho

O projeto deste capítulo requer quatro clipes de filme e uma imagem parada, todos sendo fornecidos no DVD do livro. O esboço do carro que você desenhará requer o efeito Cartooner, da Boris FX. Para animar o esboço, você precisará do efeito Vector Paint, que está disponível apenas com a versão Professional do After Effects. Você começará importando os arquivos do projeto e criará uma nova composição.

Para preparar este projeto, faça o seguinte:

1. Este projeto requer o efeito Vector Paint, que está disponível apenas com a versão Professional do After Effects. Se você não tiver a versão Professional do After Effects instalada, poderá instalar uma versão demo do software, no DVD deste livro.

2. Se não tiver a coleção Continuum Complete de efeitos da Boris FX instalada no After Effects, poderá instalar uma versão experimental dos efeitos, no DVD deste livro. Assim que tiver feito isso, um monte de submenus denominados BCC aparecerá no menu Effect (Efeito), no After Effects.

3. Inicie um novo projeto e grave-o como Ch18CarSketch.

4. Importe as pastas **Footage** e **Stills** na pasta deste capítulo, no DVD do livro. A pasta **Footage** contém quatro arquivos AVI: **Saleen_Car_01**, **Saleen_Car_02**, **Saleen_Car_4** e **Saleen_Car_07**; a pasta **Stills** contém um arquivo PSD denominado **Saleen_logo_Layers**.

5. Crie uma nova composição denominada Car, usando NTSC DV, uma predefinição da composição de 720 x 480, com Duration (Duração) de 10;00 segundos.

Como Esboçar o Carro

Há várias maneiras de criar um esboço do carro Saleen, que é apresentado em todos os clipes importados do filme. Para fazer com que o esboço pareça ser desenhado na tela, você animará o efeito Vector Paint, portanto, realmente não importa como criar o esboço subjacente para a seqüência inicial. Poderá usar um dos filtros da categoria Artistic no Photoshop, para transformar a aparência do carro em um esboço ou simplesmente desenhar um caminho pintado no After Effects. Contudo, neste projeto, mostraremos como gerar rapidamente um esboço mais maleável, usando o efeito Cartooner da Boris FX. A vantagem básica de usar esse efeito é que as linhas que o efeito gera, se movem automaticamente quando o filme completo que o efeito está afetando se move; portanto, quando o carro Saleen roda, o esboço do efeito roda também.

Siga estas etapas:

1. Coloque o arquivo **Saleen_Car_07.avi** na linha do tempo (Timeline) Car, no tempo 3;00.

2. Aplique Effect > BCC3 Effects (Efeitos BCC3) > BCC Cartooner e defina os valores da propriedade do efeito como listado aqui:

    Edge Source: None

    Edges From: Luma

    Threshold: 127

    Pre Blur: 2

    Width: Constant

    Stroke Width: 2.5

    Stroke Distance: 0

    Post Blur: 1

    Post Blur Quality: Gaussian Low

    Intensity: 50

    Color: RGB: 235, 235, 235

    Ambient Light, Ambient Follow: 0

    Alpha: Source Alpha

    Reduce Flicker: Off

Capítulo 18 – UM ESBOÇO DE CARRO EXÓTICO | **331**

Apply Mode: Normal
Apply Mix: 100
Mix with Original: 0
Pixel Chooser: Off

Além de contornar os destaques no carro, o efeito Cartooner contornou a forma do objeto no lado esquerdo da composição. Você não desejará esse objeto esboçado na cena, portanto, irá mascará-lo em seguida:

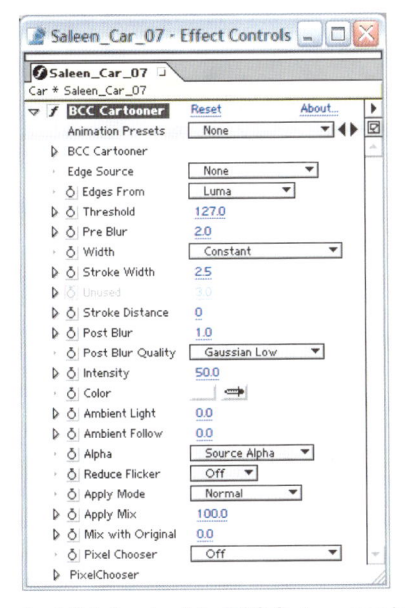

As definições do efeito BCC Cartooner na janela Effect Controls

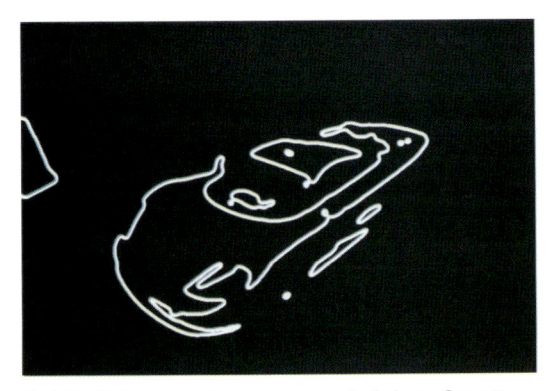

O efeito Cartooner aplicado na camada Saleen_Car_07

1. Para deslocar a forma à esquerda, use a ferramenta Pen para desenhar uma máscara em torno do carro Saleen.

2. O carro gira no filme completo, portanto, vá para o tempo 6;00 e ajuste a forma da máscara, se a máscara cortar a forma do carro.

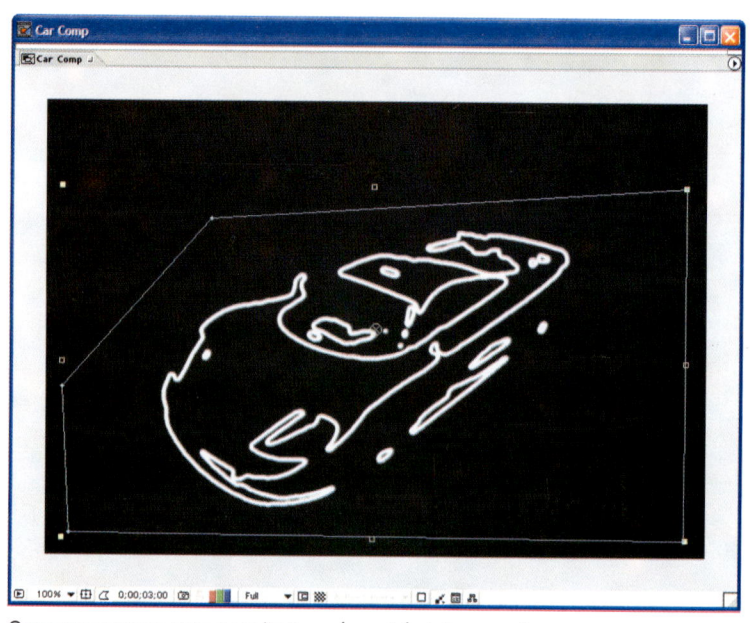

Como mascarar o carro para limitar a área visível da camada

Como Capturar uma Imagem Parada

Você precisa que o carro fique parado quando é esboçado na tela, mas o carro na camada Saleen_Car_07 começa a girar, assim que o filme completo é reproduzido. Para solucionar esse comportamento, você irá capturar o primeiro quadro do filme completo e adicionará o arquivo resultante à linha do tempo Car. O arquivo Photoshop capturado será reproduzido primeiro, seguido do filme completo do carro. Você animará o efeito Cartooner para criar uma transição entre as duas seqüências:

1. Para capturar um quadro da composição, vá para o tempo 3;00, escolha Composition (Composição) > Save Frame As (Salvar Quadro Como) > File (Arquivo) e grave o arquivo como **Car (0;00;3;00).psd** no mesmo local do arquivo principal do projeto. (Note que o nome de arquivo default reflete o nome da composição e o tempo atual).

   A janela Render Queue será aberta para apresentar o quadro em um arquivo, na próxima etapa.

2. Expanda a opção Output Module (Módulo de Saída) na janela Render Queue, defina a opção Post-Render Action (Apresentar Posteriormente Ação) para Import (Importar) e então clique em Render (Apresentar).

   Quando a apresentação estiver completa, o quadro apresentado aparecerá na janela Project, usando o nome atribuído.

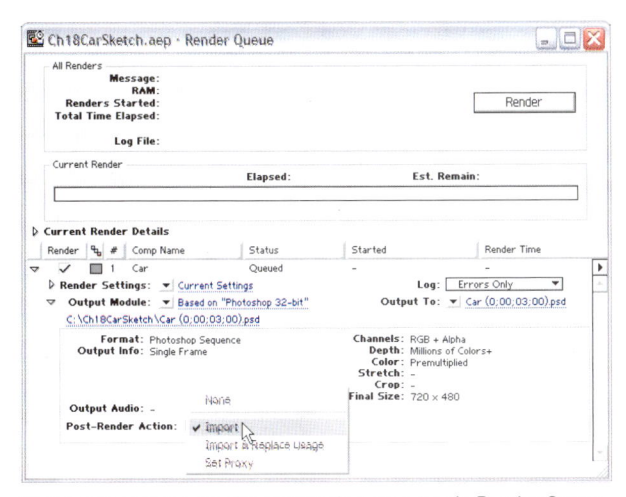

Como apresentar o quadro capturado com a janela Render Queue

3. Coloque o arquivo **Car (0;00;03;00).psd** na linha do tempo Car para que inicie no tempo 0;00 e acima da camada Saleen_Car_07.

4. Vá para o tempo 3;00 e pressione Alt (Windows) ou Option (Mac OS) e a tecla] para cortar o ponto Out (Fora) da camada Car (0;00;03;00), no tempo atual.

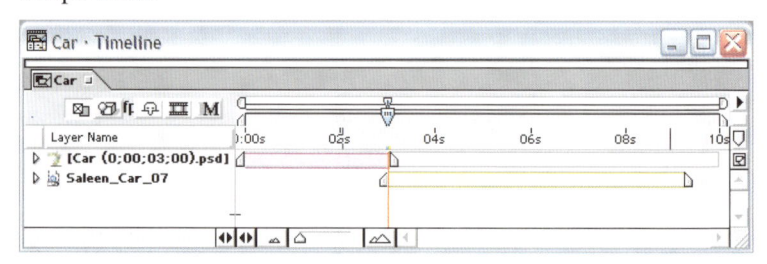

Como cortar a duração da camada Photoshop

5. Ainda no tempo 3;00, adicione um quadro-chave Mix With Original com um valor 0.0 ao efeito BCC Cartooner da camada Saleen_Car_07.

6. Vá para o tempo 5;00 e mude o valor Mix With Original para 100%.

O efeito Cartooner se enfraquece para revelar o carro Saleen

Clique o botão Ram Preview (Visualizar Ação) na palheta Time Controls para exibir os resultados atuais. A imagem parada do carro esboçado é reproduzida (na verdade, fica parada – heh, heh) para os três primeiros segundos e então, os contornos do carro se enfraquecem para revelar o filme completo do carro.

Como Animar o Esboço

É hora de animar o esboço do carro para que ele pareça ser desenhado na tela. Ao invés de animar as linhas no quadro, que você capturou do filme completo Saleen_Car_07, você animará uma pintura contínua, que desenhará com o efeito Vector Paint. A pintura servirá como um fosco, que você animará para revelar o esboço do carro, com o passar do tempo:

1. Renomeie a camada Car (0;00;03;00) como AniSketch na composição Car.

2. Aplique Effect > Paint (Pintar) > Vector Paint (Pintura Vetorial) na camada AniSketch. Expanda o grupo Brush Settings do efeito e então defina Radius (Raio) do efeito para 7.0. Esse tamanho de pincel facilitará cobrir a largura inteira das linhas criadas com o efeito Cartooner.

   Defina a cor do efeito para algo diferente de branco ou preto, para que possa assegurar que pintará sobre todas as linhas brancas no esboço do carro e possa ver suas pinceladas sobre o segundo plano preto.

Nota: Agora que você aplicou o efeito Vector Paint, note que as ferramentas Vector Paint aparecem no canto superior esquerdo da janela Composition. As ferramentas aparecem apenas quando você tem o efeito Vector Paint selecionado na linha do tempo ou na janela Effect Controls.

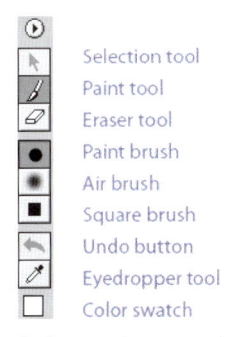

- Selection tool
- Paint tool
- Eraser tool
- Paint brush
- Air brush
- Square brush
- Undo button
- Eyedropper tool
- Color swatch

As ferramentas e propriedades do efeito Vector Paint

3. Usando a ferramenta Paint e o pincel Paint do efeito, trace a linha do carro na camada AniSketch, no tempo 0;00. Não solte o botão do seu mouse até ter traçado sobre cada linha; trace o corpo do carro primeiro e então a tonalidade. O contorno do carro resultante parecerá uma bagunça.

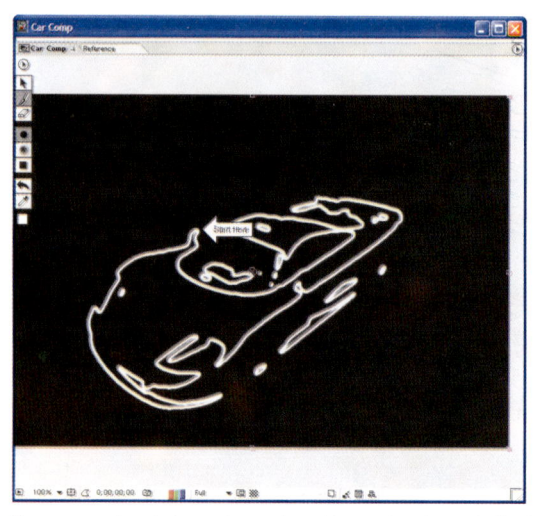

Comece a pincelada onde a seta está apontando nesta ilustração

O resultado de pintar sobre as linhas do carro com as ferramentas Vector Paint

4. Vá para o tempo 3;00 e defina Playback Mode do efeito Vector Paint para Animate Strokes. Quando você mudar Playback Mode, uma nova propriedade do efeito Playback Speed aparecerá e uma pincelada grossa e curta aparecerá apenas sobre uma pequena parte do contorno do carro.

5. Ainda no tempo 3;00, arraste o valor Playback Speed até que a pincelada grossa cubra completamente o contorno do carro. Você desejará encontrar o valor mínimo que cobre completamente o contorno, para que não haja nenhum retardo na animação, quando fizer uma transição para a camada do filme.

6. Defina a opção Composite Paint para As Matte. Agora, deverá ver o esboço do carro ao invés da pincelada Vector Paint.

Clique o botão Ram Preview na palheta Time Controls para exibir sua animação. O esboço do carro parecerá ser desenhado na tela por uma mão invisível, seguido do filme completo do carro. Se você precisar ajustar a pincelada, terá que traçar de novo o contorno inteiro do carro – não poderá ajustar a pincelada como pode os outros caminhos no After Effects.

Como Adicionar Três Filmes

Você colocou, esboçou e animou o elemento primário deste projeto: o filme completo do exterior do carro Saleen. Agora, empilhará os três vídeos menores à direita do carro. Depois de posicionar e dimensionar os filmes, irá mascará-los sem nem tocar nas janelas Composition e Timeline ou nos comandos do menu (intrigado?). Contorne os filmes com branco para fornecer-lhes mais definição.

Eis as etapas:

1. Para colocar semi-automaticamente o filme completo restante na linha do tempo, na ordem certa das camadas, clique no arquivo **Saleen_Car_04.avi** na janela Project, para selecioná-lo. Pressione Ctrl (Windows) ou Command (Mac OS) e clique no arquivo **Saleen_Car_02.avi,** seguido do filme **Saleen_Car_01.avi.**

2. Vá para o tempo 3;00 e arraste os itens selecionados do filme completo para a linha do tempo Car, acima das outras duas camadas. As novas camadas deverão ser empilhadas com o primeiro item selecionado na janela Project, na parte superior da pilha de camadas, seguido dos outros dois itens selecionados, na ordem na qual os selecionou.

3. Selecione as três camadas superiores, pressione a tecla S em seu teclado e defina os valores Scale das camadas para 20, 20%.

4. Reduza Scale das camadas AniSketch e Saleen_Car_07 para 90, 90%.

5. Defina Position de cada camada, como mostra a seguir:

   Layer 1: 570, 370

   Layer 2: 570, 240

   Layer 3: 570, 110

   Layer 4: 280, 240

   Layer 5: 280, 240

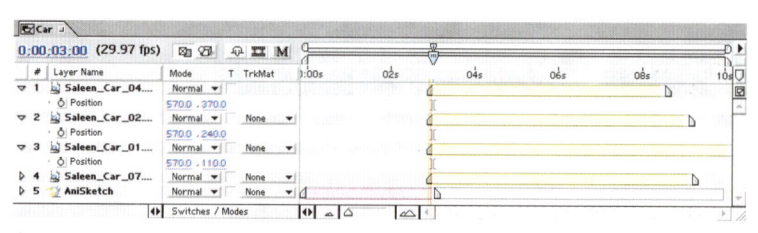

Como posicionar as camadas

O layout

6. Selecione a primeira camada na linha do tempo Car e clique duas vezes na ferramenta Rectangular Mask na palheta Tools (Ferramentas), para criar automaticamente uma máscara que contorne a camada.

   Repita esta etapa para as camadas 2 e 3.

7. Selecione todas as três camadas superiores e escolha Effect > Render > Stroke (Pintar). Defina a propriedade Brush Size do efeito para 15. O efeito usa o caminho da máscara por default, portanto, uma linha branca contornará cada vídeo.

Como pintar os três itens do filme completo

Como Esboçar os Três Vídeos

Um dos aspectos mais úteis do efeito Cartooner é que o esboço resultante será animado automaticamente, se o filme completo no qual aplicou o efeito contiver um movimento. Por exemplo, se você observar a camada Saleen_Car_07, verá que as linhas no efeito Cartooner giram junto com o carro que o efeito esboça. Nesta seção, você usará o mesmo efeito para esboçar os três pequenos vídeos e então diminuirá a intensidade do efeito para revelar os vídeos:

1. Para impedir que os três pequenos vídeos saltem na tela em uníssono, mova a camada 2 para começar no tempo 3;10 e a camada 1 para começar no tempo 3.20.

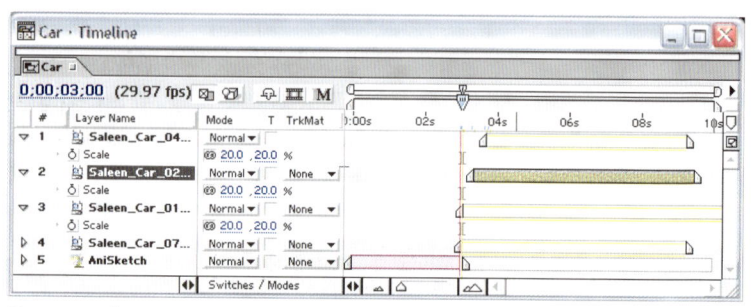

Como coordenar os pontos In

2. Vá para o tempo 8;00, selecione as quatro camadas superiores (não a camada AniSketch) e então pressione Alt+Shift+T (Windows) ou Option+Shift+T (Mac OS) para adicionar um quadro-chave 100% Opacity a cada camada selecionada.

3. Vá para o tempo 9;00 e mude os valores Opacity das camadas selecionadas para 0%.

4. Selecione apenas as três camadas superiores na linha do tempo Car e depois, aplique-lhes Effect > BCC3 Effects > BCC Cartooner.

5. Vá para o tempo 4;00 e adicione um quadro-chave Mix With Original com um valor 0 ao efeito BCC Cartooner, para cada uma das três camadas superiores.

   Observe que você tem que adicionar cada quadro-chave separadamente; não pode criar o quadro-chave para todas as três camadas simultaneamente, assim como, com os efeitos nativos.

6. Vá para o tempo 5;00 e mude os valores Mix With Original das três camadas superiores para 100%, no efeito BCC Cartooner. Essa definição aumenta de intensidade a cor total dos filmes originais, em harmonia com o filme principal.

Como Animar os Vídeos

Para criar espaço para a revelação do logotipo que fecha a animação, você precisará animar as três caixas de vídeo para que deslizem para baixo e para a esquerda, abaixo do carro Saleen:

1. Na linha do tempo Car, selecione as três camadas superiores e pressione P para exibir as propriedades Position das camadas.

2. Vá para o tempo 6;15 e adicione quadros-chaves Position às três camadas superiores.

3. Vá para o tempo 7;00 e mude os valores Position, como mostra a seguir:

Layer 1: 170, 370

Layer 2: 570, 370

Layer 3: 570, 240

4. Vá para o tempo 7;15 e mude os valores Position, como mostra a seguir:

Layer 2: 370, 370

Layer 3: 570, 370

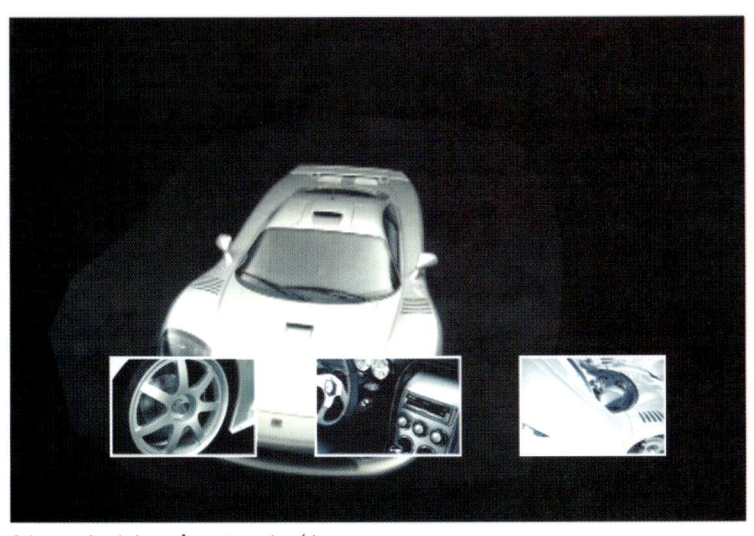

O layout final das três caixas de vídeo

Como Ajustar os Níveis

Agora que o projeto básico está completo, você pode notar algumas coisas que poderiam usar um pouco de ajuste. Para os iniciantes, a caixa de vídeo superior é mais brilhante do que as outras e tem uma cor diferente. Porém, ao invés de corrigir o vídeo superior, você tornará brilhantes as outras duas camadas, uma vez que seus tons são um pouco nivelados. Você ajustará a cor na próxima seção, depois de ter aninhado a composição Car em uma nova composição-mãe; então, poderá ajustar a cor de todas as camadas aplicando um efeito na composição aninhada.

Siga estas etapas:

1. Selecione as camadas Saleen_Car_02 e Saleen_Car_04 na linha do tempo Car e aplique Effect > Adjust (Ajustar) > Levels (Níveis) nas camadas.

2. Com ambas as camadas ainda selecionadas na linha do tempo, defina a propriedade Input White do efeito Levels para 150, na janela Effect Controls. (Definir esse valor para um dos efeitos Levels da camada definirá o valor para ambas as camadas selecionadas).

Como Criar a Grade

Agora, você dará ao projeto algum estímulo, criando um segundo plano gradeado. Criar a grade é fácil, graças ao efeito Grid, mas tornar transparente a área preta em torno do carro Saleen é capcioso. Você começará criando uma nova composição para conter o trabalho feito até então, a grade e os elementos restantes deste projeto, inclusive o logotipo da empresa e os slogans:

1. Crie uma nova composição denominada Master, usando NTSC DV, uma predefinição da composição de 720 x 480, com Duration de 10;00 segundos.

2. Arraste a composição Car para a linha do tempo Master, iniciando no tempo 0;00.

3. Selecione a camada Car e aplique Effect > Adjust > Hue/Saturation (Matiz/Saturação). Ative a opção Colorize (Colorir) do efeito (sob a propriedade Master Lightness) e defina a propriedade Colorize Hue do efeito para 0 x +140.0.

4. Vá para o tempo 0;00 e crie uma nova camada Solid com o tamanho da composição denominada Grid, com qualquer cor. (O efeito Grid aplicado nessa camada anulará a cor original da camada).

Capítulo 18 – UM ESBOÇO DE CARRO EXÓTICO | **343**

5. Mova a camada Grid para a parte inferior da pilha de camadas, na linha do tempo Master.

6. Aplique Effect > Render > Grid na camada Grid e defina as propriedades do efeito, como mostra a seguir:

   Size From: Width & Height Sliders

   Border: 3.0

   Opacity: 50.0%

   Color: Green (RGB: 0, 255, 0)

7. Para aumentar a intensidade da camada Grid, adicione um quadro-chave 0% Opacity no tempo 0;00 e mude Opacity da camada para 100%, no tempo 0;15.

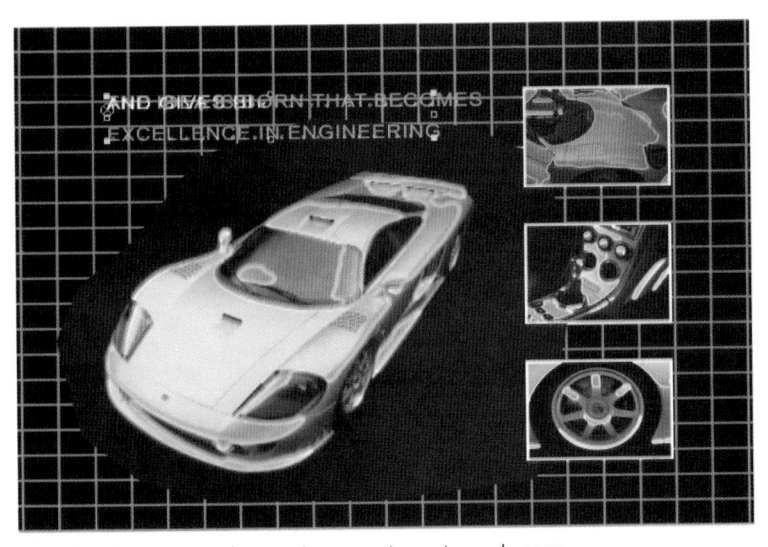

A grade subjacente revela um miasma preto em torno do carro

Como Remover o Segundo Plano Preto do Carro

A área preta que contorna o carro atualmente, cobre as áreas subjacentes da grade e precisa ser removida. A primeira solução que poderia vir à mente é usar o efeito Color Key, que oculta todos os pixels que contém uma faixa de cores especificadas. Infelizmente, o segundo plano preto contém uma grande faixa de tons escuros, que também aparecem dentro do carro; como resultado, partes do carro ficariam transparentes e a grade apareceria através da moldura do carro.

Você poderia usar o efeito Inner/Outer Key e uma nova máscara desenhada em torno do carro para limitar a visibilidade da camada do carro, mas isso iria requerer animar a máscara. Esse efeito fornece os melhores resultados, mas requer mais tempo e paciência.

Ao contrário, você criará uma camada duplicada e usará modos de mistura para ocultar rapidamente o segundo plano preto do carro:

1. Abra a composição Car e duplique a camada Saleen_Car_07.

2. Defina Track Matte da camada Saleen_Car_07 mais inferior para Luma Matte "Saleen_Car_07.avi 2".

3. Adicione um quadro-chave 100% Opacity a cada camada Saleen_Car_07, no tempo 6;16 e mude Opacity de cada camada para 0%, no tempo 7;15.

Dica: Se você retornar para a composição Master, verá que a área preta não está visível em torno do carro; porém, a grade se estende sobre o carro em áreas diferentes como resultado de Luma Matte. Para corrigir isso, poderá adicionar camadas sólidas e mascará-las a fim de preencher os faróis e o pára-brisa; essas formas são simples o bastante para que você possa animar a posição de cada camada sólida, quando necessário.

Como Adicionar o Carro do Segundo Plano

O segundo plano está quase pronto, agora que você criou a grade e corrigiu o carro do primeiro plano. Para terminar, adicionará outra versão do filme completo Saleen_Car_07, que irá reproduzir com uma velocidade ligeiramente diferente do original. Faça o seguinte:

1. Vá para o tempo 3;00, na linha do tempo da composição Master e adicione **Saleen_Car_07.avi** da janela Project à linha do tempo na parte inferior da pilha de camadas.

2. Selecione a nova camada e escolha Layer > Time Stretch (Estender Tempo). Defina Stretch Factor New Duration (Nova Duração do Fator de Extensão) para 7;00, na caixa de diálogos resultante e clique em OK.

   Como resultado, a camada se reproduzirá mais lentamente do que o mesmo filme completo, que aparece na composição Car.

3. Defina Scale da camada para 200, 200%.

4. Aplique Effect > Blur & Sharpen (Desfoque e Nitidez) > Fast Blur (Desfoque Rápida) na camada Saleen_Car_07 e defina Blurriness (Mancha) do efeito para 10.

5. Para aumentar a intensidade da camada, adicione um quadro-chave 0% Opacity, no tempo 3;00 e um quadro-chave 100% Opacity, no tempo 5;00.

6. Para diminuir a intensidade da camada, mude Opacity para 50%, no tempo 8;00 e 0% no tempo 9;00.

Agora Experimente Isto

Para terminar seu projeto, você precisará adicionar um slogan da empresa, que se revela quando o carro é esboçado na tela e outro slogan que substitui o primeiro, quando o carro se revela. Ambos os slogans se dimensionam no lugar, um caractere de cada vez. Você poderá criar rapidamente esse efeito usando um Text Animator, ao invés de animar a propriedade Scale, no grupo Transform. E mais, poderá animar o logotipo Saleen para a seqüência de fechamento final.

Para completar estes elementos restantes, siga estas etapas:

- 1. Na composição Master, no tempo 1;00, adicione uma camada de texto que exiba *THE IDEA IS BORN THAT BECOMES* em uma linha, seguido de *EXCELLENCE IN ENGINEERING*.

- 2. Escolha Scale (Escala) no menu Animate (Animar) da camada na linha do tempo. Adicione um quadro-chave Start e um quadro-chave Scale a Animator com um valor 0 para cada quadro-chave, e mude o valor de cada propriedade para 100%, no tempo 3;00.

- 3. Anime Opacity da camada de 100% no tempo 4;00, para 0% no tempo 5;00.

- 4. Adicione o segundo slogan duplicando a camada de texto THE IDEA IS... e mova a camada de texto superior para que inicie no tempo 4;00.

- 5. Clique duas vezes na camada de texto superior na linha do tempo, para selecionar os caracteres e digite: AND GIVES BIRTH TO A DREAM em uma linha e THE INCREDIBLE SALEEN S7 na próxima.

   Por causa da animação Scale e Opacity na camada de texto, você não verá todo o texto digitado, a menos que vá para o tempo 6;00.

- 6. Adicione o arquivo **Saleen_logo_Layers.psd** à parte superior da linha do tempo Master e duplique a camada.

- 7. Anime Scale da camada do logotipo inferior para simular um efeito de ajuste de letras do texto.

- 8. Aplique um efeito Blur na camada do logotipo inferior e anime a mancha.

- 9. Anime Opacity de ambas as camadas do logotipo de 0%, no tempo 6;00 para 100% no tempo 7;00, a fim de aumentar a intensidade das camadas na cena.
- 10. Aplique o efeito Drop Shadow na camada do logotipo superior.

Dica: Para gravar a animação do texto (Opacity e Scale) para a reutilização posterior em outro projeto, selecione a camada de texto na linha do tempo e escolha Animation > Save Animation Preset (Salvar Predefinição da Animação). Para gravar apenas a animação Scale, expanda o grupo Text da camada de texto, na linha do tempo, clique no nome Animator 1 para selecioná-lo e escolha Animation > Save Animation Preset.

Capítulo 19

Como Controlar os Reflexos

Geralmente, os reflexos são usados em anúncios, para comunicar coisas sutis – e algumas vezes, não tão sutis. Por exemplo, alguns anunciantes de licores incluíram imagens subconscientes no gelo das cenas do seu produto. Fui inspirado por tal uso, quando estava tentando encontrar um modo de melhorar um filme completo do painel, em um carro Saleen S7. Adicionando conteúdo em reflexos virtuais nos instrumentos do painel, fui capaz de fazer o filme completo do painel, destacar ângulos extras do carro e uma mulher. Neste caso, o efeito não tinha a intenção de ser subconsciente, ao contrário, os reflexos são para atiçar a curiosidade do observador.

O projeto deste capítulo mostra como usar Motion Trackers no After Effects, para controlar o movimento no filme completo do vídeo e como lidar com o movimento que sai da tela. Além de controlar a posição de uma região, você controlará Scale (novo na versão 6.5), controlando a distância entre duas regiões.

Funciona Assim

Verifique o arquivo **Ch19Finished Project.mov** na pasta deste capítulo, no DVD do livro para ver os resultados finais deste projeto. As etapas primárias mostrarão como criar a primeira seqüência do filme terminado. As seqüências restantes do projeto são bem simples de criar e estão listadas na seção "Agora experimente isto", no final do capítulo.

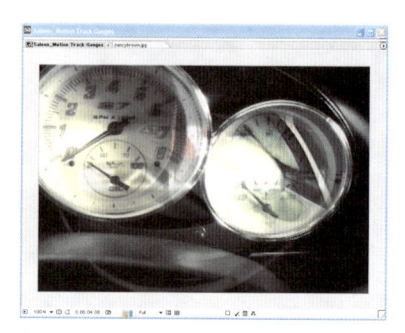

Cada instrumento reflete uma imagem diferente no painel do carro

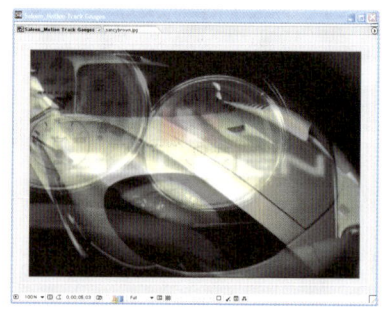

Você fará o seguinte:

1. Dimensione e mascare o filme completo para caber nos três instrumentos do painel, para criar reflexos virtuais.

2. Crie caminhos com movimento para dois dos reflexos virtuais, controlando Position e Scale dos instrumentos do carro.

3. Use Anchor Point de uma camada para animá-la fora da tela.

4. Use a ligação para criar o movimento para um terceiro reflexo virtual.

O filme completo do painel aumenta de intensidade no filme completo, do exterior do carro

O logotipo e o slogan se animam na tela

Como Preparar o Trabalho

O elemento primário na primeira seqüência do projeto final é mover o filme completo do painel de um carro Saleen. O painel contém três instrumentos circulares nos quais você criará reflexos virtuais de dois filmes adicionais e uma imagem parada. Você importará esse filme completo e o logotipo Saleen nesta seção, e criará a composição para a primeira seqüência.

Para preparar este projeto, faça o seguinte:

1. Inicie um novo projeto e nomeie-o como Ch19TrackingReflections.

2. Importe as pastas **Footage** e **Stills** como o filme completo da pasta deste capítulo, no DVD do livro. (A pasta **Footage** contém três filmes AVI e a pasta **Stills** contém um arquivo JPEG e um arquivo PSD).

3. Crie uma nova composição denominada Reflections, usando NTSC DV, uma predefinição da composição de 720 x 480, com Duration (Duração) de 10;00 segundos.

Como Criar o Primeiro Reflexo

O painel, na primeira seqüência deste projeto, contém três instrumentos: um velocímetro, um instrumento RPM e um indicador do nível de combustível. Nesta seção, você criará um reflexo sobre o velocímetro. Para criar o reflexo no painel, suas primeiras tarefas serão posicionar e dimensionar a imagem-fonte do reflexo e mascarar o mostrador do instrumento. Você animará o reflexo na próxima seção.

Siga estas etapas:

1. Adicione os arquivos **Saleen_Car_06.avi** e **Saleen_Car_02.avi** à linha do tempo (Timeline) Reflections, no tempo 0;00. **Saleen_Car_06.avi** é o filme completo do painel e **Saleen_Car_02.avi** será a fonte do seu primeiro reflexo, portanto, certifique-se de que o arquivo **Saleen_Car_02.avi** seja a camada superior.

2. Renomeie a camada Saleen_Car_02, como Speedometer e a camada Saleen_Car_06, como Car Gauges.

3. Mude Opacity da camada Speedometer para 50% e Scale para 73, 73%.

4. Alinhe a camada Speedometer para que a base do câmbio fique no centro do primeiro instrumento (o velocímetro).

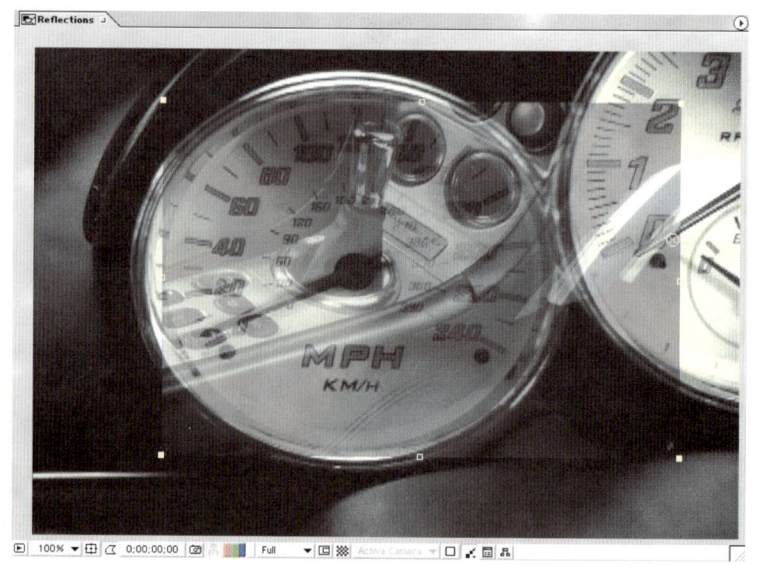

Como posicionar a camada Speedometer

5. Use a ferramenta Elliptical Mask na camada Speedometer para criar uma máscara circular, que contorne o mostrador branco do velocímetro.

Capítulo 19 – COMO CONTROLAR OS REFLEXOS | **353**

Dica: Pressione Shift quando arrastar com a ferramenta Elliptical Mask, para criar uma forma circular, ao invés de uma elipse. Pressione Shift-Ctrl (Windows) ou Shift-Command (Mac OS) quando arrastar para desenhar um círculo centralizado, em torno do ponto onde você clicou pela primeira vez.

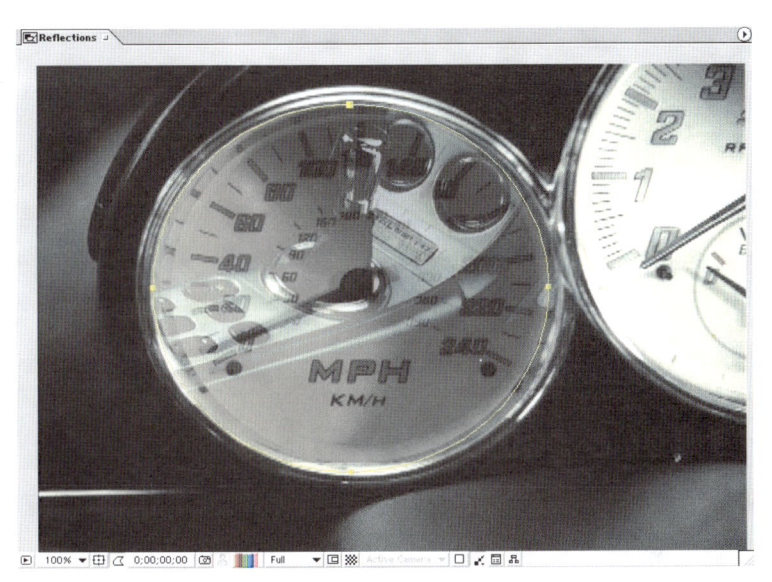

Como mascarar o mostrador do velocímetro

6. Para suavizar as bordas da máscara para que o reflexo resultante seja mais real, defina Mask Feather da máscara para 50, 50.

7. Para dar à camada Speedometer mais vigor, aplique Effect (Efeito) > Adjust (Ajustar) > Brightness & Contrast (Brilho e Contraste) na camada. Defina Brightness do efeito para –7 e Contrast para 39.

Como Animar o Primeiro Reflexo

Você modelou o primeiro reflexo do velocímetro (a camada Speedometer). Agora, precisará animá-lo, para que imite a posição do velocímetro na camada Car Gauges. Para animar o reflexo, você controlará Position e Scale (novos no After Effects 6.5) no velocímetro, na camada Car Gauges e aplicará o caminho com movimento no reflexo:

1. Selecione a camada Car Gauges na composição Reflections e escolha Animation (Animação) > Track Motion (Controlar Movimento). A janela Layer será aberta para a camada Car Gauges e um Track Point será adicionado no meio da janela.

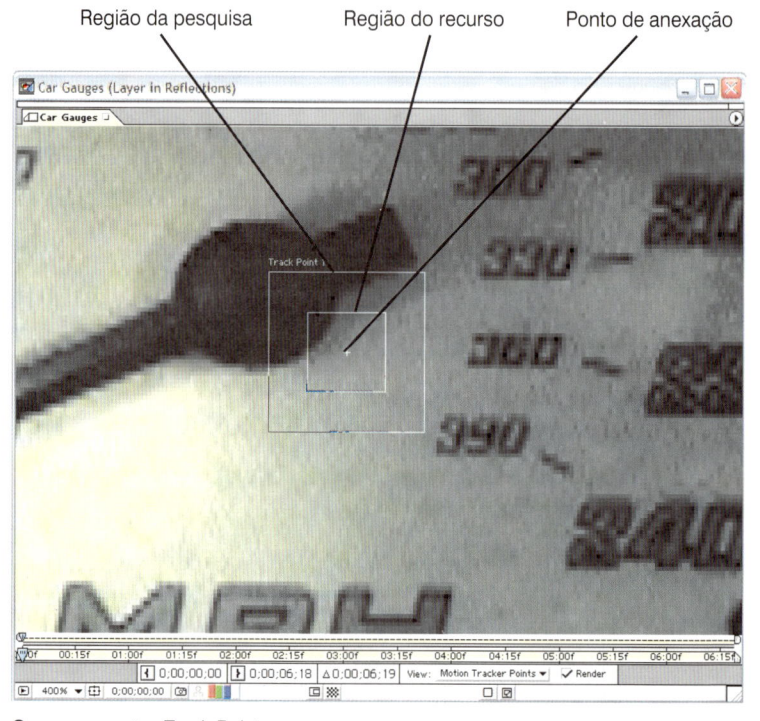

Os componentes Track Point

Capítulo 19 – COMO CONTROLAR OS REFLEXOS | **355**

2. Arraste o Track Point inteiro para o número 0, no instrumento RPM, no lado direito da janela da camada.

Para arrastar o Track Point inteiro, pressione o ponteiro do seu mouse em qualquer lugar, dentro do Track Point, exceto em uma linha ou no ponto de anexação (as cruzes no centro); quando o ponteiro do seu mouse estiver na posição para mover o Track Point inteiro, ele exibirá o ícone Move Track Point.

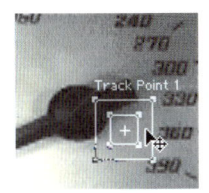

Arrastar com este ponteiro do mouse move o Track Point inteiro

3. Aumente a região de pesquisa de Track Point (o quadro externo) para que tenha o dobro do seu tamanho original e então aumente a região do recurso (o quadro interno) para que contorne o número 0 e o círculo preto abaixo do número. (Para mudar o tamanho de qualquer região, arraste qualquer alça do canto da região).

As posições iniciais para as regiões de pesquisa e do recurso

É com a área dentro da região do recurso que o controlador de movimento tentará ficar alinhado, quando o filme completo for reproduzido. Seu objetivo é posicionar essa região sobre uma área que contém algo diferente, que o controlador de movimento não perderá facilmente de vista. O número 0 e o círculo preto são claramente destinos visuais, definidos para o controlador de movimento, mas se movem muito, portanto, você desejará assegurar que a região de pesquisa seja grande.

Dica: Quando você move uma região do recurso de Track Point, a área dentro da região é ampliada por default. Você poderá desativar ou ativar essa opção escolhendo Magnify Feature When Dragging (Ampliar Recurso Ao Arrastar) no menu da palheta Tracker Controls (Controles do Controlador).

4. Ainda na janela da camada Car Gauges, vá para o tempo 5;06 e clique o botão Set Out Point (Definir Ponto de Saída) [ ]. No tempo 5;06, a área que você está controlando sairá da tela e não poderá ser controlada.

Nota: Você pode imaginar por que está controlando o instrumento RPM à direita, ao invés do velocímetro no centro do primeiro quadro, no filme completo. Excelente pergunta. O problema com o velocímetro é que ele deixa a tela muito mais cedo do que o instrumento que você está controlando, portanto, depois de alguns segundos, não haverá nada para controlar. Nas próximas etapas, você aprenderá a controlar algo, mesmo depois de ter saído da tela.

5. Ative a opção Scale (Escala) na palheta Tracker Controls. Um segundo Track Point aparecerá na janela da camada Car Gauges.

Capítulo 19 – COMO CONTROLAR OS REFLEXOS | **357**

6. Mova Track Point 2 inteiro para que fique acima de Track Point 1 e sobre o número 2, no instrumento RPM à direita. Expanda a região de pesquisa de Track Point 2 para ter espaço, a fim de expandir a região do recurso dentro dela e então, expanda a região do recurso para contornar o número 2 do instrumento.

   Agora, quando o instrumento ficar maior ou menor, o controlador registrará essa mudança na escala, controlando a distância entre os dois pontos de controle.

   Como controlar a distância entre os números 0 e 2 no instrumento, para controlar Scale

7. Vá para o tempo 0;00 na janela da camada Car Gauges e clique o botão Analyze Forward (Analisar Adiante) na palheta Tracker Controls.

   Quando o filme completo se reproduzir e o movimento for controlado, preste atenção na região do recurso de cada Track Point; se uma região começar a se distanciar da área que estava controlando originalmente, clique o botão Stop (Parar) na palheta Tracker Controls e então, clique o botão Analyze 1 Frame Backward (Analisar 1 Quadro para Trás), até que atinja o quadro onde o distanciamento começou. Ajuste Feature Region (o quadro interno) para que fique sobre uma área melhor de controlar. Depois de ajustar a região do recurso, clique o botão Analyze Forward novamente, para retomar o controle. O After Effects substitui, automaticamente, os pontos de distanciamento no caminho com movimento, por novos pontos.

O botão Analyze Forward na palheta Tracker Controls

8. Para aplicar o caminho com movimento na camada Speedometer, certifique-se de que a opção Motion Target (Destino do Movimento) na palheta Tracker Controls esteja definida para Speedometer (Velocímetro); clique

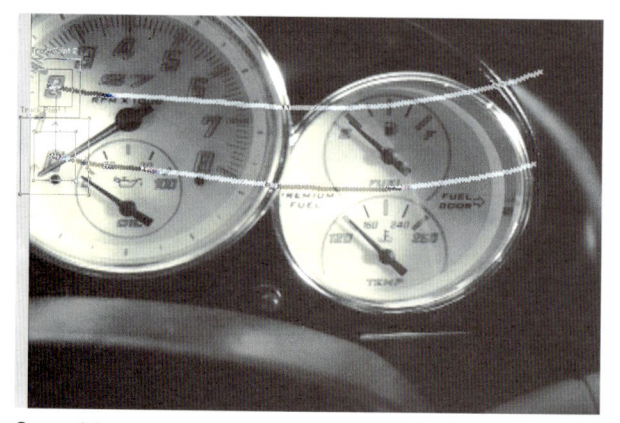

Os caminhos com movimento dos dois pontos controlados no instrumento

Capítulo 19 – COMO CONTROLAR OS REFLEXOS | 359

em Apply (Aplicar) na palheta, escolha X And Y (X E Y) na caixa de diálogos Motion Tracker Apply Options (Opções para Aplicar Controlador do Movimento) e clique em OK.

Expanda Position, Scale e Anchor Point da camada Speedometer, na linha do tempo. Você verá que esse processo de controle criou os quadros-chaves Scale e Position necessários para imitar o movimento na camada Car Gauges.

Seu objetivo, ao controlar o movimento do instrumento RPM, é fazer com que a camada Speedometer imite o movimento da camada Car Gauges. Se você visualizar o filme, verá que não é bem o que esperava: O reflexo virtual não está alinhado com o velocímetro. É porque você tem mais um ajuste a fazer:

1. Vá para o tempo 0;00 e ajuste Anchor Point da camada Speedometer, até que a camada esteja dentro do instrumento, no velocímetro. Fazer isso irá compensar a imagem e manterá seu movimento sob controle, quando sair da tela.

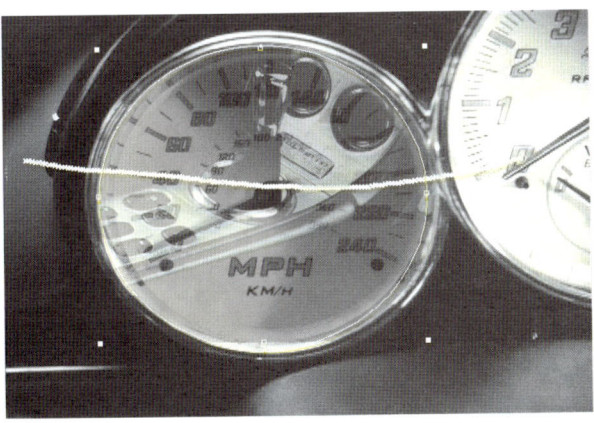

A camada Speedometer em posição, no tempo 0;00

2. No tempo 0;00, adicione um quadro-chave 0% Opacity à camada Speedometer.

3. No tempo 1;00, mude Opacity da camada para 30%.

4. Mude Blending Mode da camada para Add na coluna Modes, da linha do tempo.

Agora, clique o botão Ram Preview (Visualizar Ação) na palheta Time Controls para ver o que conseguiu, até o momento. Se precisar ajustar a posição do reflexo em qualquer ponto, poderá adicionar quadros-chaves Anchor Point à camada Speedometer e ajustar o valor Anchor Point, até que o reflexo fique na posição certa.

Como Criar o Segundo Reflexo

Agora que você criou o primeiro reflexo, criar o segundo para o instrumento RPM deverá ser algo suave. Não será capaz de copiar e colar os valores do primeiro reflexo porque, entre outras coisas, a duração e o tamanho da imagem são diferentes. Ao contrário, você usará o mesmo processo utilizado para criar o primeiro reflexo (posteriormente, usará um processo diferente para o terceiro reflexo, neste capítulo):

1. Adicione o arquivo **Model.jpg** da janela Project à linha do tempo Reflection, no tempo 0;00 e defina Opacity da camada para 50%.

2. Vá para o tempo 3;00 e posicione a camada Model para que fique centralizada sobre o instrumento RPM.

3. Use a ferramenta Elliptical Mask na camada Model, a fim de desenhar um círculo em torno do mostrador branco do instrumento RPM.

Capítulo 19 – COMO CONTROLAR OS REFLEXOS | **361**

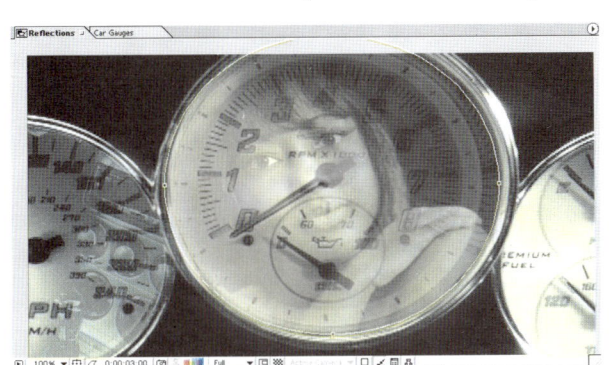

4. Defina Mode da máscara para Add e Feather para 50, 50.

Como mascarar a camada Model sobre o instrumento RPM

Como Animar o Segundo Reflexo

Você animará o segundo reflexo usando o mesmo método utilizado para animar o primeiro. Porém desta vez, controlará diferentes pontos na camada Car Gauges e adicionará um segundo controlador à camada.

1. Clique duas vezes na camada Car Gauge na linha do tempo, para abri-la em uma camada.

2. Vá para o tempo 0;15 e clique o botão Set In Point (Definir Ponto de Entrada) na janela Car Gauges.

3. Vá para o tempo 6;00 e clique o botão Set Out Point, na janela Layer. Este é o último quadro antes da imagem passar da borda da composição.

4. Escolha Animation (Animação) > Track Motion (Controlar Movimento) e certifique-se de que Position e Scale estejam ativados na palheta Tracker Controls.

   Expanda a camada Car Gauges e seu grupo Motion Trackers na linha do tempo e note que a camada possui dois controladores agora: o controlador que você usou para controlar o movimento do primeiro reflexo criado e o controlador que acabou de criar para o segundo reflexo.

Dica: Para facilitar distinguir o controlador atual do controlador usado para o primeiro reflexo, renomeie cada controlador na linha do tempo. Para renomear um controlador, clique em seu nome na linha do tempo, pressione Enter em seu teclado e digite um nome exclusivo.

5. Mova Track Point 1 sobre o indicador central preto, do instrumento RPM.

6. Coloque Track Point 2 sobre a imagem da lata de óleo no instrumento. Ajuste as regiões de pesquisa e do recurso de cada Track Point, quando necessário.

Como alinhar o controlador do segundo reflexo

7. Clique o botão Edit Target (Editar Destino) na palheta Tracker Controls, escolha **Model.jpg** no menu Layer (Camada) e clique em OK.

8. Clique o botão Analyze Forward na palheta Tracker Controls.

    Exatamente como antes, preste atenção na região do recurso (o quadro interno) de cada Track Point; se um Track Point começar a se distanciar da área que estava controlando originalmente, clique em Analyze 1 Frame Backward até atingir o quadro onde o distanciamento começou, então ajuste a região do recurso para que fique sobre uma área melhor de controlar. Depois de ajustar a região do recurso, clique o botão Analyze Forward novamente, para substituir os pontos de distanciamento no caminho com movimento.

9. Assim que ficar satisfeito com o caminho com movimento, clique em Apply na palheta Tracker Controls, escolha X And Y na caixa de diálogos de opções e clique em OK.

    Se expandir a camada Model na linha do tempo, verá os quadros-chaves Scale e Position que o controlador do movimento acrescentou.

10. Ajuste Anchor Point da camada Model na linha do tempo, para que a imagem fique no meio do instrumento RPM.

11. Para aumentar a intensidade da camada Model, adicione um quadro-chave 0% Opacity à camada, no tempo 0;00 e mude Opacity da camada no tempo 1;00 para 40%.

12. Para diminuir a intensidade da camada, adicione outro quadro-chave 40% Opacity, no tempo 4;15 e vá para o tempo 6;00, e mude Opacity da camada para 0%.

Clique o botão Ram Preview na palheta Time Controls, para ver os resultados.

Como Ligar o Terceiro Reflexo

O controle do movimento é simples quando você tem um filme completo como a camada Car Gauges, que contém elementos visuais contrastantes distintos, controlados facilmente. Contudo, o processo pode ficar um pouco chato, não importando a precisão do caminho com movimento resultante. Desta vez, você usará uma técnica mais simples, que aproveita o movimento já controlado:

1. Vá para o tempo 0;00 e adicione **Saleen_Car_08.avi** à parte superior da pilha de camadas da linha do tempo.

2. Vá para o tempo 5;00 e mude Opacity da camada para 50% e Scale para 60%.

3. Posicione a imagem para que cubra o indicador do nível de combustível, à direita do instrumento RPM.

4. Use a ferramenta Elliptical Mask na camada Saleen_Car_08 para mascará-la, segundo o mostrador branco do instrumento.

5. Defina Mode da máscara para Add e Feather para 50 pixels.

6. Defina o valor Parent da camada Saleen_Car_08 para a camada Model, na coluna Parent da linha do tempo. Agora, a camada Saleen_Car_08 imitará o movimento da camada Model.

7. Para aumentar e diminuir a intensidade do reflexo, copie os quadros-chaves Opacity da camada Model e cole-os na camada Saleen_Car_08, no tempo 0;00.

Capítulo 19 – COMO CONTROLAR OS REFLEXOS | **365**

Manutenção

Você precisará fazer uma tarefa de manutenção. Duration da composição Reflections pode ser encurtada em 6;00 segundos, porque não há nenhuma animação além desse ponto no tempo (a composição também diminui de intensidade nesse tempo). Há algumas maneiras de executar essa tarefa; neste caso, você usará a barra Work Area (Área de Trabalho) e um comando:

1. Defina a barra Work Area da composição Reflections, para se estender de 0;00 até 6;00.

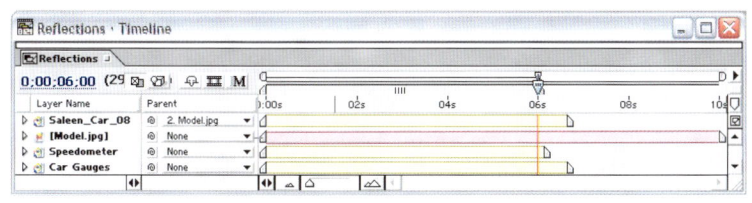

A barra Work Area antes de cortar a duração da composição Reflections

2. Escolha Composition (Composição) > Trim Comp to Work Area (Cortar Composição na Área de Trabalho).

Agora Experimente Isto

Você fez o trabalho mais pesado, criando a primeira seqüência do filme final deste capítulo. O que resta fazer é criar uma composição-mestre, que contém a seqüência criada, além de adicionar as duas seqüências restantes: a segunda seqüência é uma parte do filme completo do exterior do carro Saleen e a terceira é o logotipo Saleen e o slogan. Para completar esses elementos restantes, siga estas etapas:

1. Crie uma nova composição Master, com 15 segundos de comprimento. Adicione o filme completo **Saleen_Car_08.avi** à composição Master, iniciando no tempo 4;00 e aumentando a intensidade de 0 para 100% Opacity do tempo 4;00, ao tempo 6;00. Diminua a intensidade da camada do tempo 9;00 até o tempo 11;00.

2. Adicione o filme completo **Saleen_logo_layers.psd** à linha do tempo Master, no tempo 7;00 e anime Scale da camada de 85, 85%, no tempo 7;00 para 300, 300%, no tempo 14.29. Aumente de intensidade a camada de 0 para 100% Opacity, do tempo 7;00 até o tempo 8;15.

3. Duplique a camada. Aplique o efeito Box Blur na camada do logotipo mais inferior e defina Blur Radius (Raio do Desfoque) do efeito para 21.0.

4. Mude Scale da camada do logotipo superior para 100%. Aplique o efeito Drop Shadow na camada e defina Opacity (Opacidade) do efeito para 85%, Distance (Distância) para 10 e Softness (Suavidade) para 7.

5. Para animar o slogan na cena, crie uma camada de texto com Text Size 28px, que exiba *THE DRIVE OF YOUR LIFE*. Aplique a predefinição de animação do texto Random Shuffle In (Misturar Aleatoriamente) (da categoria Animate In (Animar)) e o efeito Drop Shadow na camada.

Se quiser levar mais adiante este projeto, experimente isto:

- Crie três pequenos reflexos de luz, usando as camadas Light ou as camadas Solid, com o efeito Lens Flare. Ligue as camadas, com as camadas controladas com movimento.

- Aplique o efeito Hue/Saturation em todo o filme completo do vídeo e use a opção Colorize (Colorir) do efeito para tornar todo o filme completo monocromático.

- Aplique o efeito Bulge nas camadas mascaradas, a fim de distorcer as imagens, para sugerir a forma de vidro nos instrumentos do carro.

Capítulo 20

O Canto do Desenhista

Gosto de observar os programas de reforma de casas, do tipo "faça você mesmo" e shows que entram em detalhes sobre crimes judiciais, como *CSI* (*Crime Scene Investigation*) – basicamente, qualquer programa no qual os especialistas dissecam algo para construir outra coisa. Um recurso recorrente nos shows de reforma de casas "faça você mesmo", é um desenho que se transforma em uma fotografia colorida do resultado final real.

No projeto deste capítulo, você criará um efeito parecido, enfraquecendo um esboço preto e branco feito à caneta, em um esboço feito com lápis colorido, e finalmente, na foto na qual os esboços estão baseados. Também usará o controle do movimento do eixo do canto com perspectiva, a fim de mapear um filme para uma tela de TV com movimento.

Funciona Assim

Verifique o arquivo **Ch20FinalProject. mov** para ver os resultados finais do projeto deste capítulo. O capítulo mostra como dar vida às imagens de um escritório. Eis uma visão geral das etapas requeridas para completar o projeto:

1. Reúna fotos paradas de um cômodo, para criar uma seqüência animada para o segundo plano, que finaliza o filme final.

2. Anime uma imagem parada para criar o efeito de redução com zoom, que abre o filme final.

3. Adicione transições entre os esboços e anime-os atribuindo uma camada Parent.

4. Controle o movimento na imagem parada que você animou, usando um controlador Perspective Corner Pin.

5. Aplique o movimento controlado em um arquivo do filme, para que o filme preencha a tela da TV na imagem parada.

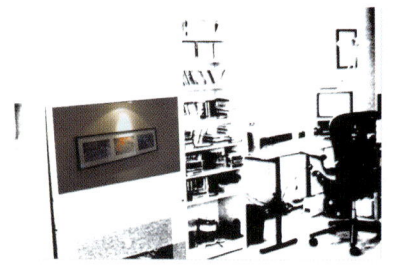

Uma visão aproximada do esboço de um cômodo, utiliza o zoom para obter uma exibição completa

O esboço se enfraquece para revelar a foto original

O título desliza para o lugar, seguindo um caminho branco

Como Preparar o Trabalho

O projeto deste capítulo requer uma série de imagens paradas que você usará para construir a seqüência do segundo plano e um arquivo do filme que usará para preencher uma tela de TV, tudo sendo fornecido no DVD deste livro. Duas das imagens paradas no formato PSD são fotografias digitais, que foram modificadas com alguns filtros Artistic no Photoshop, para criar a aparência de desenhos esboçados.

Para preparar este projeto, faça o seguinte:

1. Inicie um novo projeto e grave-o como Ch20DesignersCorner.

2. Importe as pastas **Stills** e **Video** da pasta deste capítulo, no DVD do livro.

3. Crie uma nova composição denominada Master, usando NTSC DV, uma predefinição da composição de 720 x 480, com Duration (Duração) de 15;00.

Como Montar a Seqüência do Segundo Plano

Você começará este projeto construindo a seqüência de imagens paradas, que se reproduz no segundo plano, durante a segunda metade da animação. O comando Sequence Layers permite dispor rapidamente as imagens no tempo e criar transições entre elas. Então, você poderá usar o efeito Hue/Saturation para reduzir as cores das imagens, para um único matiz. Siga estas etapas:

1. Vá para o tempo 5;00 e coloque todos os arquivos JPEG (**Img_01-12**) da pasta **Stills** na linha do tempo (Timeline) Master.

2. Selecione todas as camadas na linha do tempo, vá para o tempo 7;00 e pressione Alt (Windows) ou Option (Mac OS), e a tecla] para cortar os pontos Out (Fora) das camadas no tempo atual.

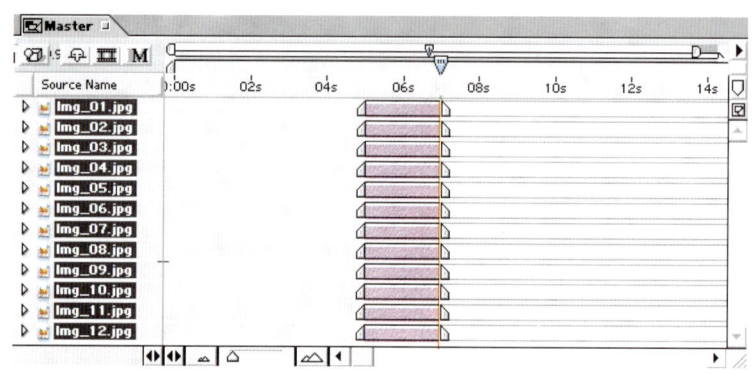

Como cortar a duração das camadas

3. Com todas as camadas ainda selecionadas, escolha Animation (Animação) > Keyframe Assistant (Assistente do Quadro-Chave) > Sequence Layers (Camadas em Seqüência). Selecione a opção Overlap (Sobrepor), defina Duration para 1;00, defina Transition (Transição) para Dissolve Front Layer (Dissolver Camada da Frente) e clique em OK.

Estas opções estendem automaticamente as camadas no tempo e adicionam quadros-chaves Opacity para enfraquecer as camadas, umas nas outras.

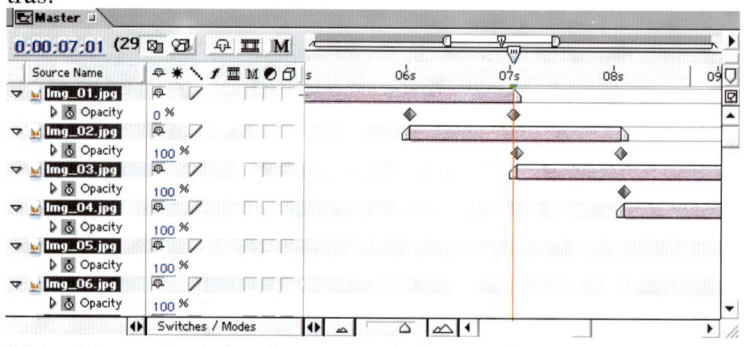

A linha do tempo depois de aplicar o comando Sequence Layers

Capítulo 20 – O CANTO DO DESENHISTA | **371**

4. Com todas as camadas ainda selecionadas, escolha Layer (Camada) > Pre-Compose (Compor Previamente) para combinar as camadas em uma única composição aninhada na composição Master. Nomeie a nova composição como Background.

5. Vá para o tempo 5;00 e pressione Alt (Windows) ou Option (Mac OS) e a tecla] para cortar o ponto In (Dentro) da camada no tempo atual.

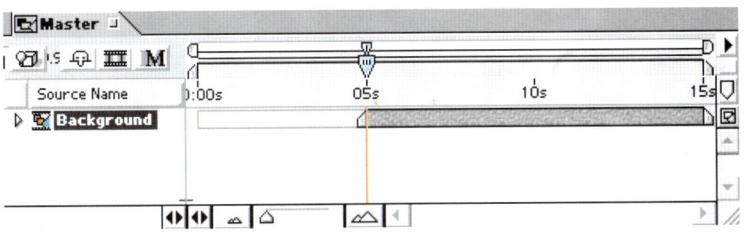

Como cortar o ponto In da camada Background

6. Aplique Effect (Efeito) > Adjust (Ajustar) > Hue/Saturation (Matiz/Saturação) na camada Background. Ative a opção Colorize (Colorir) do efeito (sob a opção Master Lightness (Iluminação-Mestre)), defina Colorize Hue (Colorir Matiz) para 0 x +220.0 e Colorize Saturation (Colorir Saturação) para 55.

Agora, toda imagem que compõe a camada Background, aparecerá com tons azuis.

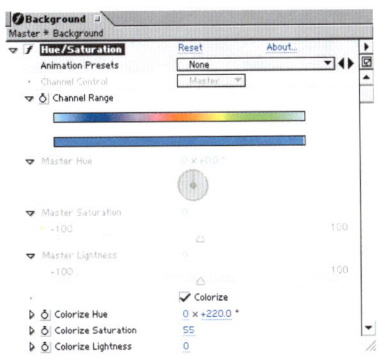

A opção Colorize do efeito fornece à seqüência inteira um matiz uniforme

As definições para o efeito Hue/Saturation

Se você visualizar a composição Master, deverá ver, rapidamente, uma imagem JPEG de cada vez. Cada imagem diminui de intensidade quando uma imagem JPEG diferente aumenta de intensidade.

Como Conseguir a Grande Imagem

A animação que abre o filme final deste projeto, começa com uma exibição de perto de uma imagem parada, que então se distancia do observador, num caminho em ziguezague. Nesta seção, você criará esses resultados animando a escala e a posição de uma imagem parada. Animará as duas outras imagens paradas, atribuindo a imagem animada como sua mãe:

1. No tempo 0;00, coloque **Img_14bigSketch2.psd** na linha do tempo Master sob a camada Img_14bigSketch1 e coloque **Img_14bigSketch3.psd** sob a camada Img_14big Sketch2.

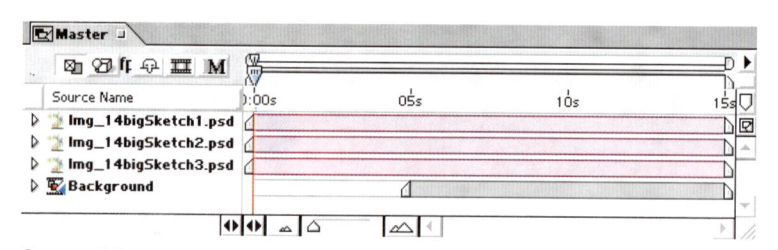

   Como adicionar as camadas Sketch à composição Master

2. Defina o valor Parent das camadas Img_14bigSketch2 e Img_14bigSketch3 para Img_14bigSketch1 na coluna Parent da linha do tempo.

3. Adicione um quadro-chave 50, 50% à camada Img_14bigSketch1, assim como um quadro-chave Position, com os valores 500, 220.

4. Vá para o tempo 4;00 e mude Position da camada para 360, 240.

5. Vá para o tempo 6;15 e mude Scale da camada para 12, 12%.

Como você está usando a ligação, poderá modificar a animação de todas as três camadas, ajustando os quadros-chaves de uma única camada: a camada Parent.

Como Adicionar a Imagem da TV

As imagens Img_14bigSketch mostram uma TV com tela grande, que não exibe nada; na verdade, a tela da TV é transparente no arquivo-fonte. Sua próxima tarefa será preencher a tela da TV com o arquivo **FillMovie.mov**, que mostra uma seqüência de imagens paradas que devem parecer muito familiares, uma vez que várias delas estão na camada do segundo plano criado. Essa tarefa seria muito simples se a imagem parada que contém a TV, fosse fiel consigo mesma e parada! Contudo, como você animou-a, precisará controlar o movimento da tela da TV, com um controlador Perspective Corner Pin e aplicar esses dados do movimento no arquivo do filme. Mesmo que tenha animado a camada Img_14bigSketch1, o After Effects não o deixará controlar o movimento da camada, uma vez que é uma imagem parada. Para solucionar isso, você irá compor previamente uma cópia duplicada da camada e controlará o movimento na nova composição.

Nota: Os recursos de controle do movimento estão disponíveis apenas na versão Professional do After Effects. Se você tiver a versão Standard, poderá instalar uma versão experimental do After Effects Professional, do DVD deste livro.

Eis as etapas:

1. Vá para o tempo 0;00 na linha do tempo Master e coloque **FillMovie.mov** acima das outras camadas, na linha do tempo.

2. Duplique a camada Img_14bigSketch1.

3. Selecione a cópia duplicada (a versão mais superior), escolha Layer > Pre-Compose e clique em OK.

4. Selecione a camada composta previamente que acabou de criar e escolha Animation (Animação) > Track Motion (Controlar Movimento).

5. Defina a opção Track Type (Tipo de Controle) na palheta Tracker Controls (Controles do Controlador) para Perspective Corner Pin (Eixo do Canto com Perspectiva). Quatro Track Points aparecerão na janela da camada, um para cada canto da área que deseja preencher com o filme – neste caso, a tela da TV.

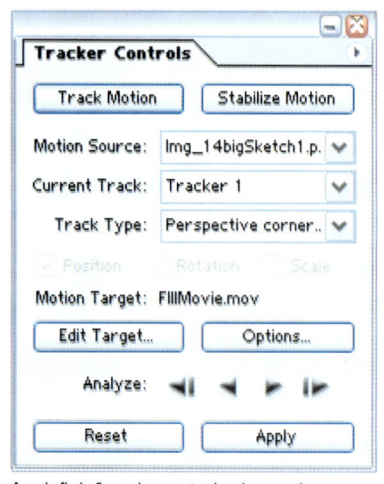

As definições de controle do movimento na palheta Tracker Controls

Capítulo 20 – O CANTO DO DESENHISTA | **375**

6. Arraste um Track Point para cada canto da TV com tela grande, que aparece como um retângulo preto, na metade esquerda da janela da camada. Para arrastar um Track Point inteiro,, pressione o ponteiro do seu mouse, em qualquer lugar dentro de Track Point, exceto em uma linha ou ponto de anexação (as cruzes no centro); quando o ponteiro do seu mouse estiver na posição para mover o Track Point inteiro, o ponteiro exibirá o ícone Move Track Point ▸⊕.

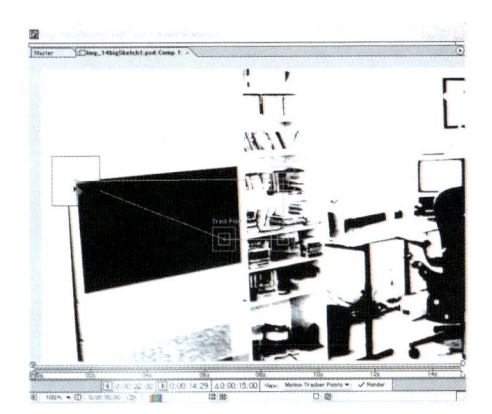

Como posicionar um dos Track Points

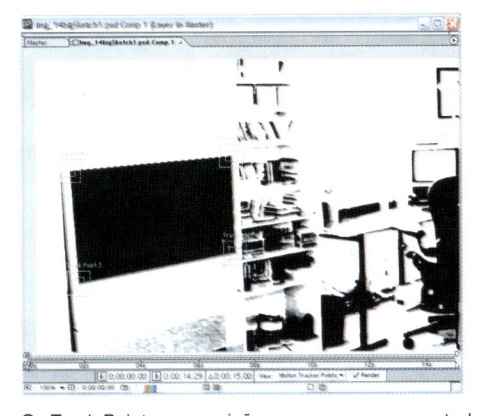

Os Track Points em posição para começar a controlar o movimento da tela da TV

Como Controlar o Movimento da Imagem Parada

Agora que você configurou os Track Points do eixo do canto, com perspectiva em cada canto da tela da TV, poderá começar a controlar o movimento da imagem parada. Siga estas etapas:

1. Vá para o tempo 6;15 na janela da camada Img_14bigSketch1 Comp 1 e clique o botão Set Out Point (Definir Ponto de Saída) [}] na parte inferior da janela Layer. Clicar esse botão especificará onde você deseja que o controlador do movimento pare de controlar no tempo. A imagem pára de mover nesse ponto, portanto, você não precisará controlar o movimento além desse ponto no tempo.

2. Pressione a tecla Home em seu teclado para voltar para o tempo 0;00 e clique o botão Analyze Forward (Analisar Adiante) na palheta Tracker Controls para controlar o movimento. Por default, seu controlador está prestando atenção na luminância, dentro de cada região do recurso. Como cada região é distintamente preta e branca, o controlador não deverá ter problemas para controlar o movimento da tela da TV. Mas até uma quantidade minúscula de afastamento ou salto pode arruinar a ilusão, portanto, vigie e siga estas regras:

    Preste atenção na região do recurso (o quadro interno) de cada Track Point para assegurar que nenhum Track Point se desvie do canto da TV, que está controlando; como alternativa, você poderá achar mais fácil observar as linhas que conectam os quatro controladores, a fim de verificar uma linha que se desvia da forma da tela da TV. Se qualquer região começar a se distanciar do canto da tela da TV, que estava controlando originalmente, clique o botão Stop (Parar) na palheta Tracker Controls e então clique o botão Analyze 1 Frame Backward (Analisar 1 Quadro para Trás), até atingir o quadro onde o distanciamento começou. Ajuste a região do recurso para que volte ao controle e que as linhas entre ela e os Track Points vizinhos fiquem na tela da TV. Depois de ajustar a região do recurso, clique o botão Analyze Forward novamente para retomar o controle. O After Effects substituirá, automaticamente, os pontos de distanciamento no caminho com movimento, por novos pontos.

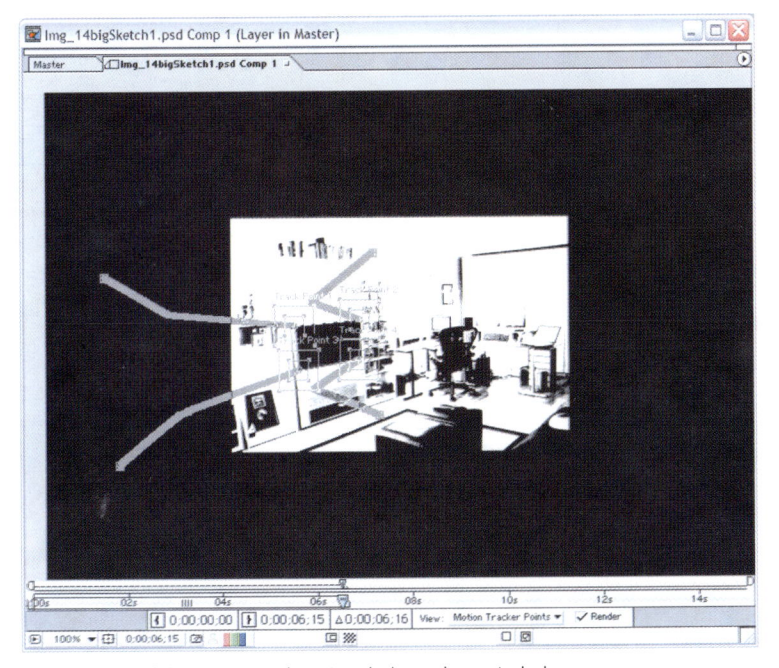

Os quatro caminhos com movimento criados pelo controlador

3. Certifique-se de que a opção Motion Target (Destino do Movimento) na palheta Tracker Controls esteja definida para **Fill Movie.mov** e clique o botão Apply (Aplicar) para adicionar os dados do movimento a essa camada.

Retorne para a janela Master Composition para visualizar os resultados. A camada FillMovie deverá aparecer dentro da tela da TV e ficar lá quando a camada Img_14bigSketch Comp 1 se mover.

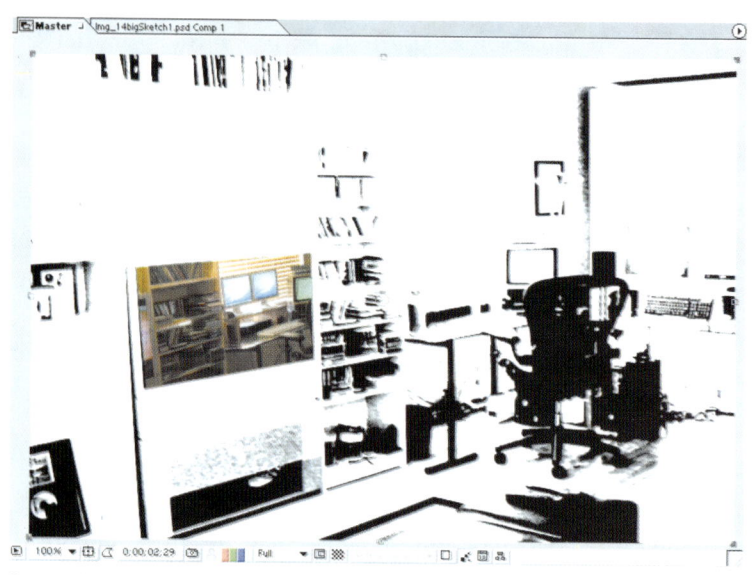

A camada FillMovie aparece dentro da tela da TV

Como Revelar a Foto

Você está pronto para criar uma transição do esboço do cômodo para a fotografia, com alta resolução do cômodo. Todas as camadas estão no lugar e é apenas uma questão de adicionar quatro quadros-chaves bem colocados:

1. Adicione um quadro-chave 100% Opacity à camada Img_14bigSketch1 no tempo 2;00, na linha do tempo Master. Vá para o tempo 3;00 e mude o valor Opacity para 0%.

2. Adicione um quadro-chave 100% Opacity à camada Img_14bigSketch2 no tempo 3;00. Vá para o tempo 4;00 e mude o valor Opacity para 0%.

3. Vá para o tempo 5;00, para que possa ver a camada Img_14bigSketch3 na janela Composition.

4. Para impedir que FillMovie simplesmente salte na tela, adicione um quadro-chave 0% Opacity à camada no tempo 0;00 e mude o valor Opacity para 100%, no tempo 1;00.

5. Para aumentar a intensidade da camada Background, adicione um quadro-chave 0% Opacity no tempo 5;00; vá para 6;00 e mude o valor para 100%.

Agora Experimente Isto

Para desenhar os elementos restantes deste projeto e estender mais o projeto, faça o seguinte:

- Adicione uma camada de texto WEEKDAYS 7PM e anime a camada na cena usando Animation Preset (Predefinição da Animação) da palheta Effects & Presets (Efeitos e Predefinições).

- Para aumentar a intensidade do projeto inteiro, crie uma camada Solid preta e anime-a de 100% Opacity, no tempo 0;00 para 0% Opacity, no tempo 0;10.

- Adicione a camada de texto DESIGNER'S CORNER. Anime-a na cena, adicionando uma máscara retangular à camada, definindo a propriedade Path para a máscara no grupo Path Options da camada, e adicionando um animador Tracking.

- Aplique o efeito Stroke à camada DESIGNER'S CORNER e defina a propriedade Path do efeito para a máscara da camada, a fim de visualizar o caminho no qual o texto corre.

- Duplique a camada DESIGNER'S CORNER e aplique o efeito Box Blur na cópia mais inferior, para adicionar um brilho azul manchado atrás do título principal.

- Aplique o efeito Stroke na camada Img_14BigSketch3 para adicionar-lhe um contorno branco.

Capítulo 21

Película Animada

Este capítulo foi inspirado por um projeto que criei para um cliente, que queria retratar a história da empresa cronologicamente, em pequenos fragmentos. Usei o After Effects e o Photoshop para criar um esboço seqüencial que mostrasse minha idéia, para animar uma película passando na tela. A película acelera, pára a fim de reproduzir um filme dentro de um quadro do filme sobre algum marco da empresa, acelera até atingir o próximo marco no seu filme, etc. É um efeito rico e relativamente fácil de produzir com o After Effects.

O projeto deste capítulo demonstra como criar uma película que contém um vídeo dentro de cada quadro, ao invés de imagens paradas. Você animará a película de modo que ela alternará, entre avançar rápido em uma mancha e diminuir a velocidade para fornecer relances dos vídeos, reproduzindo-se em seus quadros.

Funciona Assim

Verifique o arquivo **Ch21Finished Project.mov** na pasta deste capítulo no DVD do livro, para ver os resultados finais deste projeto. Para obter esses resultados, você fará o seguinte:

1. Crie uma película virtual mascando furos dentados em uma camada sólida.

2. Adicione arquivos do filme à película, para criar os quadros do filme.

3. Anime a película inteira na tela, fazendo com que diminua de velocidade e acelere.

4. Crie uma mancha com movimento exagerado com – o que mais? – um efeito.

A película entra em cena a partir de baixo

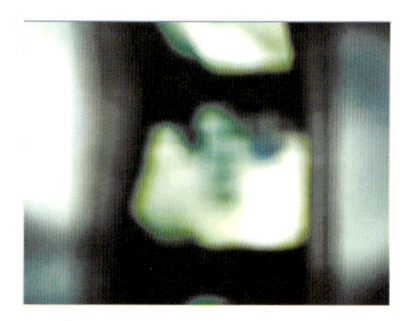

A película avança em uma mancha...

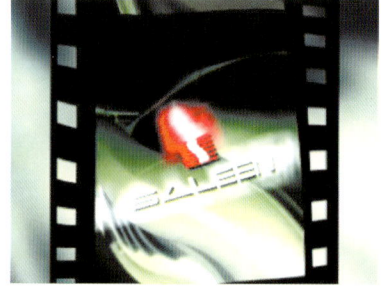

... e diminui de velocidade para fornecer relances do vídeo, sendo reproduzido em seus quadros

Como Preparar o Trabalho

O projeto deste capítulo requer apenas uma única parte do vídeo, que você usará para preencher os quadros da película que construirá. Você usará o filme finalizado do Capítulo 19, "Como controlar os reflexos" (encontrado no DVD do livro), como seu filme-fonte. Sua primeira composição conterá apenas a película, portanto, naturalmente a composição será longa e muito fina.

Para preparar este projeto, faça o seguinte:

1. Inicie um novo projeto e grave-o como Ch21AnimatedFilmstrip.

2. Importe o arquivo **Ch19FinishedProject.mov** da pasta Chapter 19, no DVD do livro – sim, a pasta Chapter 19, não a pasta deste capítulo (Chapter 21). Você usará o filme finalizado desse capítulo, a fim de criar os quadros da película.

3. Crie uma nova composição denominada Film Strip, com Width (Largura) 320, Height (Altura) 2000, Frame Rate (Velocidade de Projeção) 30 e Duration (Duração) 15;00.

4. Escolha Composition (Composição) > Background Color (Cor do Segundo Plano) e defina a amostra da cor para branco (RGB 255, 255, 255).

A composição Film Strip

Como Criar a Película

A composição Film Strip é tão longa que manipular suas camadas e máscaras, poderá ser um desafio se você estiver usando apenas um monitor para exibir o After Effects. Várias técnicas poderão ajudar a tornar o processo um pouco mais fácil; pesquise as dicas nas seções, ao criar a película.

Você criará a película a partir de uma camada Solid, mascarando os furos dentados em cada comprimento do sólido. Para ajudar a julgar o tamanho que você precisa para criar as máscaras do seus furos, você adicionará o primeiro quadro da película para ter uma referência.

Siga estas etapas:

1. Crie uma camada Solid, com o tamanho da composição denominada Film Strip, colorida de preto (RGB: 0, 0, 0), na composição Film Strip.

2. Arraste o arquivo **Ch19FinishedProject.mov** para a parte superior da linha do tempo (Timeline) Film Strip, começando no tempo 0;00.

3. Defina Scale da camada Ch19FinishedProject para 50, 50% e Position para 160, 100, que coloca a camada perto da borda superior da composição.

4. Use a ferramenta Rectangular Mask para desenhar um pequeno retângulo no canto superior esquerdo da camada Film Strip. Crie a máscara com um tamanho que pareça apropriado para um único furo dentado em uma película e posicione-a entre a borda esquerda do sólido e a borda esquerda da camada do vídeo.

Dica: Para ampliar rapidamente com zoom o centro da composição, a fim de ter uma visão mais de perto, gire para frente o botão giratório em seu mouse. Para ampliar com zoom a área que fica sob seu ponteiro do mouse, pressione Alt (Windows) ou Option (Mac OS) quando girar para frente o botão giratório. Gire o botão giratório para trás, para reduzir. (Estes são os novos recursos na versão 6.5 do After Effects).

Agora, o seu sólido preto deverá aparecer com um pequeno furo dentado preto, uma vez que a máscara está definida para Add (Adicionar) por default; parece basicamente com uma versão negativa de uma película real. Você trocará as cores na próxima etapa.

5. Selecione a camada Film Strip e pressione M em seu teclado, a fim de exibir o grupo de máscaras da camada. Defina o modo da máscara para Subtract (Subtrair), na coluna Switches/Modes da linha do tempo.

Agora, você tem uma tira preta com um furo dentado branco no canto superior esquerdo. O furo é na verdade transparente e exibe qualquer coisa abaixo da camada – neste caso, a cor do segundo plano da composição.

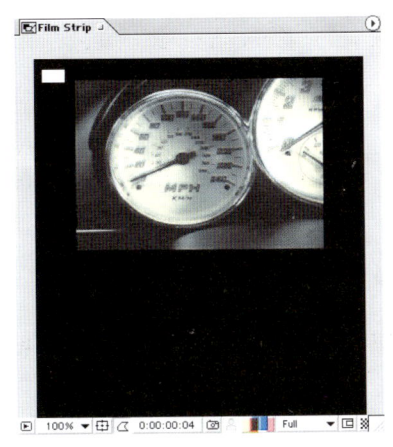

A máscara Subtract cria o primeiro furo dentado

Um furo dentado não é suficiente para uma película, portanto, em seguida você irá clonar seu furo para criar as linhas dos furos dentados, que apareceriam em uma película. (O que vem à mente quando você vê a palavra *sprockets* (furos dentados)? Que tal um apresentador de TV chamado Dieter – pronúncia alemã "Diter" – e um macaco patético? Mas estou divagando...).

Como Duplicar os Furos Dentados

A parte mais difícil de criar sua película acabou agora, que você criou a primeira máscara. Em seguida, precisará duplicar a máscara vezes suficientes, a fim de criar os outros furos dentados:

Dica: Para facilitar posicionar suas máscaras com a forma de furos, aumente a ampliação da janela Composition e use a ferramenta Hand para navegar a janela. Você poderá pressionar a tecla Shift para trocar, temporariamente, para a ferramenta Hand.

---

1. Expanda a camada Film Strip na linha do tempo, destaque o nome Mask 1 para selecionar a máscara e então escolha Edit (Editar) > Duplicate (Duplicar) para duplicar a máscara. Neste ponto, você deverá duplicar a máscara apenas uma vez, a fim de estabelecer o espaço entre seus furos dentados.

2. Com Mask 2 ainda selecionada na linha do tempo, pressione a tecla com seta para baixo em seu teclado, até que a máscara fique mais abaixo do que a primeira máscara e haja espaço preto entre ela, e o outro furo dentado do filme.

Dica: Para ter mais guia visual, quando você dispuser suas máscaras, poderá exibir uma grade ou réguas na janela Composition, escolhendo uma ou outra no menu View (Exibir).

Agora que decidiu sobre o espaço entre os furos dentados, poderá duplicar as duas máscaras para criar o próximo conjunto de furos dentados.

3. Pressione a tecla Shift e selecione ambas as máscaras na linha do tempo.

4. Escolha Edit > Duplicate e pressione a tecla com seta para baixo, até que as máscaras selecionadas fiquem abaixo das outras e todas as máscaras apareçam igualmente distribuídas em relação umas às outras, na janela Composition.

Dica: Pressione a tecla Shift com o botão com seta para baixo, a fim de mover as máscaras em uma distância maior do que apenas pressionar Shift.

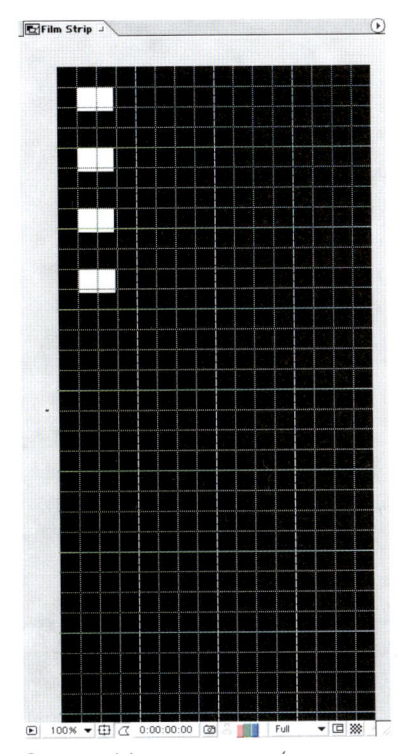

Como posicionar as novas máscaras

5. Você pode ter adivinhado que agora deve selecionar todas as quatro máscaras, duplicá-las e mover as novas máscaras para baixo das outras.

6. Repita a duplicação até ter criado furos dentados suficientes para espalhar no lado esquerdo da composição.

As máscaras subtraem a camada sólida para criar a aparência de furos dentados

Capítulo 21 – PELÍCULA ANIMADA | 389

7. Para criar os furos dentados que devem aparecer no lado direito da película, duplique todas as máscaras e pressione as teclas com seta para a direita, e Shift até que as novas máscaras estejam em posição entre a borda direita da camada do filme e a borda direita da camada sólida.

Como adicionar furos dentados ao lado direito da camada

Como Adicionar Mais Quadros do Filme

Para criar os quadros do filme restantes para sua película, você usará a mesma técnica que vem usando até então: a duplicação. Só que desta vez, usará um método mais simples para dispor os vídeos na película, do que quando utilizou para posicionar os furos dentados. Ao invés de dizer: "Seus procedimentos ficaram cansativos", você dirá: "Estou tão contente quanto uma garotinha!" (desculpe – não consigo resistir à inclusão das referências de *Saturday Night Live*, onde quer que o termo *sprockets* (furos dentados) apareça).

Eis as etapas:

1. Duplique a camada Ch19FinishedProject nove vezes na composição Film Strip, para que tenha um total de dez cópias.

2. Defina Position da camada de vídeo mais superior na linha do tempo para 160, 1900, a fim de colocá-la perto da borda inferior da composição.

Você pode distribuir os vídeos restantes entre dois vídeos posicionados estrategicamente

3. Selecione todas as dez camadas de vídeo e clique o primeiro botão Distribute Layers (Distribuir Camadas) na palheta Align (Alinhar) – em outras palavras, o primeiro botão na segunda linha de botões na palheta. (Não teria sido ótimo se pudesse usar esse recurso para distribuir as máscaras dos furos dentados igualmente na camada sólida? Infelizmente, esse recurso funciona apenas com as camadas neste momento).

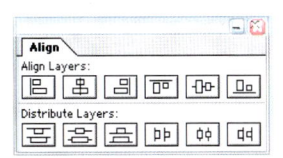

A palheta Align

Os botões Distribute Layers posicionam instantaneamente as camadas de modo igual, entre as duas camadas que estão mais distantes uma da outra

4. Com todas as camadas de vídeo ainda selecionadas, desative a chave Audio de cada camada.

Como Criar a Composição Master

Você criou sua película e está quase na hora de animá-la. Contudo, terá que criar um ambiente para ela ser executada:

1. Crie uma nova composição denominada Master usando Medium, uma predefinição da composição de 230 x 240, com Duration de 10 segundos.
2. Coloque a composição Film Strip na linha do tempo Master, iniciando no tempo 0;00.
3. Defina Scale da camada Film Strip para 70, 70%.
4. Para mudar a duração da camada Film Strip, selecione a camada e escolha Layer > Time Stretch (Extensão do Tempo). Defina Duration para 9;29 e clique em OK.
5. Ainda no tempo 0;00, adicione o arquivo **Ch19FinishedProject.mov** à linha do tempo Master, sob a camada Film Strip.
6. Aplique Effect > Blur & Sharpen (Desfoque e Nitidez) > Fast Blur (Desfoque Rápida) na camada Ch19FinishedProject. Defina Blurriness do efeito para 30.
7. Aplique Effect (Efeito) > Adjust (Ajustar) > Levels (Níveis) na camada Ch19FinishedProject. Defina o valor Input White do efeito para 200; esse valor apaga muitos destaques da camada e ajuda a estilizar o conteúdo do vídeo.

Como Animar a Película

"Agora é a hora no programa Sprockets, quando dançamos!". Em outras palavras, é hora de animar a película para que seja executada na tela. O filme atravessará a tela com velocidades diferentes, diminuindo para que o observador possa ver as seqüências, em particular, sendo reproduzidas dentro dos quadros do filme e apreciar todo o seu trabalho pesado e só então aumentado a velocidade, para avançar algumas seqüências. E mais, você animará Scale da película para adicionar-lhe uma sensação de espaço, quando ela parece se aproximar do usuário.

Siga estas etapas:

1. Adicione um quadro-chave Position à camada Film Strip, no tempo 0;00 e defina Position para 160, 940; esse valor move a camada inteira para fora da tela e logo abaixo da borda inferior da composição.

2. Vá para o tempo 2;00 e mude Position da camada Film Strip para 160, 600. Isso moverá a película para cima e atravessará a janela Comp.
3. Vá para o tempo 2;15 e mude Position da camada Film Strip para 160, 150.
4. Vá para o tempo 3;00 e mude Position da camada para 160, 340.
5. Para fazer com que a película mantenha sua posição atual do tempo 3;00 a 4;15, vá para o tempo 4;15 e coloque uma marca de verificação ao lado da propriedade Position da camada Film Strip, na coluna A/V Features da linha do tempo. Fazer isso adicionará outro quadro-chave Position com o mesmo valor do anterior.
6. Vá para o tempo 5;00 e mude Position da camada para 160, 0.
7. Vá para o tempo 6;00 e mude o valor Position para 160, 340.
8. Ainda no tempo 6;00, adicione um quadro-chave Scale com um valor 70, 70%.
9. Vá para o tempo 8;00 e mude Scale da camada para 100, 100% e Position para 160, 630.

Como Simular a Mancha com Movimento

Para tornar sua película animada ainda mais convincente, ela deve aparecer manchada quando estiver correndo, com suas velocidades mais rápidas. Para exagerar a mancha com movimento, você usará um efeito de mancha e animará a mancha para que a película entre e saia de foco, quando diminuir e aumentar a velocidade:

1. Aplique Effect > Blur & Sharpen > Box Blur (Desfoque Retangular) na camada Film Strip. Defina Iterarions (Iterações) do efeito para 3 e Blur Dimensions (Dimensões do Desfoque) para Vertical.
2. Vá para o tempo 2;00 e adicione um quadro-chave Blur Radius com um valor 0 ao efeito. Esse valor deixa o filme em foco; não ocorre nenhuma mancha.
3. Vá para o tempo 2;10 e mude Blur Radius do efeito para 30.
4. Vá para o tempo 3;00 e mude Blur Radius do efeito para 0, a fim de trazer o filme novamente para o foco.
5. Vá para o tempo 4;15, expanda o efeito Box Blur na camada Film Strip e coloque uma marca de verificação ao lado da propriedade Blur Radius, na coluna A/V Features para criar outro quadro-chave Blur Radius com um valor 0.
6. Vá para o tempo 4;20 e defina Blur Radius do efeito para 30.
7. Vá para o tempo 5;00 e mude Blur Radius para 0.

Agora Experimente Isto

O projeto deste capítulo serve como uma ótima base para outras variações. Por exemplo, imagine adicionar mais cinco películas, cada uma mostrando um filme diferente e colocar as películas no espaço em 3D, com diferentes valores Property do eixo Z. Mas antes de pegar e executar esse projeto, precisará completar alguns toques finais para completar a aparência final do filme finalizado deste capítulo:

- Para dar à película uma sensação mais orgânica, como a de uma película real, aplique o efeito Turbulent Displace na camada Film Strip.

- Para dar à película a textura de película granulada, aplique o efeito Add Grain (novo no After Effects 6.5) na camada Film Strip. Se você for realmente ambicioso, poderá usar uma imagem escaneada do filme e aplicar o novo efeito Match Grain na camada Film Strip, para fornecer-lhe a mesma aparência de granulado.

Capítulo 22

Cubos do Vídeo

Os recursos 3D no After Effects permitem mudar a posição e a rotação de qualquer camada nos eixos X, Y e Z da camada. Basicamente, é como mover pedaços de papel que desaparecem de vista quando perpendiculares à câmera. Mas você não pode criar uma camada realmente em 3D com profundidade e volume. Ao contrário, poderá reunir diversos itens para que pareçam um único objeto em 3D, com uma forma que você possa exibir a partir de qualquer ângulo e que possa animar como um todo.

Este capítulo mostra como montar um cubo em 3D, composto por vídeos e imagens paradas e animar o cubo para que ele faça uma implosão na cena, gire rápido, faça uma pausa para exibir um vídeo em sua lateral, e repita esse ciclo até que estoure saindo da cena. Poderá usar as mesmas técnicas para criar uma variedade de movimentos e transições muito dinâmicos, com qualquer outro objeto em 3D virtual desenhado.

E mais, aprenderá a desenhar um cursor que pisca expondo as palavras na tela e uma revelação exclusiva do logotipo, adequada ao estilo do projeto inteiro.

Funciona Assim

Verifique o arquivo **Ch22Finished Project** na pasta deste capítulo, no DVD do livro. Esse projeto mostra como criar e animar um cubo em 3D, que é formado a partir de um círculo de filmes que voam a partir de trás do observador, para se tornarem as partes de cima, de baixo e as laterais. O cubo gira, faz uma pausa para exibir um filme em uma lateral e então gira rápido para exibir uma lateral diferente. Você usará estas técnicas:

1. Posicione um filme e camadas com imagem parada para formar um cubo em 3D.

2. Use uma camada Null Object para animar as laterais do cubo para que elas façam uma implosão na cena, formando o cubo; gire em velocidades diferentes e estoure para sair de cena.

3. Crie um segundo plano composto por palavras que cruzem a tela e desapareçam distanciando-se.

4. Crie uma linha de comandos virtual, complete com um cursor que pisca e letras digitadas na tela.

5. Exiba gradualmente o logotipo, faixa por faixa animada.

As palavras se paginam em ambas as direções, quando as paredes de vídeo e um logotipo voam

O cubo gira e faz uma pausa em cada lateral com vídeo, enquanto um cursor que pisca digita os títulos

As faixas invisíveis apagam o logotipo quando o cubo estoura

Como Preparar o Trabalho

Os seis lados do cubo do vídeo que você construirá são compostos por quatro filmes e duas cópias do arquivo Illustrator. Você importará esses arquivos e criará seu primeiro conjunto de composições em seguida.

Para preparar este projeto, faça o seguinte:

1. Inicie um novo projeto e grave-o como Ch22VideoCubes.

2. Importe as pastas **MovieClips** e **Stills** da pasta deste capítulo no DVD, para a janela Project.

3. Para criar uma nova composição para cada um dos clipes do filme de uma só vez, selecione todos os quatro arquivos do filme na janela Project e arraste-os simultaneamente para o botão Create A New Composition (Criar Uma Nova Composição), localizado na parte inferior da janela.

4. Na caixa de diálogos resultante, defina a opção Create (Criar) para Multiple Compositions (Diversas Composições) e clique em OK. Quatro composições novas nomeadas para cada filme aparecerão na janela Project. Você trabalhará com elas na próxima seção.

5. Crie uma nova composição denominada Main, usando NTSC D1 Square Pix, uma predefinição da composição de 720 x 540.

6. Se o segundo plano da composição ainda não estiver colorido de preto, escolha Composition (Composição) > Background Color (Cor do Segundo Plano) e defina-o para RGB: 0,0,0.

Como Criar o Cubo

A primeira tarefa ao desenhar seu cubo do vídeo animado é formar o cubo posicionando suas composições do filme (as laterais do cubo) no espaço em 3D. Para facilitar a animação do seu cubo, você criará uma camada Null Object e irá atribuí-la como a mãe das composições do filme. Ligando as composições do filme à camada Null Object, você poderá girar e mover todos os filmes, enquanto apenas cria e gerencia os quadros-chaves para uma camada: o objeto nulo. Siga estas etapas:

1. Arraste as quatro composições Clip para a linha do tempo (Timeline) Main, iniciando no tempo 0;00.

2. Ative a chave 3D na coluna Switches da linha do tempo, para todas as camadas.

3. Crie uma nova camada Null Object (Layer (Camada) > New (Novo) > Null Object (Objeto Nulo)) começando no tempo 0;00. Você usará essa camada para animar o cubo em uma seção posterior.

4. Ative a chave 3D da camada Null 1.

5. Defina Anchor Point da camada Null 1 para 50.0, 50.0, 0.

6. Selecione todas as camadas, exceto a camada Null 1 e então defina o valor Parent de cada camada para Null 1, na coluna Parent da linha do tempo.

7. Escolha View (Exibir) > New View (Nova Exibição) para abrir outra janela Composition para a composição Main.

8. Escolha Top (Superior) no menu instantâneo 3D View (Exibição em 3D) da nova exibição na parte inferior da janela Composition. A exibição Top permite ver a forma do cubo de cima, quando você a constrói.

9. Selecione as quatro camadas Clip na linha do tempo, pressione R em seu teclado para exibir suas propriedades Rotation e Orientation e pressione Shift+P para também exibir suas propriedades Position.

10. Defina os seguintes valores para as propriedades Y Rotation das camadas Clip, que estão listadas aqui:

    Clip 02 Comp 1: 0 x +90.0

    Clip 03 Comp 1: para 0 x 180.0

    Clip 04 Comp 1: 0 x +270.0

11. Defina os seguintes valores para a propriedade Position do eixo Z destas camadas Clip:

    Clip 01 Comp 1: -160.0

    Clip 03 Comp 1: 160

Capítulo 22 – CUBOS DO VÍDEO | **399**

12. Defina os seguintes valores para a propriedade Position do eixo X das camadas Clip, que estão listadas aqui:

Clip 02 Comp 1: -110.0

Clip 04 Comp 1: 210

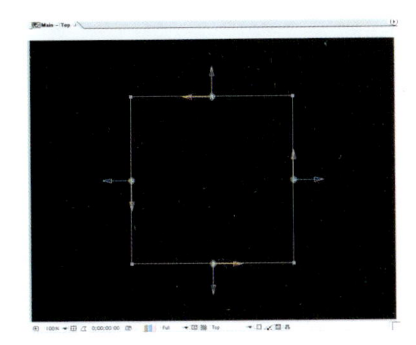

O cubo do vídeo visto da exibição Top da composição

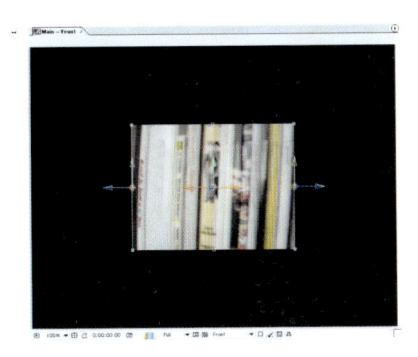

O cubo do vídeo visto da exibição Front da composição

Como Cobrir o Cubo

Você criou as quatro laterais de seu cubo e agora precisa adicionar-lhe as partes superior e inferior. Desta vez, usará uma imagem parada de um logotipo para formar cada lateral, ao invés do vídeo:

1. Adicione um arquivo **a2d_designlogo.ai** da janela Project à parte inferior da linha do tempo Main, iniciando no tempo 0;00.

2. Duplique (Edit (Editar) > Duplicate (Duplicar)) a camada a2d_designlogo uma vez.

3. Mova uma das camadas a2d_designlogo na pilha de camadas da linha do tempo Main, para que a camada 2 fique abaixo da camada Null 1.

4. Defina X Rotation da camada a2d_designlogo, que é a camada 2 para 0 x +270.0 e sua posição Y para –70.

5. Defina X Rotation da camada 7 a2d_designlogo mais inferior para 90 e sua posição Y para 170.

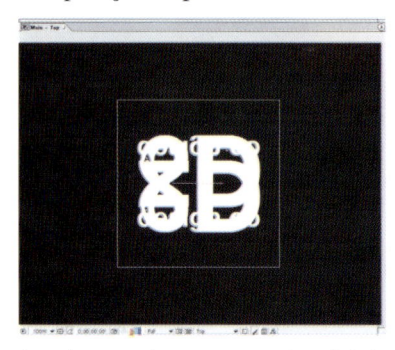

As coberturas das partes superior e inferior do cubo

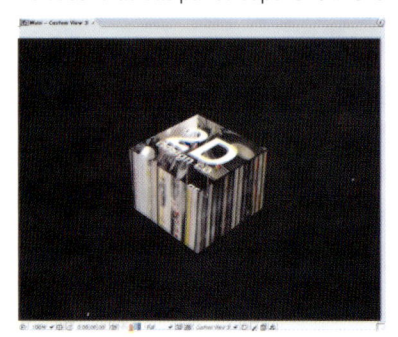

O cubo visto a partir da exibição da composição View 3

Como Implodir o Cubo

O cubo do vídeo na animação finalizada, começa com todas as suas laterais separadas e fora da tela. Então, as laterais entram rapidamente, a partir de todas as direções, até se encontrarem e formarem o cubo giratório.

Sua primeira tarefa será criar os quadros-chaves para a posição inicial de cada lateral, antes delas sofrerem uma implosão e se reunirem:

1. Selecione todas as camadas na linha do tempo Main e pressione a tecla P para exibir apenas as propriedades Position na linha do tempo.

2. Vá para o tempo 2;00 e adicione um quadro-chave Position a cada camada, exceto Null 1.

3. Pressione Home em seu teclado para ir até o tempo 0.00 e defina os seguintes valores Position para as camadas listadas:

    a2d_designlogo, camada 2: 50, -490, 0

    Clip 01 Comp 1: 50, 50, -580

    Clip 02 Comp 1: -530, 50, 0

    Clip 03 Comp 1: 50, 50, 580

    Clip 04 Comp 1: 630, 50, 0

    a2d_designlogo, camada 7: 50, 590, 0

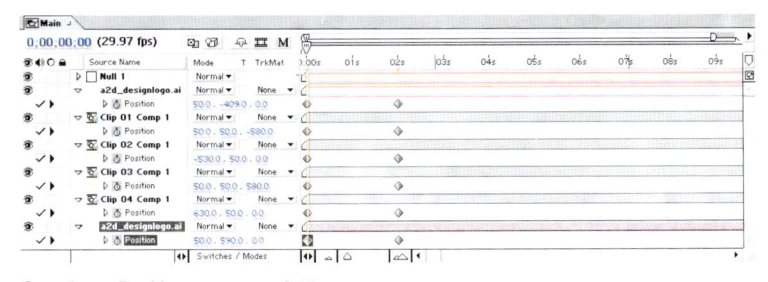

Os valores Position no tempo 0;00

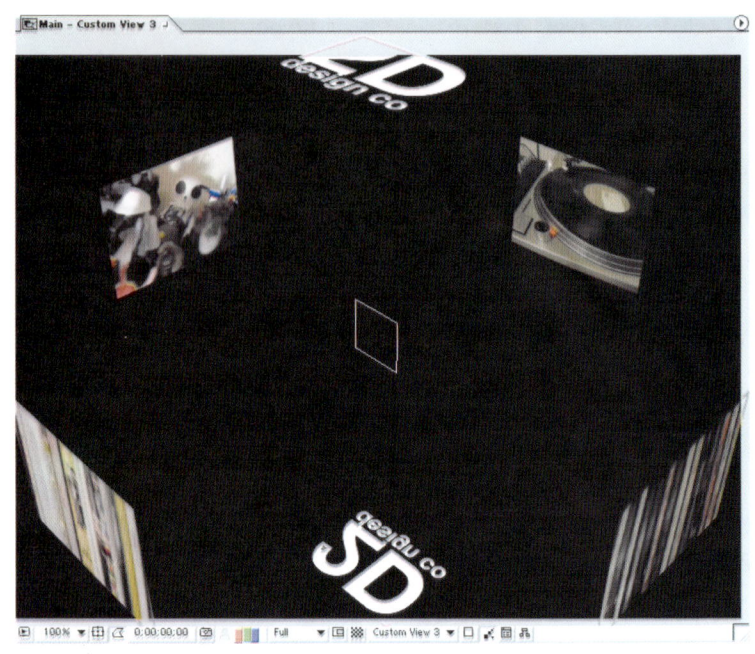

O cubo visto na exibição 3 personalizada, antes de implodir

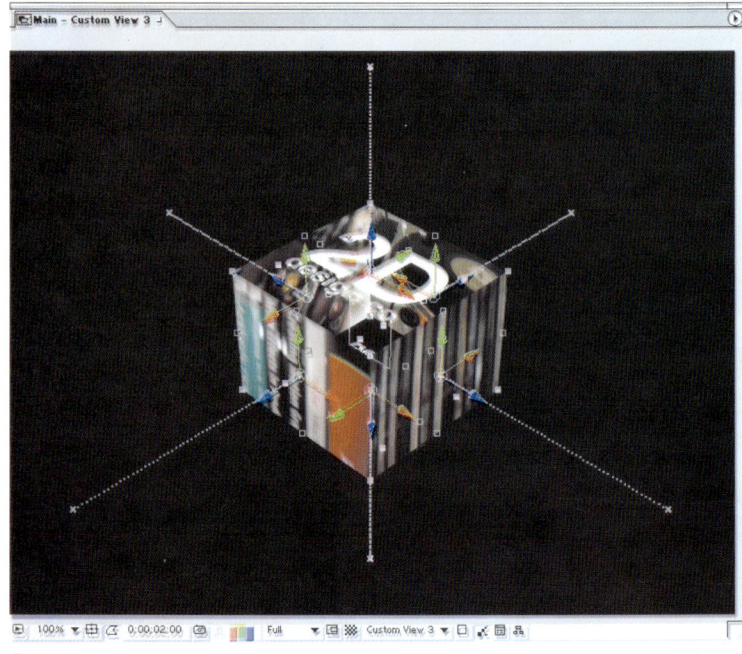

O cubo com caminhos com movimento que mostram o caminho no qual cada lateral viaja

As laterais do cubo entram atualmente com Opacity (Opacidade) total. Para fornecer-lhes mais nuanças, você poderá aumentar sua intensidade na cena, animando sua Opacity:

1. Selecione todas as camadas, exceto Null 1, na linha do tempo Main e pressione T em seu teclado para exibir suas propriedades Opacity.

2. Vá para o tempo 0;15 e clique em qualquer cronômetro Opacity da camada selecionada na linha do tempo, a fim de adicionar um quadro-chave 100% Opacity a toda camada selecionada.

3. Pressione Home para ir até o tempo 0;00 e defina Opacity de qualquer camada selecionada para 0%, a fim de mudar o valor para todas as camadas selecionadas.

Agora, as laterais do vídeo parecem translúcidas quando estão distantes e ficam mais opacas e distintas quando se reúnem.

Como Explodir o Cubo

Você fez todo o trabalho de animar o cubo para que ele se reúna. Agora, irá inverter a animação para que o cubo estoure, indo para fora da composição no final da animação. Ao invés de repetir as etapas executadas para criar a primeira metade da animação do cubo do vídeo, você duplicará os quadros-chaves Position existentes e irá invertê-los no tempo. Eis as etapas:

1. Selecione todas as camadas, exceto Null 1, na linha do tempo Main e pressione P para exibir suas propriedades Position.

2. Cancele a seleção das camadas.

3. Clique no nome da primeira propriedade Position para selecionar todos os quadros-chaves Position dessa camada e copie (Edit > Copy (Copiar)) os quadros-chaves da camada.

4. Vá para o tempo 13;00 e cole (Edit > Paste (Colar)) os quadros-chaves na mesma camada.

5. Repita as etapas 3 e 4 para as camadas restantes.

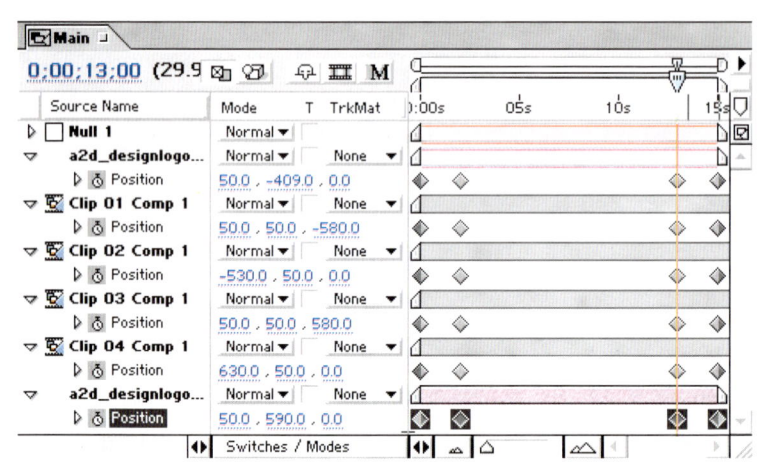

Como duplicar o primeiro par de quadros-chaves em cada camada

6. Use a ferramenta Selection para arrastar um contorno em volta (aparece como uma linha vermelha pontilhada quando você arrasta) e selecione todos os quadros-chaves Position que aparecem iniciando no tempo 13;00, e posteriormente na linha do tempo. Para criar um contorno de seleção, clique em algum lugar diferente de um quadro-chave ou na barra de duração.

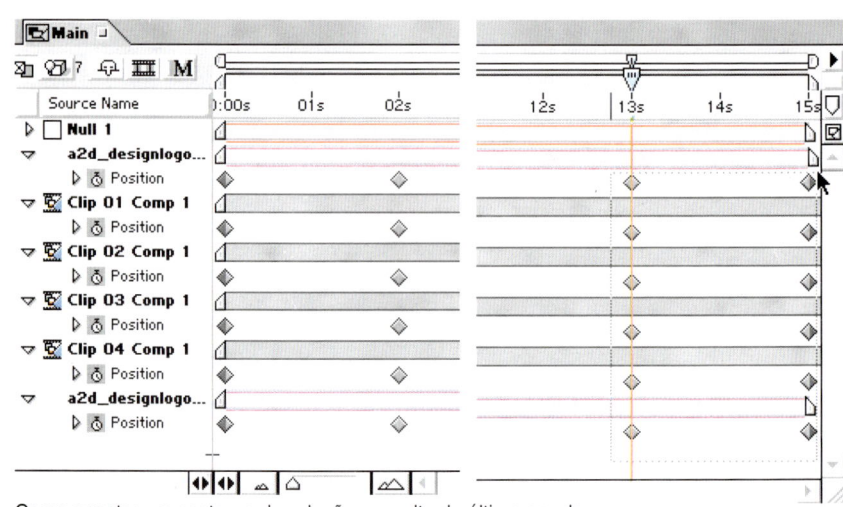

Como arrastar um contorno de seleção em volta do último par de quadros-chaves das camadas

7. Com os dois últimos quadros-chaves Position das camadas selecionados, escolha Animation (Animação) > Keyframe Assistant (Assistente do Quadro-Chave) > Time-Reverse Keyframes (Inverter Tempo dos Quadros-Chaves). Como resultado, a caixa aparecerá intacta no tempo 13.00, exatamente como no tempo 2;00 e parecerá estourada no tempo 15;00.

8. Para aumentar a velocidade da explosão da caixa, use a ferramenta Selection para selecionar todos os quadros-chaves Position, no tempo 13.00.

9. Vá para o tempo 14;00, comece arrastando os quadros-chaves selecionados e pressione Shift para mover os quadros-chaves para o tempo atual (14;00 segundos).

Se você pressionar Shift antes de começar arrastar um quadro-chave selecionado, irá cancelar a seleção de qualquer quadro-chave clicado, ao invés de mover todos os quadros-chaves selecionados para o tempo atual.

Se expandir o grupo Transform da camada Null 1 na linha do tempo e mudar os valores Orientation, notará que as laterais da caixa permanecerão na formação de cubo, sendo a caixa explodida ou ficando intacta e que a caixa se voltará para um ponto diferente no espaço, de acordo com os valores Orientation especificados.

A caixa no tempo 11;03, com Orientation da camada Null Object definida para 92, 179, 183

Faça estes ajustes finais:

1. Defina Scale da camada Spinning Cube Pre-comp para 75, 75% e Position para 360, 208.

2. Ative a chave Continuously Rasterize da camada na coluna Switches, da linha do tempo.

Como Girar a Caixa

Atualmente, as laterais do cubo se reúnem para formar o cubo, o tempo passa e o cubo explode, saindo da exibição. Sua próxima tarefa será fazer o cubo do vídeo girar no lugar, de modo realmente rápido em certos momentos e lento em outros. Para tanto, você animará a camada Null 1 que já atribuiu como a mãe de toda lateral do cubo, no início deste capítulo. Como resultado, as laterais do cubo herdarão os quadros-chaves da camada Null 1 (embora nenhum quadro-chave novo apareça na linha do tempo para as camadas das laterais do cubo) e serão animadas como uma, sem perturbar a forma do cubo que elas formam.

Siga estas etapas:

1. Selecione a camada Null 1 e pressione R em seu teclado, para exibir seus valores Rotation e Orientation.

2. Certifique-se de que Orientation da camada Null 1 seja 0, 0, 0, na linha do tempo Main.

3. Crie um quadro-chave para Y Rotation no tempo 0;00, com um valor 0 x +0.0.

4. Pressione End em seu teclado para ir até o final da linha do tempo, no tempo 14;29 e mude Y Rotation para 10 x +0.0.

Os quadros-chaves que acabou de criar giram a caixa dez vezes do início da animação, até o final. Em seguida, você adicionará quadros-chaves para que a caixa gire rapidamente e então diminua de velocidade em vários momentos:

1. Defina a propriedade Y Rotation da camada Null 1, para os seguintes valores nos tempos especificados:

    2;00: 5 x 0
    2;20: 5 x 70
    4;20: 5 x 110
    4;25: 5 x 235
    6;25: 5 x 290
    7;00: 6 x 165
    9;00: 6 x 205
    9;05: 6 x 340
    11;05: 7 x 20
    11;10: 8 x 50

2. No tempo 0;00, adicione um quadro-chave X Rotation com um valor 0 x –90.

3. Vá para o tempo 2;00 e defina o valor X Rotation para 0 x +30;00.

4. Pressione End para ir até o tempo 14;29 e mude o valor X Rotation para 0 x 0;00.

5. Selecione todas as camadas na linha do tempo Main, escolha Layer > Pre-Compose (Compor Previamente) e nomeie a composição aninhada como Spinning Cube Pre-Comp.

O cubo diminui de velocidade para mostrar um vídeo

Como Adicionar o Material de Leitura

Sua próxima tarefa será criar o segundo plano de palavras cruzando a tela atrás do cubo do vídeo. Você criará uma linha de texto e coordenará suas cópias no tempo, com a ajuda dos marcadores de camada, para criar um loop de palavras deslizando na tela em uma única linha:

1. Crie uma nova composição denominada "letters 1 row Forward", usando NTSC D1 Square Pix, uma predefinição da composição de 720 x 540, com Duration (Duração) de 59;28.

2. Vá para o tempo 0;00 e crie uma camada Text, que exiba o seguinte texto em uma única linha com Font Family (Família de Fontes) definida para Arial ou Helvetica Neue e Text Size (Tamanho do Texto), definido para 26:

   ```
   hard working . ambitious . creative . problem solvers
   . authors . parents . people like you . musicians
   . painters . geeks . lovers .
   ```

   Grande parte deste texto aparece fora da tela por causa do comprimento da camada.

3. Com a camada de texto ainda selecionada na linha do tempo, vá para o tempo 8;00 e pressione Alt (Windows) ou Option (Mac OS) e a tecla] para mudar o ponto Out (Fora) da camada, para o tempo atual. Isso encurtará a camada em 8 segundos.

4. Ainda no tempo 8;00, adicione um quadro-chave Position à camada de texto e defina seu valor para –1108, 270. Isso colocará o texto completamente fora da tela.

5. Vá para o tempo 0;00 e mude Position da camada para 1832, 270. O texto ainda está fora da tela, mas agora você deverá ver os pontos do caminho com movimento da camada, cruzando na horizontal, o meio da composição.

6. Vá para o tempo 6;02 e escolha Layer > Add Marker (Adicionar Marcador) para adicionar um marcador da camada, no tempo atual. Você usará esse marcador para fazer com que as palavras viajem continuamente na tela.

7. Duplique a camada de texto 10 vezes, para que tenha um total de 11 cópias. Note que as camadas duplicadas mantém o marcador da camada adicionado à original.

Capítulo 22 – CUBOS DO VÍDEO | **409**

8. Vá para o tempo - 6;02, clique em Current Time Marker (Marcador do Tempo Atual) no canto superior esquerdo da linha do tempo. Na caixa de diálogos Go To Time (Ir Para Tempo), forneça – 6;02 (ou seja 6;02 *negativo*). O Current Time Indicator (Indicador do Tempo Atual) desaparecerá, uma vez que você está atualmente fora da duração da linha do tempo.

9. Ainda no tempo –6;02, selecione a camada de texto mais inferior na linha do tempo e pressione [em seu teclado para mover a camada, a fim de iniciar no tempo atual. Note que a camada acima começa onde o marcador da camada mais inferior aparece no tempo.

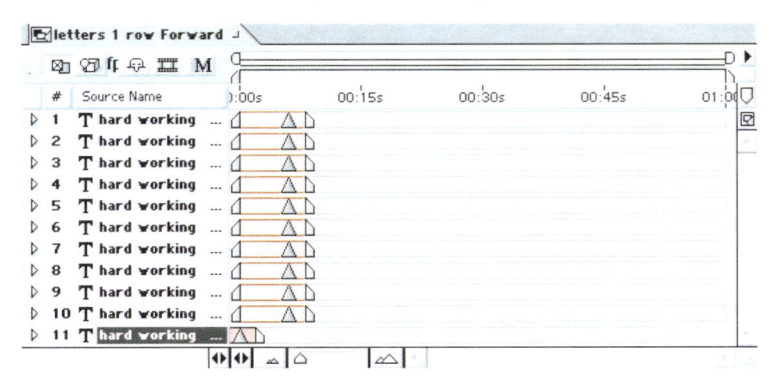

O ponto In da camada selecionada está fora da linha do tempo

10. Deixe as duas camadas inferiores onde estão no tempo e alinhe todas as outras camadas, para que cada uma comece onde o marcador da camada abaixo dela aparece no tempo. O método mais fácil é ir até o ponto no tempo, onde o marcador da camada inferior aparece e pressionar Shift+arrastar a camada acima, para mover o início da barra de duração da camada para o tempo atual no marcador da camada.

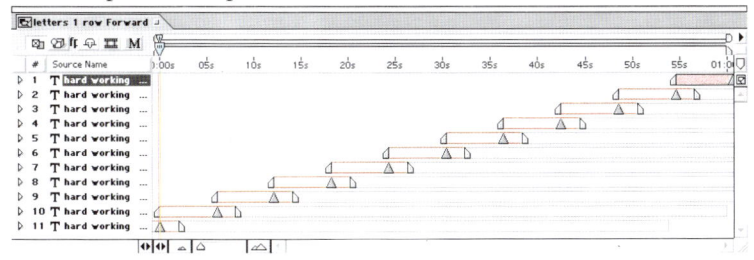

Como coordenar as camadas no tempo, para que cada uma inicie no marcador da camada abaixo

Se você visualizar a composição, a linha do texto viajará na tela da direita para a esquerda e parecerá nunca terminar.

Como Mudar as Direções

Para tornar o segundo plano mais dinâmico, ele também precisará de linhas de texto indo na direção oposta do texto, que acabou de criar. Felizmente, essa parte é bem mais simples do que antes. Você duplicará a composição "letters 1 row Forward" e inverterá seus quadros-chaves no tempo:

1. Duplique a composição "letters 1 row Forward" na janela Project. Nomeie a duplicata como "letters 1 row Reverse".

2. Abra a nova composição e selecione todas as suas camadas na linha do tempo.

3. Pressione P para exibir as propriedades Position de todas as camadas.

4. Pressione a tecla Shift, quando clicar no nome da propriedade Position de cada camada, para selecionar todas as propriedades Position.

5. Escolha Animation > Keyframe Assistant > Time-Reverse Keyframes. Como resultado, ambos os quadros-chaves em cada camada trocarão as posições no tempo, fazendo com que as palavras viajem da esquerda para a direita, ao invés da direita para a esquerda.

Como Adicionar Linhas e Linhas

Todo esse trabalho e você conseguiu apenas duas linhas de texto contínuo! Agora, duplicará essas composições e irá posicioná-las acima e abaixo da composição Main:

1. Abra a composição Main e feche todas as outras composições.

2. Vá para o tempo 0;00 e adicione as composições "letters 1 row Forward" e "letters 1 row Reverse" à linha do tempo Main, abaixo da camada Spinning Cube Pre-comp.

3. Duplique ambas as camadas "letters..." uma vez e defina as propriedades Position das quatro camadas resultantes, como a seguir (a ordem da pilha das camadas não importa):

   letters 1 row Reverse: 325, 255

   letters 1 row Reverse: 345, 315

   letters 1 row Forward: 355, 345

   letters 1 row Forward: 245, 285

A composição Main no tempo 0;00

4. Selecione as quatro camadas "letters..." e ative a chave Continuously Rasterize na coluna Switches da linha do tempo.

5. Com as quatro camadas de texto ainda selecionadas, escolha Layer > Pre-Compose e nomeie a nova composição como "letters 4 rows".

6. Duplique a camada "letters 4 rows" quatro vezes para que tenha um total de cinco cópias. Selecione todas as cinco, pressione P para exibir suas propriedades Position e defina seus valores, como mostra a seguir:

   1 letters 4 rows: 360, -10

   2 letters 4 rows: 360, 110

   3 letters 4 rows: 360, 230

   4 letters 4 rows: 360, 350

   5 letters 4 rows: 360, 470

7. Selecione as cinco camadas "letters..." e ative a chave Continuously Rasterize para cada.

8. Com as cinco camadas "letters..." ainda selecionadas, escolha Layer > Pre-Compose e nomeie a nova composição como Letters Background.

Quando você reproduzir a animação, o segundo plano deverá ser preenchido com linhas de palavras viajando na horizontal, em ambas as direções.

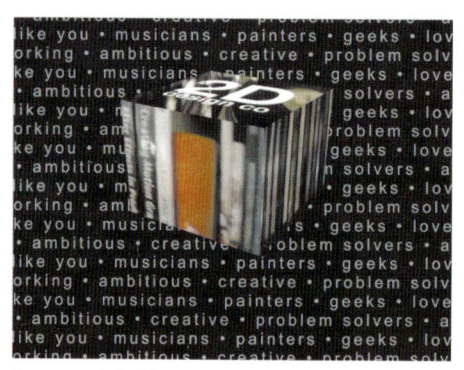

A composição Main no tempo 2;09

Como Adicionar Alguma Dimensão

Você criou seu segundo plano de palavras cruzando a tela atrás de seu cubo do vídeo, mas poderia questionar se o segundo plano parece achatar o cubo. Uma pequena sombra (bocejo...) poderia ajudar, mas neste caso, você usará uma técnica diferente para adicionar alguma profundidade à cena: Fará com que o segundo plano pareça enfraquecer nas profundezas do espaço atrás do cubo do vídeo. Eis as etapas:

1. Pressione a tecla Home para até o tempo 0;00 e então adicione o arquivo **gradient.tif** à linha do tempo Main, acima da camada Letters Background.

Capítulo 22 – CUBOS DO VÍDEO | 413

2. Defina Track Matte da camada Letters Background para Luma Matte "gradient.tif", na coluna Modes da linha do tempo. Agora, o segundo plano das palavras aparecerá gradualmente, de cima para baixo na janela Comp.

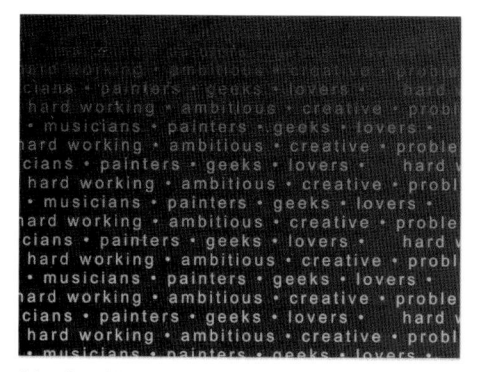

A luminosidade da camada Letters Background com um fosco aplicado pela camada, com graduação

3. Vá para o tempo 11;00 e adicione um quadro-chave Position à camada com graduação. Defina Position para 360, 270.

4. Vá para o tempo 13;00 e mude Position da camada para 360, 680.

Esses quadros-chaves movem a camada com graduação do centro da janela da composição para baixo, até que esteja fora da tela. O segundo plano das palavras desaparece da exibição como resultado.

Agora, compare a ilustração do quadro no tempo 2;09 com a mesma ilustração desse quadro, na seção anterior. Mesmo que você e eu saibamos que o segundo plano de palavras não tem nenhuma profundidade, o usuário se concentrará na forma do cubo e o segundo plano parecerá uma paisagem desaparecendo na distância. É um ótimo efeito, sem ter que distorcer as linhas do texto na perspectiva.

A composição Main no tempo 2;09

Como Adicionar uma Linha de Comandos

A animação terminada inclui um cursor branco que pisca, aparecendo na área inferior esquerda da composição. O cursor se move da esquerda para a direita, a fim de exibir uma palavra como se ela estivesse sendo digitada na tela. Para criar esse componente, você animará um sólido para criar o cursor que pisca e animará a escala de outro sólido para tornar foscas, e revelar as palavras subjacentes.

Sua primeira tarefa será criar as camadas Text:

1. Crie uma nova camada Text, para cada linha de texto a seguir (quatro camadas de texto no total), com Font Family definida para Arial Black ou Helvetica Neue, Text Size definido para 26px, Fill Color (Cor de Preenchimento) definida para branco (RGB: 255, 255, 255), e Alignment (Alinhamento) definido para Justify Last Left (Justificar à Esquerda):

    ```
    ad campaigns
    posters
    promotions
    trailers
    ```

2. Selecione as quarto novas camadas de texto na linha do tempo, pressione P para exibir suas propriedades Position e defina todas as Positions para 100, 440.

Isso colocará todas as quatro palavras no canto inferior esquerdo da composição. As palavras estão ilegíveis neste ponto, uma vez que estão empilhadas umas sobre as outras, numa desordem de caracteres brancos.

Como Criar o Cursor Que Pisca

O cursor que pisca é na verdade uma camada Solid que faz um ciclo contínuo de 100%, 66%, 33% a 0% Opacity, com o passar do tempo. Você também fará o cursor se mover na tela, para que pareça que alguém está digitando as palavras ocultas:

1. Vá para o tempo 0;00 e crie uma camada Solid denominada "cursor" com Width (Largura) 10 e Height (Altura) 50, colorida de branco (RGB: 255, 255, 255).

2. Vá para o tempo 2;00, certifique-se de que a camada cursor esteja selecionada e então, pressione Alt (Windows) ou Options (Mac OS) e a tecla] para cortar o ponto Out (Fora) da camada, em 2 segundos.

3. Vá para o tempo 0;10 e adicione um quadro-chave Position com um valor 100, 430. Isso colocará o cursor no início das quatro palavras.

4. Avance 1 segundo até o tempo 1;10 e mude Position da camada para 430, 430.

5. Pressione Home para ir até o tempo 0;00 e pressione T para exibir a propriedade Opacity da camada cursor.

6. Ainda no tempo 0;00, adicione um quadro-chave 100% Opacity à camada cursor.

7. Avance três quadros e mude Opacity da camada para 0%.

8. Avance três quadros e mude Opacity da camada para 33%.

9. Avance três quadros e mude Opacity da camada para 66%.

10. Clique no nome da propriedade Opacity para selecionar todos os seus quadros-chaves e então copie-os (Edit > Copy).

11. Avance três quadros a partir do último quadro-chave Opacity na camada e cole os quadros-chaves. Repita essa etapa até que a camada cursor tenha os quadros-chaves Opacity em seu comprimento inteiro do tempo, como marcado por sua barra de duração.
12. Duplique a camada cursor três vezes, para que tenha quatro cópias, uma para cada palavra.
13. Coloque uma camada cursor acima de cada camada de texto (trailers, promotions, posters, ad campaigns) na pilha de camadas da linha do tempo.

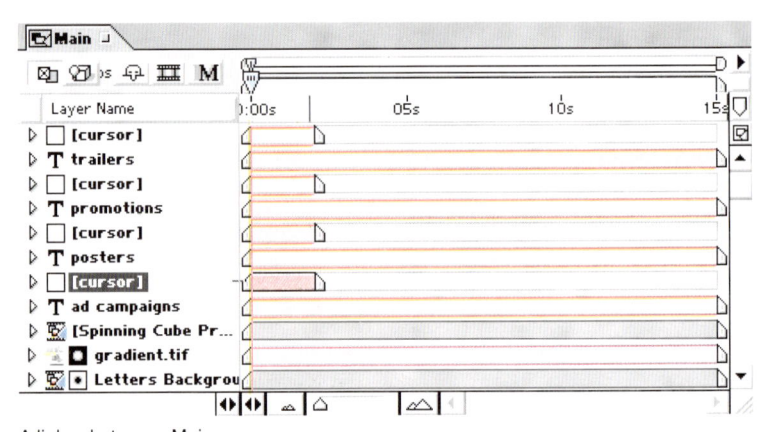

A linha do tempo Main

Como Apagar as Palavras

O componente final de sua linha de comandos virtual revela gradualmente uma palavra, um caractere de cada vez, depois do cursor que pisca ter passado pelo caractere. Você criará esse efeito animando a escala da camada Solid e usando o sólido como um controle do fosco para a palavra. Sua primeira etapa será configurar e animar o sólido:

1. No tempo 0;00, crie uma nova camada Solid denominada Wipe com Width 380 e Height 50, colorida de branco (RGB: 255, 255, 255).
2. Defina Anchor Point da camada Wipe para 0, 25 (o meio da borda esquerda da camada Solid) e Position para 50, 430. Agora, a camada Solid sobrepõe as quatro palavras empilhadas e o cursor que pisca.
3. Vá para o tempo 0;10 e adicione um quadro-chave Scale à camada Wipe com um valor 4, 100. A camada Wipe agora está apenas ligeiramente mais larga, do que o cursor que pisca.

4. Vá para o tempo 1;10 e mude Scale da camada para 100, 100. Agora a camada Wipe aumentará no comprimento da esquerda para a direita, com o passar do tempo.

5. Duplique a camada Wipe três vezes, para que tenha quatro cópias, uma para cada palavra que você precisa exibir.

6. Coloque uma camada Wipe sob cada camada cursor, na pilha de camadas da linha do tempo.

    Sua linha do tempo deverá ter as camadas na seguinte ordem: cursor, Wipe, trailers, cursor, Wipe, promotions, cursor, Wipe, posters, cursor, Wipe, ad campaigns, Spinning Cube Pre-comp, Letters Background.

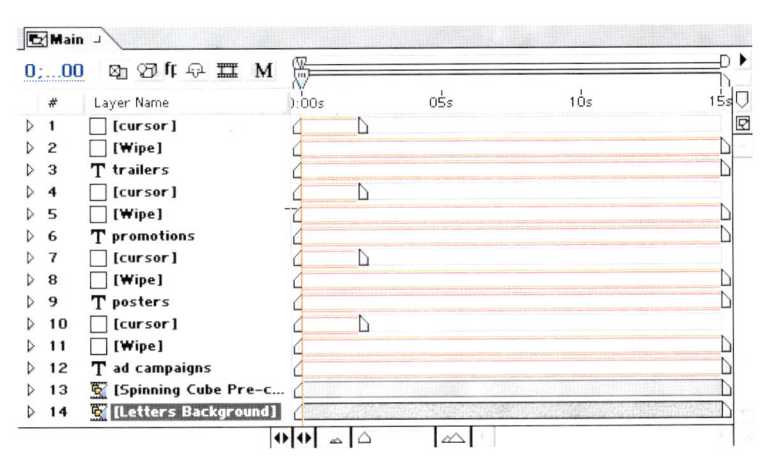

A linha do tempo Main

Como Animar as Palavras

Suas tarefas finais para completar a linha de comandos virtual são atribuir a cada palavra, uma camada Wipe para o controle do fosco da palavra e coordenar as palavras no tempo, com o cursor associado de cada palavra, e a camada sólida. Siga estas etapas:

1. Defina Track Matte de cada camada de texto (trailers, promotions, posters, ad campaigns) para Alpha Matte "[Wipe]" na coluna Modes, da linha do tempo. Agora, a camada Wipe que está acima de cada camada de texto serve como um fosco para a palavra.

2. Selecione todas as camadas, exceto Letters Background e Spinning Cube Pre-comp, na linha do tempo Main.

3. Vá para o tempo 2;00 e pressione Alt+] (Windows) ou Options+] (Mac OS) para cortar os pontos Out das camadas selecionadas no tempo atual.

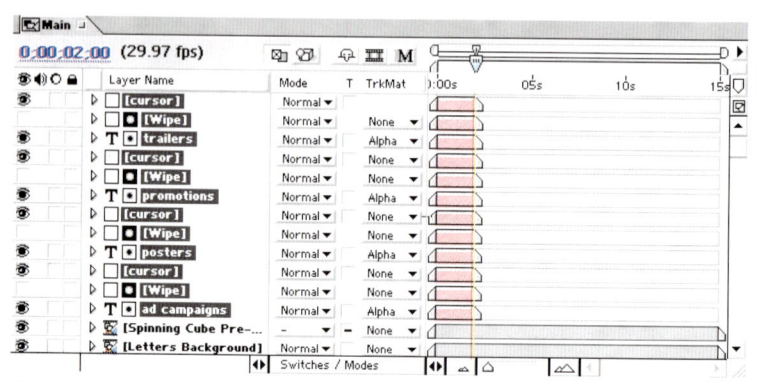

Como cortar as camadas da linha de comandos

4. Selecione as três camadas superiores (cursor, Wipe, trailers) na linha do tempo Main.

5. Vá para o tempo 2;20 e pressione a tecla [para mover as camadas selecionadas, para que iniciem no tempo atual. O cubo já está reunido neste ponto, portanto, você desejará que cada conjunto de camadas da linha de comandos inicie neste ponto no tempo ou posterior.

Você moverá os grupos de cursor/limpeza/palavra restantes, no tempo a seguir.

6. Selecione as três camadas seguintes (cursor, Wipe, promotions) na linha do tempo.

7. Vá para o tempo 4;25 e pressione a tecla [para mover as camadas selecionadas no tempo.

8. Selecione as três camadas seguintes (cursor, Wipe, posters) na linha do tempo.

9. Vá para o tempo 7;00 e pressione a tecla [.

10. Selecione a três camadas seguintes (cursor, Wipe, ad campaigns).

Capítulo 22 – CUBOS DO VÍDEO | 419

11. Vá para o tempo 9;05 e pressione [.

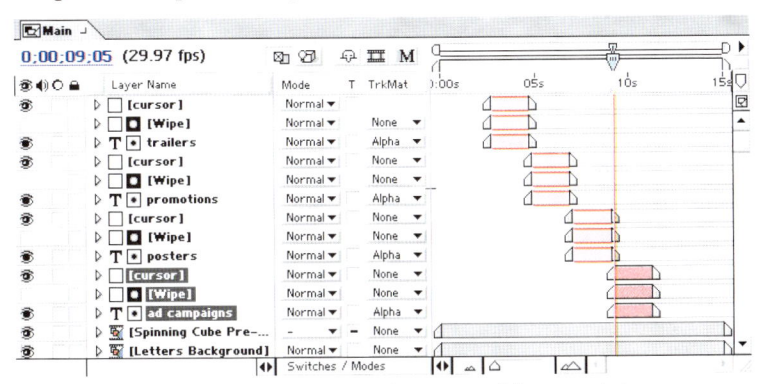

Como coordenar as palavras e suas camadas cursor e Wipe associadas na linha do tempo Main

12. Selecione todas as camadas, exceto Spinning Cube e Letters Background e então, escolha Layer > Pre-Compose. Nomeie a nova composição como what_we_do. Certifique-se de que a camada da composição what_we_do esteja acima da camada Spinning Cube Pre-comp, na linha do tempo.

No tempo 5;15, o cursor que pisca revela a palavra *promotions*

Como Exibir o Logotipo em Faixas

Seu cubo do vídeo usa um logotipo da empresa para suas laterais superior e inferior, mas os vídeos nas laterais do cubo ficam mais expostos quando o cubo roda e gira. Para dar ao logotipo a atenção que ele merece, você irá colocá-lo no foco de luz, perto do final da animação e irá exibi-lo completamente, quando o cubo explodir no segundo plano. Para tanto, criará uma exibição única para o logotipo, animando um grupo de sólidos na forma de faixas verticais. Usará os sólidos como um controle do fosco para o logotipo, para que apenas as faixas do logotipo apareçam onde a faixa invisível de um sólido aparece:

1. Crie uma nova composição denominada Line Wipe, usando NTSC D1 Square Pix, uma predefinição da composição de 720 x 540, com Duration de 15;00 segundos.

2. Crie uma camada Solid branca (RGB: 255, 255, 255) começando no tempo 0.;00, na linha do tempo Line Wipe, com Height 540 (a mesma da composição Main) e Width 172.

3. Com a camada Solid selecionada na linha do tempo, pressione Enter ou Return e digite Square 1.

4. Duplique a camada Solid nove vezes, para que tenha dez cópias no total. As novas camadas serão renomeadas, automaticamente, como Square 2, Square 3 etc. (novo no After Effects 6.5).

Nota: Se você duplicou a camada, sem mudar primeiro o seu nome na linha do tempo, os nomes das novas camadas não serão renumerados automaticamente, como foram na etapa anterior. É porque o nome definido na caixa de diálogos Solid Footage Settings (Definições do Filme Completo Sólido) é na verdade o Source Name (Nome-Origem), que aparece na janela Project e na coluna Source Name da linha do tempo.

---

5. Para mudar a largura das novas camadas Solid, selecione uma camada na linha do tempo e pressione Ctrl (Windows) ou Command (Mac OS), e pressione Shift+Y para abrir a caixa de diálogos Solid Footage Settings. Defina Width das novas camadas Solid, como mostra a seguir:

   Camadas Square 10 e 9: 20

   Camadas Square 8 e 7: 100

Camadas Square 6 e 5: 50

Square 4: 120

Square 3: 35

Square 2: 65

6. Selecione todas as camadas e pressione P para exibir suas propriedades Position.

7. Adicione um quadro-chave Position no tempo 0;00 a todas as camadas.

8. Cancele a seleção das camadas e arraste apenas o valor X (o primeiro valor) da propriedade Position de cada camada, para que cada camada fique fora da tela com algo à esquerda e algo à direita da área da composição. Você desejará que o valor para cada camada seja único em relação às outras camadas, para que os sólidos entrem de modo uniforme e aleatório, depois de você definir seu quadro-chave Position de base, na próxima etapa.

   Estes são os valores Position utilizados para o filme do projeto finalizado deste capítulo:

Square 10: -18, 270	Square 5: 750, 270
Square 9: 740, 270	Square 4: -68, 270
Square 8: -56, 270	Square 3: -22, 270
Square 7: 776, 270	Square 2: 752, 270
Square 6: -38, 270	Square 1: 806, 270

9. Vá para o tempo 2;00 e mude o valor X da propriedade Position de cada camada, para que os blocos brancos se alinhem borda com borda (sem nenhuma ordem em particular) e preencham a janela Comp inteira. Certifique-se de que você não veja nada, exceto o branco na tela inteira.

   Estes são os valores Position para as camadas no tempo 2;00, no filme do projeto finalizado do capítulo:

Square 10: 562	Square 5: 140
Square 9: 10	Square 4: 492
Square 8: 670	Square 3: 182
Square 7: 66	Square 2: 230
Square 6: 596	Square 1: 348

10. Escolha Window (Janela) > The Wiggler (O Agito) para exibir essa palheta.

11. Clique no nome da propriedade Position da camada Square 1 e defina os seguintes valores na palheta The Wiggler:

    Apply to: Spatial Path

    Noise Type: Jagged

    Dimension: One Dimension X

    Frequency: 5

    Magnitude: 500

    Se você reproduzir a animação, esse bloco se moverá mais freneticamente na tela.

12. Selecione o nome da propriedade Position da próxima camada na linha do tempo e clique em Apply (Aplicar), na palheta The Wiggler.

13. Repita a etapa 12 para o resto das camadas Solid.

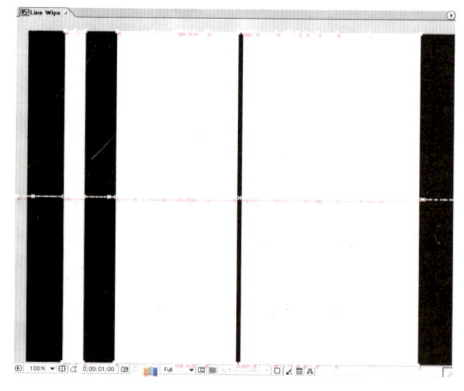

As camadas Solid deslizam na horizontal para preencher a composição com a cor branca

Quando você reproduzir a animação, todos os blocos se moverão na tela mais loucamente do que antes de ter aplicado The Wiggler. As camadas param depois de 2 segundos e preenchem a tela com a cor branca.

Como Adicionar o Logotipo

Para exibir o logotipo como faixas animadas, você usará a composição Line Wipe, como o controle do fosco do logotipo. Como resultado, os sólidos na composição Line Wipe não ficarão visíveis e o logotipo aparecerá apenas através das formas animadas dos sólidos:

1. Abra a composição Main e feche qualquer outra composição aberta.

2. Vá para o tempo 10;25 e adicione a composição Line Wipe à parte superior da pilha de camadas da linha do tempo Main.

3. Adicione o arquivo **a2d_designlogo.ai** abaixo da composição Line Wipe, na linha do tempo.

4. Defina Scale da camada a2d_designlogo para 145, 145%, a fim de aumentá-la.

5. Defina Track Matte da camada a2d_designlogo para Alpha Matte "Line Wipe" na coluna Modes, da linha do tempo. A camada Line Wipe agora exibirá o logotipo quando reproduzida.

As faixas do logotipo aparecem onde um sólido invisível sobrepõe o logotipo

Agora Experimente Isto

Para adicionar os toques finais ao projeto, faça o seguinte:

- Dobre o comprimento da duração da composição Main, oculte e exiba o logotipo diversas vezes. Diminua a intensidade do logotipo no final.

- Adicione um endereço, número de telefone e endereço Web à composição Main. Anime-os com uma predefinição Text Animation (Animação do Texto), da palheta Effects & Presets (Efeitos e Predefinições).

- Experimente a palheta The Wiggler para tornar os caminhos com movimento das laterais do cubo do vídeo mais dinâmicos e caóticos, quando fizerem a implosão e a explosão.

Índice

Numerais

2D, quadros giratórios da animação, 1-2
   anúncio terminado, 17-19
   construção da introdução, 4-9
   desafios avançados, 20
   marca final, 16-17
   preparação, 3
   seqüências da cor, 8-15

3D, animação
   ID da estação, 265-266
   quadrados que caem, projeto, 23-55

3D Invigorator, comando (menu Effect), 179

3D Invigorator Set-Up Window, caixa de diálogos, 182

3D Invigorator Set-Up Window, caixa de diálogos, 303

A

abertura da empresa, projeto, 173-174
   barra dourada, 179-182
   camada do logotipo, 182-185
   criação do segundo plano, 175-176
   desafios avançados, 188
   faíscas, 185
   luz trêmula, 186
   paginar texto, 177-178
   preparação, 175

aberturas, criar, 272-274

Add Expression, comando (menu Animation), 235

Add Marker, comando (menu Layer), 408

Adjust, comando (menu Effect), 85, 201

Adobe Illustrator, projetos, 155-156
   adicionar estrelas a letras, 165-169
   caminho da letra, criar, 160-164
   configuração da composição, 158
   configurar Illustrator, 159
   desafios avançados, 171
   preparação, 57
   sonic, promoção, 229-230

Adobe, Web site, 157

ajuste automático do tipo, projeto, 125-126
   animar extremidade preta da variação, 136-138
   configurar composição, 127
   criação de texto, 127
   desafios avançados, 141
   dimensionar letra, 127-128
   efeito de enfraquecimento, 131
   preparação, 127
   primeira camada do segundo plano, 132-134
   reflexo da superfície, 137-139
   segunda camada do segundo plano, 134-135

aleatório, tornar texto, 195

Align, palheta, 391

Alpha Matte, 10

Alvarez & Cruz, projeto de iluminação do filme, 297-298
   desafios avançados, 309
   foco de luz, 305-307
   preparação, 299
   segundo plano com movimento, 300-301
   título principal, 302-305

Analyze Forward, botão, 363

animação
   colunas, projeto, 143-144
   películas, 381-382
   quadrados que caem, 22-55
   quadrados que giram, 1-2

Animate In, pasta, 212

Animation Presets, pasta, 211

Animation, comandos do menu
   Add Expression, 235
   Apply Animation Preset, 221
   Keyframe Assistant, 146
   Toggle Hold Keyframe, 33, 101
   Track Motion, 362
   Tracking na linha do tempo, 54

anúncios finais
   efeito de dominó vertical em xadrez, 79-83
   quadrados que caem, 54-55
   quadros giratórios, 17-19

Apply Animation Preset, comando (menu Animation), 221

apresentação, redução do tempo, 19-20

B

batimento cardíaco, projeto do comercial do carro, 309-310
  composição-mestra, 324-326
  criar batimento cardíaco, 312-319
  desafios avançados, 326
  monitor do coração, 321
  preparação, 311
  seqüência do filme, 323
BCC Cartooner, comando (menu Effect), 330
BCC3 Generator, comando (menu Effect), 185
BCC3 Sparks, comando (menu Effect), 185
Bevel Alpha, comando (menu Effect), 134
bidimensionais, quadrados que giram na animação, 1-2
  anúncio terminado, 16-17
  construir introdução, 3-7
  desafios avançados, 20
  marca final, 16-17
  preparação, 3
  seqüências da cor, 8-15
Block Dissolve Transition, efeito, 8-9
Block Dissolve, comando (menu Effect), 8
Blur & Sharpen, comando (menu Effect), 99
Boris FX Continuum Complete, 173
  abertura da empresa, 173-174
Boris FX Web, site, 184

Box Blur, comando (menu Effect), 152
Brightness & Contrast, comando (menu Effect), 201
Bulge, comando (menu Effect), 321

C

caixas de diálogos
  3D Invigorator Set-Up Window, 182, 303
  New Composition From Selection, 9
  Sequence Layers, 145
caixas giratórias, 406-408
camadas
  sonic, promoção, 229-230
  texto com névoa, 283-284
carro, construir seqüências, 146-148
carro, projeto do esboço, 327-328
  adicionar filmes, 337-341
  animar esboço, 336-337
  capturar imagem parada, 333
  carro no segundo plano, 344
  criar grade, 341-344
  desafios avançados, 344-345
  desenhar carro, 330-332
  preparação, 329
chover slogans, projeto, 205-206
  animar texto no espaço em 3D, 215-218
  clarear texto, 218-219
  criar slogan, 208-211
  desafios avançados, 227

deslizar números, 227
girar texto, 226
letras que caem, efeito, 212-213
preparação, 207
slogans, 220-223
Color Key, comando (menu Effect), 292
colunas, animar, 143-144
  construir camada, 147
  construir coluna, 148-152
  desafios avançados, 153
  inserir logotipo, 152-153
  preparação, 145
  seqüência do carro, 146-147
comandos
  Animation, menu, 33, 54, 101, 145, 222, 235, 361-362
  Composition, opção Save Frame As do menu, 333
  Edit, menu, 147, 160, 403
  Effect, menu, 9, 51, 85, 100, 134, 137-138, 185, 201-202, 217-217, 270, 292
  File, menu, 157, 229
  Help, opção Text Preset Gallery do menu, 125
  Layer, menu, 3, 62, 111, 229, 243, 408
  Property, opção Opacity do menu, 131
  View, menu, 59, 397-398
  Window, menu, 70, 186
cometas, criar, 103-105
Composition – Cropped Layers, opção (importar), 3
Composition, opção (importar), 3

Composition, Save Frame As em comandos do menu, 333-334
controlar movimento da imagem parada, 376-378
Convert To Layered Comp, comando (menu Layer), 229
converter tipo, 127
coordenar texto, 197
Copy, comando (menu Edit), 159
Corner Pin, comando (menu Effect), 137
criar
  aberturas, 272-273
  alto-falante, 232-234
  batimento cardíaco, 312-319
  caminhos da letra, 160-164
  cometas, 103-105
  cubos, 397-400
  grades, 342-344
  nuvens, 250-251
  películas, 384-390
  planetas, 253-256
  reflexo, 351-363
  slogan, 208-211
  título, 93
CSI (Crime Scene Investigation), 367
CTI (Current Time Indicator), 26
cubos, projeto, 395-396
  adicionar palavras a segundo plano, 408-413
  caixa giratória, 406-408
  criar cubo, 397-400
  desafios avançados, 423-424
  explodir cubo, 403-405

implodir cubo, 401-405
linha de comandos, 414-420
logotipo riscado, 420-424
preparação, 397
Current Time Indicator (CTI), 26

D

desenhar projeto do carro, 327-328
  adicionar filmes, 337-341
  animar esboço, 335-337
  capturar imagem parada, 333
  carro no segundo plano, 344
  criação da grade, 342-344
  desafios avançados, 344-345
  desenhar carro, 300-332
  preparação, 329
desenho, projeto, 367-368
  adicionar imagem a TV, 373-377
  animar imagem parada, 372
  desafios avançados, 380
  preparação, 369
  seqüências do segundo plano, 369-372
  transição de esboço para foto, 380
DigiEffects, 173
dimensões, cubos, 411-413
Directional Blur, comando (menu Effect), 138
Displacement Map, comando (menu Effect), 291
displacement Map, efeito, 289-290

Distort, comando (menu Effect), 178
Distribute Layers, botão, 391
dividir título, 94
Drop Shadow, comando (menu Effect), 135

E

Edit Original, comando (menu Edit), 160
Edit, comandos do menu
  Copy, 160
  Edit Original, 160
  Paste, 404
  Preferences, 148, 159
Effect, comandos do menu
  Adjust, 86, 201
  BCC3 Generator, 185
  Blur & Sharpen, 97
  Distort, 178
  Image Control, 218
  Keying, 292
  Paint, 52
  Perspective, 133-134
  Remove All, 138
  Render, 100
  Stylize, 270
  Transition, 8
  Zaxwerks, 179
Elliptical Mask, ferramenta, 103, 111, 352-353
Enable Time Remapping, comando (menu Layer), 243
enfraquecimento, efeito, 131
esboçar projeto do carro, 327-328
  adicionar filmes, 337-341
  animar esboço, 335-337
  capturar imagem parada, 333

carro no segundo plano, 344
criação da grade, 342-343
desafios avançados, 344-345
desenhar carro, 330-331
preparação, 329
esboços, animar, 335-337
estrelas, adicionar a letras, 165-169
explodir cubos, 403-405

F

Fast Blur, comando (menu Effect), 98
ficção científica, projeto, 247-248
   caixa de aço, 259-261
   desafios avançados, 263
   nuvens, 250-251
   planetas, 253-255
   preparação, 249
   tempestade com raios, 252-253
   título em órbita, 256-257
File Handling & Clipboard, comando (menu Edit), 160
File, comando (menu Composition), 333
File, comandos do menu
   Import Multiple Files, 157
   Replace Footage, 229
filmes, adicionar a esboços, 337-341
Flare Brightness, propriedade, 102
Flare Brightness, quadros-chaves, 105
Flare Center, propriedade, 100, 319

Flare Center, quadros-chaves, 100
focos de luz, criar, 305-307
Footage, opção (importar), 4
fotos, tornar foscas, 35
Four Comp Views, comando (menu Window), 69
fundos
   3D, 27-28
   diversas cores, 30-31
   furos dentados, 386-389

G

Glow, comando (menu Effect), 315
grades, criar, 342-343

H

Help, Text Preset Gallery nos comandos do menu, 125
Hold, quadros-chaves, 34
Horizontal Type, ferramenta, 94
Hue/Saturation, comando (menu Effect), 86

I

ID da estação, projeto, 265-266
   abertura, 272-274
   adição de texto, 280
   adicionar canal de notícias, 275-279
   desafios avançados, 281
   paginar texto, 270-271
   preparação, 267
   segundo plano, 268-269

Illustrator, projetos, 155-156
   adicionar estrelas a letras, 165-169
   caminho da letra, criar, 160-164
   configuração da composição, 158
   configurar Illustrator, 159
   desafios avançados, 172
   preparação, 157
   sonic, promoção, 229-230
iluminação, projeto, 297-298
   desafios avançados, 307
   foco de luz, 305-307
   preparação, 299
   segundo plano com movimento, 300-301
   título principal, 302-306
Image Control, comando (menu Effect), 217
imagem, ficção científica, 247-248
   caixa de aço, 259-262
   desafios avançados, 263
   nuvens, 250-251
   planetas, 253-256
   preparação, 249
   tempestade com raios, 252-253
   título em órbita, 256-257
imagens paradas, capturar, 333
implodir cubos, 401-404
Import Multiple Files, comando (menu File), 158
importar, opções, 3

Índice | 429

K

Keyframe Assistant, comando (menu Animation), 146
Keying, comando (menu Effect), 292

L

Layer, comandos do menu
  Add Marker, 408
  Convert To Layered, Comp, 229
  Enable Time Remapping, 243
  New, 3, 112
  Pre-compose, 61
Lens Flare, comando (menu Effect), 99, 186, 319
Lens Flare, efeito, 99, 319
letras, projeto Adobe Illustrator, 155-156
  adicionar estrelas a letras, 165-170
  caminho da letra, criar, 160-164
  configuração da composição, 158
  configurar Illustrator, 160
  desafios avançados, 171
  preparação, 157
Linear Wipe, comando (menu Effect), 13, 38
Linear Wipe, definições dos efeitos, 49-50
linhas de comando, 414-415
  animar palavras, 417-419
  apagar palavras, 416-417
  cursor que pisca, 416
Linhas do tempo, quadrados que caem, 54-55

logotipos
  colunas animadas, 152-153
  quadrados giratórios, 2-3
  revelar em faixas, 420-424
luzes trêmulas, criar, 186
luzes, adicionar flashes, 99-101

M

Make Comp Size, botão, 112
manchados, títulos, 97
manchas com movimento, simular, 393
marcas finais
  quadrados giratórios, 15-17
  quadrados que caem, 53
máscaras
  animar, 96-97
  dividir título, 94-96
  efeitos do título, projeto, 93-97
Mask Feather, propriedade, 104
Mask Opacity, propriedade, 96
Mask Opacity, quadros-chaves, 96-97
Mask Shape, propriedade, 111
Mask Shape, quadros-chaves, 114
Motion Tracker Apply Options, caixa de diálogos, 359
Motion Trackers, projeto do reflexo, 349-350
  composição, 366
  criar reflexo, 351-363
  desafios avançados, 366
  ligar reflexo, 365
  preparação, 351

N

névoa, projeto de texto, 283-284
  animar texto, 287-290
  camadas de texto, 285-288
  desafios avançados, 295
  figura invisível, 289-294
  preparação, 285-286
New Composition From Selection, caixa de diálogos, 9
New View, comando (menu View), 397
New, comando (menu Layer), 3, 111
Null Object, camada, 198-202
Null Object, comando (menu Layer), 198
nuvens, criar, 250-252

O

Offset, comando (menu Effect), 178
One Comp Views, comando (menu Window), 81-82
Opacity, comando (menu Property), 131
Opacity, quadro-chave, 13
órbita, títulos, 256-257

P

paginar texto, 177-178, 270-271
Paint, comando (menu Effect), 51
Paste, comando (menu Edit), 403
películas, projeto, 381-382
  animação, 392-394

composição-mestra, 392
criar faixa, 384-390
desafios avançados, 394
preparação, 383
quadros do filme, 390-391
Pen, ferramenta, 111
Perspective, comando (menu Effect), 133
Photoshop Lens Flare, filtro, 100
Pic Matte, camada, 10
piscar, cursor, 415
planetas, criar, 253-256
pontos de âncora, quadrados giratórios, 3-4
Position, quadros-chaves, 5, 31-32
Position, velocidade, 105
Pre-compose, comando (menu Layer), 62
predefinições
  chover slogans, 205-206
  criar, 153
Preferences, comando (menu Edit), 147, 159
Profound Effects, 173
profundidades, ID da estação, 265-266
  abertura, 272-274
  adição de texto, 280
  adicionar canal de notícias, 275-279
  desafios avançados, 281
  paginar texto, 270-271
  preparação, 267
  segundo plano, 268-270
Property, Opacity em comandos do menu, 131
propriedades, Transition Completion, 10

Q

quadrados giratórios, projeto, 2-3
  anúncio terminado, 17-20
  construir introdução, 4-9
  desafios avançados, 20
  marca final, 16-17
  preparação, 4
  seqüências de cor, 8-15
quadrados que caem, projeto
  anúncio final, 54-55
  construir transição, 23-27
  desafios avançados, 55
  fundos, 26-31
  preparação, 23
  seções, 31-54
quadrados
  caindo. *Veja* quadrados que caem
  girando. *Veja* quadrados giratórios
  xadrez. *Veja* xadrez, projeto
QUICKSTEP, logotipo, 115-117

R

Radial Wipe, comando (menu Effect), 16
Raining Characters In, predefinição, 214
Ram Preview, botão, 122
Ramp to the Bottom Background, comando (menu Effect), 133-134
Ramp, comando (menu Effect), 175
Range Selector Start, propriedade, 129-130

Range Selectors, 214
Rectangular Mask, ferramenta, 96, 103-104, 112
reflexo, projeto, 349-350
  composição, 366
  criar reflexo, 351-363
  desafios avançados, 366
  ligar reflexo, 364
  preparação, 351
Remove All, comando (menu Effect), 138
Render Queue, janela, 333
Render, comando (menu Effect), 99
Replace Footage, comando (menu File), 229
Rotation, quadros-chaves, 5-6

S

Save Frame As, comando (menu Composition), 333
Scale, quadros-chaves, 6
seções, projeto dos quadrados que caem
  alaranjado, 35-40
  amarelo, 51-54
  púrpura, 56-50
  verde, 41-46
segundos planos
  adicionar palavras, 408-413
  atmosférico, 201
  esboço do carro, projeto, 344
  movimento, 300-302
  pulsar, 237-239
  tipo dançante, animação, 111-115
  xadrez, 59-67

Índice | 431

Sequence Layers, caixa de diálogos, 146
Sequence Layers, comando (menu Animation), 146, 323
seqüências de cor, quadrados giratórios, 8-16
Set In Point, botão, 361
Set Out Point, botão, 361
Show Grid, comando (menu View), 59
slogans, chover, 205-206
  animar texto no espaço em 3D, 215-218
  clarear texto, 217-219
  criar slogan, 208-211
  desafios avançados, 227
  deslizar números, 227
  girar texto, 226
  letras que caem, efeito, 212-213
  preparação, 207
  slogans, 220
Solid, camadas
  quadrados giratórios, 1-2
  quadrados que caem, projeto, 23, 27-55
  xadrez, projeto, 57-58
Solid, comando (menu Layer), 4
sonic, projeto da promoção, 229-230
  animação da camada, 239-242
  animar áudio, 234-237
  composição-mestra, 243-244
  criar alto-falante, 232-233
  desafios avançados, 246
  preparação, 231
  pulsar, segundo plano, 237-239

Source Text, propriedade para tipo dançante, 109-110
  animação do segundo plano, 111-115
  composição-mestra, 121-123
  configuração da composição, 111
  desafios avançados, 123
  figura dançante, 119-122
  preparação, 111
  QUICKSTEP, logotipo, 115-118
Stroke, comando (menu Effect), 115
Stylize, comando (menu Effect), 270

T

teclado, atalhos, 139
tempestade com raios, criar, 252-253
Text Preset Gallery, comando (menu Help), 125
Text, comando (menu Layer), 127
texto
  adicionar a seções, 36-39
  Adobe Illustrator, projeto, 155-156
  ajustar automaticamente tipo, 125-126
  camadas, 13
  chover slogan, projeto, 205-206
  clarear, 217-219
  cubos do vídeo, 408-413
  efeitos do título, 91-92
  névoa, projeto, 283-284
  paginar, 177-178, 270-271
  tipo dançante, 109-110
  tipo organizado, 189-190

texturas, ficção científica, 247-248
  caixa de aço, 259-261
  desafios avançados, 263
  nuvens, 250-251
  planetas, 253-255
  preparação, 249
  tempestade com raios, 252-253
  título em órbita, 256-257
Time Controls, palheta, 147
Time-Reverse Keyframes, comando (menu Animation), 405
Tint, comando (menu Effect), 217
tipo dançante, projeto, 109-110
  animação do segundo plano, 111-115
  composição-mestra, 122-124
  configuração da composição, 111
  desafios avançados, 123
  figura dançante, 119-121
  preparação, 111
  QUICKSTEP, logotipo, 115-118
tipo misturado, projeto, 189-190
  3D, posicionamento, 193-194
  coordenar texto, 197
  criação de palavras, 191-193
  desafios avançados, 203
  luzes do texto, 202
  Null Object, camada, 198-202
  preparação, 191

segundo plano atmosférico, 201
texto aleatório, 195
tipo organizado, projeto, 189-190
3D, posicionar, 193
coordenar texto, 197
criação de palavras, 191-194
desafios avançados, 203
luzes do texto, 201
Null Object, camada, 198-202
preparação, 191
segundo plano atmosférico, 201
texto aleatório, 195
tipo
ajuste automático, 125-126
organizar, 189-190
tipo dançante, 110-111
Title-Action Safe, botão, 93, 115, 207
títulos
efeitos, projeto, 91-92
órbita, colocar em, 256-257
tipo organizado, 189-190
Toggle Hold Keyframe, comando (menu Animation), 34, 101
Track Matte, 10
Track Motion, comando (menu Animation), 361-362
Track Points, projeto do reflexo, 349-350
composição, 366
criar reflexo, 351-364

desafios avançados, 366
ligar reflexo, 364
preparação, 351
Tracker Controls, palheta, 355
Tracking, comando na linha do tempo (menu Animate), 53-54
transições
quadrados que caem, 23-27
seqüências da cor, 8-9
Transition Completion, propriedade, 9
Transition Completion, quadros-chaves, 43-46
Transition, comando (menu Effect), 8
tridimensional, animação
ID da estação, 265-266
quadrados que caem, projeto, 23-55

U-V

User Interface Colors, comando (menu Edit), 147
Vector Paint, comando (menu Effect), 51
Vector Paint, efeito, 52, 335
vídeos
animar, 341
cubos, projeto, 395-396
esboçar, 339
películas, 381-382
View, comandos do menu
New View, 397-398
Show Grid, 59

W

Web, sites
Adobe, 158
Boris FX, 185
Zaxwerks, 178
Wiggler, comando (menu Window), 187
Window, comandos do menu
The Wiggler, 187
Workspace, 67
Wipe Angle, quadros-chaves, 37
Workspace, comando (menu Window), 69

X-Z

xadrez, projeto, 57-58
3D, elementos em, 67-71
anúncios finais, 79-86
desafios avançados, 89
preparação, 59
seções, 71-79
segundos planos, 59-67
Zaxwerks 3D Invigorator, 173
abertura da empresa, 173-174
ID da estação, 265-266
iluminação, 297-298
Zaxwerks, comando (menu Effect), 179
Zaxwerks, site Web, 179